Leitfaden IT-Compliance

Praxistipps IT

Leitfaden IT-Compliance

Anforderungen, Chancen und Umsetzungsmöglichkeiten

Diana Nestler / Julian Modi
2. Auflage

IDW VERLAG GMBH

Das Thema Nachhaltigkeit liegt uns am Herzen:

2. Auflage

Das Werk einschließlich aller seiner Teile ist urheberrechtlich geschützt. Jede Verwertung außerhalb der engen Grenzen des Urheberrechtsgesetzes ist ohne vorherige schriftliche Einwilligung des Verlages unzulässig und strafbar. Dies gilt insbesondere für Vervielfältigungen, Übersetzungen, Mikroverfilmungen und die Einspeicherung und Verbreitung in elektronischen Systemen. Es wird darauf hingewiesen, dass im Werk verwendete Markennamen und Produktbezeichnungen dem marken-, kennzeichen- oder urheberrechtlichen Schutz unterliegen. Die automatisierte Analyse des Werkes, um daraus Informationen insbesondere über Muster, Trends und Korrelationen gemäß § 44b UrhG („Text und Data Mining") zu gewinnen, ist untersagt.

© 2024 IDW Verlag GmbH, Tersteegenstraße 14, 40474 Düsseldorf

Die IDW Verlag GmbH ist ein Unternehmen des Instituts der Wirtschaftsprüfer in Deutschland e. V. (IDW).

Satz: Reemers Publishing Services GmbH, Krefeld
Druck und Bindung: C.H.Beck, Nördlingen
KN 12110

Die Angaben in diesem Werk wurden sorgfältig erstellt und entsprechen dem Wissensstand bei Redaktionsschluss. Da Hinweise und Fakten jedoch dem Wandel der Rechtsprechung und der Gesetzgebung unterliegen, kann für die Richtigkeit und Vollständigkeit der Angaben in diesem Werk keine Haftung übernommen werden. Gleichfalls werden die in diesem Werk abgedruckten Texte und Abbildungen einer üblichen Kontrolle unterzogen; das Auftreten von Druckfehlern kann jedoch gleichwohl nicht völlig ausgeschlossen werden, so dass für aufgrund von Druckfehlern fehlerhafte Texte und Abbildungen ebenfalls keine Haftung übernommen werden kann.

ISBN 978-3-8021-2937-7

Bibliografische Information der Deutschen Bibliothek
Die Deutsche Bibliothek verzeichnet diese Publikation in der Deutschen Nationalbibliografie; detaillierte bibliografische Daten sind im Internet über http://www.d-nb.de abrufbar.

Coverfoto: www.istock.com/Govindanmarudhai

www.idw-verlag.de

Inhaltsverzeichnis

1 **Ziel des Leitfadens IT-Compliance** 9

2 **Einführende Überlegungen zur IT-Compliance im Mittelstand** 10
2.1 Digitalisierung als Trend und Treiber der IT-Compliance im Mittelstand 10
2.2 IT-Compliance im Mittelstand 12
2.3 Die Rolle des Wirtschaftsprüfers im digitalen Wandel 15

3 **Abgrenzung der IT-Compliance sowie deren Bedeutung für Unternehmen und Wirtschaftsprüfer** 19
3.1 Definition und übergreifendes Ziel der IT-Compliance 19
3.2 Übersicht der IT-Compliance-Vorgaben 21
3.3 Abgrenzung der IT-Compliance 25
    3.3.1 Abgrenzung zwischen „Compliance von IT" und „Compliance durch IT" 25
    3.3.2 Abgrenzung zwischen IT-Governance, IT-Risikomanagement und IT-Compliance 28
3.4 Bedeutung der IT-Compliance für mittelständische Unternehmen 31
    3.4.1 Normkonformität als Pflicht für Unternehmen und Geschäftsleitung 31
    3.4.2 Gesteigerte Qualität und Transparenz von IT-Prozessen und IT-gestützten Geschäftsprozessen ... 40
    3.4.3 Einhaltung von datenschutzrechtlichen Vorgaben 42
    3.4.4 Stärkung der IT-Sicherheit (inkl. Know-how-Schutz) ... 47
    3.4.5 Abbau von IT-Risiken 50
    3.4.6 Mittel- und langfristiger Wettbewerbsvorteil, sowie Erhöhung des Unternehmenswertes 50
3.5 Bedeutung der IT-Compliance für den Wirtschaftsprüfer 52

4 IT-Compliance-Leitfaden für den Wirtschaftsprüfer im Mittelstand 55

4.1 Praxisnahe Anleitung für die schrittweise Durchführung von IT-Prüfungen 55

    4.1.1 Grundsätzliche Überlegungen vor Beginn der Prüfung 55

    4.1.2 Schritt 1: Definieren von Zielsetzung und Art der Prüfung 57

    4.1.3 Schritt 2: Heranziehen ausgewählter IT-Compliance-Vorgaben 59

    4.1.4 Schritt 3: Erheben und Bewerten von mandantenspezifischen Basisinformationen zur Ableitung möglicher Risiken 60

    4.1.5 Schritt 4: Festlegen und Durchführen der Prüfungshandlungen sowie Beurteilung des Prüfungsergebnisses 62

    4.1.6 Schritt 5: Erstellen und Abstimmen des IT-Prüfungsberichts und ggf. Sensibilisierung zu Handlungsbedarfen 69

    4.1.7 Schritt 6: Follow-up-Prozess als optionaler Schritt zur Qualitätssicherung 74

4.2 Probleme und Risiken typischer Schwachstellen der IT im Mittelstand und abgeleitete Handlungsempfehlungen für die IT-Prüfung 76

    4.2.1 Einleitende Hinweise 76

    4.2.2 Mangelhafte oder fehlende IT-Strategie 77

    4.2.3 Mangelndes oder nicht wirksames IT-Compliance-Managementsystem 83

    4.2.4 Kein ausgeprägtes IT-Risikomanagement 84

    4.2.5 Fehlende organisatorische Verortung von IT-Aufgaben 89

    4.2.6 Fehlende Kontrolle über Auslagerungen 96

    4.2.7 Unzureichende Vorbereitung auf Informationssicherheitsbedrohungen 104

    4.2.8 Vernachlässigung physischer Sicherheit 113

- 4.2.9 Vernachlässigte Benutzerberechtigungsverwaltung (inkl. Funktionstrennungsverletzung) 119
- 4.2.10 Ungenügende Kontrolle von Zugriff durch mobile Endgeräte 130
- 4.2.11 Unsystematische Datensicherung und Archivierung .. 134
- 4.2.12 Unzureichende IT-Betriebsüberwachung 144
- 4.2.13 Fehlende Überwachung von Anwendungskontrollen.. 148
- 4.2.14 Selbstgemachte Handlungsunfähigkeit bei Notfällen/Systemausfällen 151
- 4.2.15 Belassen von Standard-Grundeinstellungen 157
- 4.2.16 Intransparenter Umgang mit Anwendungsänderungen (Changes) 159
- 4.2.17 Nicht nachvollziehbare Migrationen 167
- 4.2.18 Technische Probleme bei der Erstellung von Datenextrakten 175
- 4.2.19 Lücken in der Verfahrensdokumentation 178
- 4.2.20 Unsachgemäßer Umgang mit Hard- und Software 182
- 4.2.21 Unkontrollierbarkeit durch Schatten-IT 185
- 4.2.22 Geringe Erfahrung im Umgang mit neuen Vorgaben 192
- 4.3 Anregungen für die IT-Compliance-Beratung 194
  - 4.3.1 Beratung beim Beheben von Schwachstellen 194
  - 4.3.2 Proaktive IT-Compliance-Beratung außerhalb bestehender Schwachstellen 195
- 4.4 Exkurs: Referenzmodelle in der IT-Compliance 198

5 Zusammenfassung: Ein abschließender Blick auf die IT-Compliance im Mittelstand 201

6	**Verzeichnisse**	**204**
6.1	Glossar	204
6.2	Abkürzungsverzeichnis	208
6.3	Abbildungsverzeichnis	211
6.4	Tabellenverzeichnis	211
6.5	Literatur	211
6.6	Ausgewählte Standards und Regelwerke	216

1 Ziel des Leitfadens IT-Compliance

Ziel dieses Leitfadens ist es, Wirtschaftsprüfern einen praxisnahen Einstieg in die IT-Compliance im Mittelstand zu geben. Aufbauend auf einer vorangehenden Begriffsabgrenzung wird die Bedeutung der IT-Compliance für mittelständische Unternehmen und den Wirtschaftsprüfer aufgezeigt.

Es wird dargelegt, wie eine IT-Prüfung unter Einhaltung der Anforderungen aus gesetzlichen, regulatorischen und verbandsspezifischen Vorgaben Schritt-für-Schritt vorgenommen werden kann. Gleichzeitig werden typische Schwachstellen in der Umsetzung der IT-Compliance und ihre Bedeutung in der Prüfung behandelt. Für diese gibt dieser Leitfaden dem Wirtschaftsprüfer ausgewählte Handlungsempfehlungen an die Hand.

Abschließend werden spezifische Anregungen zur IT-Beratung im Hinblick auf die Konzeption und Gestaltung geeigneter Compliance-Maßnahmen gegeben, deren Ausgangspunkt mögliche Schwachstellen in der IT des Unternehmens sind. So werden Möglichkeiten aufgezeigt, wie der Mandant hinsichtlich der Entwicklungen von IT-Compliance-Anforderungen beraten werden kann.

Hinweis:
Dieser Leitfaden richtet sich primär an die Anforderungen mittelständischer Produzenten und Dienstleister in Deutschland. Explizit wird darauf hingewiesen, dass für ausgewählte Branchen darüber hinausgehende spezifische IT-Compliance-Vorgaben bestehen und in jeweiligen Prüfungen/Beratungen zwingend berücksichtigt werden müssen (bspw. MaRisk und BAIT sowie jeweilige EBA-Guidelines für Kreditinstitute oder NIS-2 für kritische Anlagen sowie wichtige und besonders wichtige Einrichtungen).

2 Einführende Überlegungen zur IT-Compliance im Mittelstand

2.1 Digitalisierung als Trend und Treiber der IT-Compliance im Mittelstand

Digitale Technologien durchdringen jeden Bereich des gesellschaftlichen und ökonomischen Lebens. Vernetzte IT-Systeme bestimmen sämtliche Geschäftsprozesse und Handlungsabläufe im unternehmerischen Alltag – etwa in Form von integrierten ERP-Systemen, Logistik-Steuerungssystemen, Supply-Chain-Managementsystemen, Robotic Process Automation oder im Bereich von Cloud Computing[1].

Gerade für den in diesem Leitfaden betrachteten Mittelstand gewinnen digitale Technologien zunehmend an Bedeutung, um nicht nur die Leistungsfähigkeit erhalten zu können, sondern letztendlich Wettbewerbsvorteile auf dem nationalen und internationalen Markt zu schaffen. Es lassen sich neue Geschäftsmodelle entwickeln und Betriebe können effizienter, schneller und kostengünstiger arbeiten. Die IT wird mehr und mehr zum zentralen Nervensystem eines jeden Unternehmens.

Der Megatrend der Digitalisierung erweist sich einerseits als Schlüssel zum wirtschaftlichen Erfolg. Andererseits stellen die zunehmend komplexen modernen Technologien mittelständische Unternehmen vor erhebliche Herausforderungen. Neben der effektiven technischen und organisatorischen Implementierung von IT-Systemen sind sie verpflichtet, sich mit immer komplexer werdenden Rahmenbedingungen auseinanderzusetzen. Dies betrifft insbesondere die umfassende Einhaltung der IT-Compliance, die für eine ordnungsgemäße Unternehmensführung unerlässlich ist. Je mehr neue innovative Technologien entwickelt werden und den Markt beeinflussen und damit einhergehende Risiken hervorbringen, desto mehr Vorgaben werden von gesetzlicher, regulatorischer und auch unternehmensinterner Seite gestellt. So soll eine Kontrolle und zugleich Beherrschbarkeit technologischer Innovationen gewährleistet werden können. Dies bedeutet für Unternehmen, dass mit zunehmender Digitalisierung der Umfang, der relevanten zu beachtenden Regelwerke (rechtlich/extern/intern) gleichsam steigt, was wiede-

---

[1] Knorr/Bredendiek/Knoche (2023)

rum nicht unerhebliche Auswirkungen technischer, organisatorischer und letztlich personeller Natur haben kann. Für den Mittelstand bis dato oft vernachlässigte Regelungen werden nun bedeutender denn je[2].

Der Trend der Digitalisierung treibt so zwangsläufig die Entwicklung der (IT-)Compliance dynamisch voran.

> **Hinweis:**
> Mit der zunehmenden Digitalisierung und Vernetzung steigt signifikant die technische Bedrohungslage für Wirtschaft, Wissenschaft, Verwaltung und Gesellschaft. Angesichts dessen zielen aktuelle gesetzgeberische Aktivitäten darauf ab, auf nationaler wie EU-weiter Ebene mehr Informations-/Cybersicherheit zu erreichen und damit widerstandsfähiger gegen Cyberangriffe zu werden. Der Aufstieg der künstlichen Intelligenz (KI) hat ebenfalls dazu geführt, dass immer mehr Unternehmen KI-Technologien in ihren Betrieb integrieren. Dies stellt sie vor die Herausforderung, nicht nur die technische Umsetzung von KI-Systemen zu beherrschen, sondern auch ethische und rechtliche Aspekte zu berücksichtigen[3]. Die Entwicklung und Nutzung von KI unterliegt zunehmend regulatorischen Anforderungen, um sicherzustellen, dass KI-Systeme fair, transparent und verantwortungsbewusst eingesetzt werden. Dies hat zur Einführung neuer gesetzlicher Rahmenbedingungen und Ethikrichtlinien für KI geführt, die Unternehmen befolgen müssen, um die ordnungsgemäße Nutzung von KI-Technologien sicherzustellen.

Ein geeignetes Compliance-System, das nachweislich auf die Beachtung eines regel- bzw. rechtskonformen Verhaltens ausgerichtet ist, dient nicht nur der Vermeidung zunehmender potentieller Haftungsrisiken und Schadensersatzforderungen gegenüber dem Unternehmen und der Unternehmensleitung. Vielmehr können hierdurch Vertrauen und Reputation gegenüber Mitarbeitern, Kunden und sonstigen Geschäftspartnern gesi-

---

[2] Bspw. die Einführung angemessener technischer und organisatorischer Maßnahmen zum Schutz von personenbezogenen Daten gemäß der seit 2018 anzuwendenden EU-Datenschutzgrundverordnung (DS-GVO) bzw. zur Aufrechterhaltung der IT-Sicherheit nach den Vorgaben des BSI oder NIS-2-Richtlinie für kritische Anlagen sowie wichtige und besonders wichtige Einrichtungen.
[3] U. a. Data Act

chert und gefördert werden. Letztlich können Compliance-Strategien im Falle eines regelwidrigen Verhaltens zur Abwendung oder Minimierung straf- und ordnungsrechtlicher Konsequenzen führen.

Zusammenfassend lässt sich feststellen, dass die IT-Compliance aufgrund zunehmender Digitalisierung und damit einhergehenden innovativen Technologien zum Dreh- und Angelpunkt in jedem mittelständischen Unternehmen wird und weiterhin stetig an Bedeutung gewinnt.

2.2 IT-Compliance im Mittelstand

Die Digitalisierung schreitet unaufhaltsam voran, so auch im Mittelstand. Häufig laufen mittelständische Unternehmen dem Digitalisierungstrend dennoch hinterher. Sie sind, aufgrund praktischer und finanzieller Gegebenheiten oft weniger in der Lage, stetig auf dem aktuellen Stand der technischen Möglichkeiten zu stehen.

> **Hinweis:**
> Der deutsche Mittelstand ist hinsichtlich der Digitalisierungsbemühungen sehr inhomogen aufgestellt. Verschiedene Studien zeigen zwar einen zunehmenden Einsatz von innovativen Technologien in mittelständischen Betrieben, jedoch ist deren Verbreitung nicht mit der in Großunternehmen in Deutschland vergleichbar[4]. Besonders Unternehmen des verarbeitenden Gewerbes haben Schwierigkeiten dabei, die Möglichkeiten, die ihnen die Digitalisierung bietet, in ihrem Betrieb vollumfänglich auszuschöpfen[5]. Dagegen sind reine Dienstleister oder Handelsunternehmen schon weiter. Aufgrund von Kundenanforderungen, haben hier innovative Technologien vermehrt Einzug gehalten (besonders hinsichtlich Kundenakquise/-service sowie des digitalen Datenaustauschs mit Kunden und Lieferanten)[6].

Die Umsetzung digitaler Prozesse findet gerade bei kleinen und mittelständischen Betrieben mitunter kurzfristig und ohne nachhaltige strategische Überprüfung statt. Gesetzliche oder sonstige regulatorische Maßstäbe finden im Vorfeld häufig kaum Berücksichtigung. Diese

---

[4] z. B. Bitkom (2017), Bitkom (2019), KfW Research (2019), Ernst & Young GmbH (2022)
[5] Vgl. Bitkom (2017)
[6] Vgl. Bundesministerium für Wirtschaft und Energie (2018)

Handlungsweise erscheint fahrlässig und kann langfristig zu erheblichen Problemen führen.

Je vielschichtiger digitale Datenverarbeitungsprozesse stattfinden, umso mehr nimmt auch die Gefährdungslage für die Datensicherheit zu. Vertrauliche Unternehmensdaten, angefangen von sensiblen Mitarbeiter- oder Kundendaten über Preiskalkulationen, Zahlen und Daten über neue Geschäftsmodelle oder Unternehmensstrategien bis hin zu Angaben über innovative Entwicklungen, Erfindungen oder sonstiges Unternehmens-Know-how, durchlaufen heute schnell eine Vielzahl unterschiedlicher Endgeräte, Schnittstellen, Serverstrukturen, interner und externer Speichermedien. Der Datenfluss über mehrere interne und externe digitale Infrastrukturen hinweg, ohne angemessene Risikobetrachtung und hinreichenden technischen und organisatorischen Sicherheitsmaßnahmen, geht indes zwangsläufig mit einer Zunahme von Gefahren für die Übermittlung, Speicherung und Verarbeitung von Daten einher. IT-Systeme werden angreifbarer, je umfangreicher Datenverarbeitungsvorgänge werden, Anwendungen können fehlerhafte Ergebnisse liefern oder ganz ausfallen, Daten können gelöscht werden oder verloren gehen, manipuliert oder gestohlen werden.

Der Bedarf an angemessenen Regeln zum korrekten und sicheren Umgang mit Daten sowie zur Nutzung der IT nimmt dementsprechend zu, ganz gleich, ob es sich um Gesetze, daraus abgeleitete Rechtsnormen oder sonstige Standards oder Richtlinien handelt, die ein Unternehmen zu erfüllen hat. Durch neue Rechtsakte des Gesetzgebers und die höchstrichterliche Rechtsprechung oder maßgebliche Leitlinien der Behörden erweitern sich damit kontinuierlich die einzuhaltenden Pflichten.

In Anbetracht der bereits existierenden, nur schwer überschaubaren Vorgaben, deren Zusammenspiel zudem nicht immer homogen erscheint, sondern die vielmehr oft nicht ohne weiteres miteinander vereinbar sind, haben Unternehmen häufig Schwierigkeiten dabei, diese rechtlich und regulatorisch korrekt anzuwenden. Dies wiederum kann zu potenziellen Sicherheitslücken und Haftungsszenarien führen.

Gleichsam wächst die Verantwortung der Unternehmen und der Geschäftsleitung. Auch der EU-Gesetzgeber konzipiert aktuell insbesondere auf Basis neuer Regularien zur Stärkung der Cybersicherheit deutlich stärker als bisher systematische Pflichten für die Geschäftsleitung und

Führungskräfte. Cybersicherheit wird damit ausdrücklich Teil der allgemeinen Compliance. Merklich rückt auch das Thema IT-Compliance von mittelständischen Unternehmen zunehmend in den Fokus der Öffentlichkeit (sei es in Fachtagungen, Fachpublikationen und sogar den allgemeinen Medien[7]).

Oft sieht man im Mittelstand auch, dass sich Unternehmen zwar intensiv mit Compliance-Vorschriften befassen, die nachhaltige Verfolgung einer langfristigen IT-Compliance-Strategie jedoch kaum Beachtung findet.

Die Vielzahl an Anforderungen muss zudem mit der vorhandenen Organisationsstruktur harmonisiert werden, was zusätzlich zu Problemen führen kann, besonders in alteingesessenen mittelständischen Unternehmen. Dem Wirtschaftsprüfer kann hierbei eine wichtige Schlüsselrolle zuteilwerden.

> **Hinweis:**
> Das Feld der zu betrachtenden IT-Compliance-Regelungen ist nicht nur groß und unübersichtlich; es unterliegt auch einer steten Veränderungsdynamik. Im Mittelstand fehlt zum Teil das Bewusstsein für die Notwendigkeit und auch die finanziellen Mittel einer dem Digitalisierungstrend entsprechenden IT-Compliance-Strategie. Häufig werden Digitalisierungsprojekte durchgeführt, ohne an die Folgen für die Einhaltung existierender Anforderungen zu denken. Der unmittelbare gesetzliche bzw. regulatorische Druck für die Beachtung wirkt sich oft erst nachgelagert aus (bspw. externe Betriebsprüfungen, Umsatzsteueraußenprüfungen, Kapitalertragssteuerprüfungen, Umsatzsteuernachschau, Datenschutzprüfung, Abschlussprüfung).
>
> IT-Compliance wird häufig als zwingende Anforderung und nicht als Chance zur proaktiven Umsetzung von Verbesserung der operativen Abläufe angesehen.[8] An sich geltende Maßstäbe für ein ordnungsgemäßes unternehmerisches Handeln, insbesondere ausgerichtet auf einen sicheren Umgang mit Unternehmensdaten/personenbezogenen Daten, werden immer wieder außer Acht gelassen. In Folge dessen werden mittelständische Unternehmen auch häufiger Opfer von Angriffen.[9]

---

[7] Vgl. Klotz (2009)
[8] Vgl. Sollis (2010), S. 1 f.
[9] Fissenewert (2018), S. 34 f.

2.3 Die Rolle des Wirtschaftsprüfers im digitalen Wandel

Mit der zunehmenden Bedeutung der Digitalisierung in den mittelständischen Unternehmen steigt gleichzeitig der Bedarf nach zielgerichteter Prüfung und Beratung.

Je mehr Anpassungen und Neuerungen durch moderne Informationstechnologien im Unternehmen durchgeführt werden (müssen), desto komplexer ist auch der Beratungsbedarf mit Blick auf gesetzliche und sonstige regulatorische Anforderungen im Zusammenhang mit der IT. Gleichzeitig steigt die Bedeutung der Bewertung von IT im Rahmen von Prüfungen, die sich insbesondere mit IT-Prozessen und -Systemen befassen, bspw. Prüfungen nach IDW PS 860, IDW PS 880 n. F. und IDW PS 951 n. F.. Dies muss sich auch in einer weiterentwickelten Prüfungslogik und -technik widerspiegeln. Die Gewichtung der IT-bezogenen Prüfungshandlungen gemessen an den Gesamtprüfungshandlungen erhöht sich und wird damit hinsichtlich der Prüfungssicherheit wesentlich für das Ergebnis der Prüfung. Zudem gibt es immer mehr Prüfungen, die sich insbesondere mit IT-Prozessen und -Systemen befassen, bspw. Prüfungen nach IDW PS 860, IDW PS 880 n. F. und IDW PS 951 n. F.[10].

Dem Wirtschaftsprüfer wird in diesem Konstrukt eine besondere Rolle zuteil. Aufgrund seiner methodischen und analytischen Expertise sowie Erfahrungen aus u. a. Abschlussprüfungen, Assurance-Leistungen und Beratungen, besitzt dieser einen umfassenden Einblick in verschiedenste Formen der Digitalisierung in einem weiten Feld an Geschäftsmodellen und Branchen. Einhergehend mit seinem Knowhow bezüglich der in diesen unterschiedlichen Umgebungen einzuhaltenden (IT-)Compliance, macht es ihn zu einem wichtigen Partner für das Unternehmen und verknüpft damit die Bereiche IT und Compliance sowohl in der Prüfung als auch in der Beratung.

Meist sind Wirtschaftsprüfer über einen mehrjährigen Zeitraum für ein Unternehmen zuständig und kennen sich daher tiefgehend mit den aktuellen Abläufen sowie laufenden/zukünftigen Veränderungen im Unternehmen aus. Dieses Wissen kann der Wirtschaftsprüfer nutzen, um in Prüfungen Risikofelder, die sich aus einer zunehmenden Digitalisierung und erweiterten Anforderungen hinsichtlich der (IT-)Compliance

---

[10] Zum Teil wurden diese Prüfungsstandards schon wieder aktualisiert und es finden sich neue Fassungen dieser über das IDW.

ergeben, zu identifizieren. Für die Bewertung des Prüfungsrisikos ist es mit zunehmender technischer Komplexität der Unternehmensprozesse von großer Bedeutung auch alle rechnungslegungsrelevanten Systeme mit einzubeziehen, um die Ordnungsmäßigkeit auch nach berufsrechtlichen Anforderungen gewährleisten zu können.

In Beratungssituationen wird es mit zunehmendem Einsatz der IT immer wichtiger, Synergien zwischen bestehenden und neuen digitalen Geschäftsprozessen zu knüpfen, damit innovative Technologien effektiv im Unternehmen und unter Berücksichtigung relevanter rechtlicher und regulatorischer Vorgaben Einzug erhalten. Der Wirtschaftsprüfer ist damit ein Wissensträger für interne Geschäftsprozesse des Unternehmens und kann dies mit seinem Compliance-Know-how verbinden.

Hinweis:
Es gibt mittelständische Unternehmen, die als Vorreiter der Digitalisierung den Markt maßgeblich beeinflussen. Diese Mandanten kann der Wirtschaftsprüfer mit seinen Compliance-Know-how betreuen und ihnen beratend zur Seite stehen.

Auf der anderen Seite gibt es eine beträchtliche Anzahl von mittelständischen Unternehmen, die zwar ihre Kerngeschäftsbereiche sehr gut beherrschen, jedoch nur begrenzten Kontakt zur Digitalisierung haben. Dennoch möchten sie sich IT-technisch weiterentwickeln. In diesem herausfordernden Prozess der Einführung neuer Technologien und gleichzeitigen Einhaltung der damit verbundenen (IT-)Compliance-Anforderungen kann der Wirtschaftsprüfer sie unterstützen. Es gehört auch zu den Aufgaben des Wirtschaftsprüfers, den Unternehmen Möglichkeiten zur Digitalisierung aufzuzeigen, die im Rahmen ihrer vorhandenen Ressourcen dazu beitragen, ihre Geschäftsprozesse zu verbessern und die IT-Compliance zu gewährleisten.

Unternehmen profitieren auch von der Vernetzung der Wirtschaftsprüfer untereinander, bspw. über Verbände und Arbeitsgruppen. Der Wirtschaftsprüfer hat dadurch einen sehr guten Einblick in Veränderungen, sowohl im Bereich der IT-Entwicklungen als auch in der Weiterentwicklung der (IT-)Compliance-Anforderungen. Dies ermöglicht es ihm, frühzeitig seine Mandanten über Neuerungen zu informieren und seine Prüfungs- wie Beratungsleistungen entsprechend auszurichten.

Für ein Unternehmen ist der Wirtschaftsprüfer häufig eine Vertrauensperson. Denn die Tätigkeiten des Wirtschaftsprüfers beruhen auf der Befolgung der berufsrechtlichen, ethischen Normen, zu denen insbesondere Unabhängigkeit, Transparenz, Gewissenhaftigkeit, Verschwiegenheit und Eigenverantwortlichkeit gehören. Die Einführung innovativer Technologien und Prozesse kann mit Begleitung des Wirtschaftsprüfers auch hinsichtlich der Einhaltung externer Anforderungen sichergestellt werden.

> **Praxistipp:**
> Der Wirtschaftsprüfer ist angehalten, die Anforderungen aus der Vielzahl an externen (IT-)Compliance-Vorgaben seinem Mandanten verständlich zu vermitteln. Häufig ist der Wirtschaftsprüfer der einzige Ansprechpartner für das mittelständische Unternehmen hinsichtlich Fragestellungen der IT-Compliance. Auch sollte der Wirtschaftsprüfer des zu betreuenden Unternehmens bei Einsatz neuer Technologien immer direkt auf die Auswirkungen bzgl. der IT-Compliance hinweisen, um Negativfolgen zu vermeiden. Hilfreich kann hierbei sein, die Bedeutung der Compliance-Anforderungen für das Unternehmen herauszustellen (siehe Kapitel 3.4), um die negativen Folgen der Nichteinhaltung und gleichzeitig die zahlreichen Vorteile der Befolgung von Compliance-Anforderungen zu verdeutlichen bzw. die Risiken aus dem Bestehen von Schwachstellen hervorzuheben (siehe Kapitel 4.2).

Weit verbreitet ist die Annahme, dass sich der Wirtschaftsprüfer zwar mit Compliance-Anforderungen auskennt, jedoch keine oder geringe IT-Kenntnisse aufweist. Dieses Bild ändert sich zunehmend. Mit steigender Digitalisierung verändert sich auch die Kompetenz des Wirtschaftsprüfers. Es besteht die Anforderung an den Wirtschaftsprüfer, alle Bereiche des Unternehmens und dessen Zusammenhänge sowie Abhängigkeiten zu verstehen und angemessen zu bewerten. Die IT gewinnt an Bedeutung; sie vernetzt mitunter immer mehr verschiedene Geschäftsbereiche, insbesondere in mittelständischen Unternehmen. Immer mehr Wirtschaftsprüfer nutzen daher die Angebote des IDW oder anderer Anbieter, um ihr IT-Know-how auszubauen und die Brücke zwischen Compliance und innovativen Informationstechnologien schlagen zu können.

> **Praxistipp:**
> Der Wirtschaftsprüfer sollte sich mit den aktuellen Trends der Digitalisierung und die damit verbundenen IT-Compliance-Anforderungen auseinandersetzen, um die Mandanten angemessen beraten zu können. Hierfür bieten sich Fachliteratur, Digitalblogs und Newsletter ausgewiesener Fachgruppen (bspw. ISACA) sowie Fachtagungen/ Fortbildungsangebote an.

Zusammenfassend zeichnet sich die besondere Rolle des Wirtschaftsprüfers dadurch aus, dass er sich in den letzten Jahren, aufgrund seines Know-hows und seiner Erfahrungen, zu einem Bindeglied und Mediator zwischen den rechtlichen und regulatorischen Anforderungen einerseits und den Herausforderungen der technischen Innovationen andererseits etabliert hat und dadurch zunehmend ein wichtiger Partner bei den Digitalisierungsbestrebungen seiner Mandanten wird.

3 Abgrenzung der IT-Compliance sowie deren Bedeutung für Unternehmen und Wirtschaftsprüfer

3.1 Definition und übergreifendes Ziel der IT-Compliance

Compliance wird als „Einhaltung" oder „Befolgung" übersetzt. Der Begriff steht für die ordnungsgemäße, systematische und nachweisliche Einhaltung von Gesetzen, Vorgaben und freiwilligen Anforderungen.[11] Welche Vorgaben relevant sind, wird Unternehmen gleichwohl extern vorgegeben als auch intern gewählt. Zudem sollen geeignete Rahmenbedingungen zur Verhinderung und Aufdeckung von Regelverstößen geschaffen werden. Die entsprechenden Regularien und Rahmenbedingungen sollen Unternehmen und deren Organe leiten, damit einerseits straf- und ordnungsrechtliche sowie andererseits zivilrechtliche Haftungsszenarien vermieden werden und Schädigungen bestenfalls erst gar nicht entstehen. „Nur wo Risiken bestehen, müssen Gesetze, Vorgaben und freiwillige Anforderungen eine Struktur schaffen, um die Folgen dieser Risiken zu vermeiden oder einzudämmen"[12]. Compliance als Oberbegriff umfasst aber auch nicht nur förmliche Rahmenbedingungen, denen die unternehmerische Tätigkeit unterliegt, sondern auch die allgemeinen Wertevorstellungen an bspw. Arbeitssicherheit, Umweltschutz oder Mitarbeiterumgang.

Die Voraussetzung der Nachweisbarkeit verweist darauf, dass Compliance in seiner Wirksamkeit auch dokumentiert werden muss. Die faktische Nachweisbarkeit ist gegenüber Aufsichtsorganen und Prüfungsinstitutionen notwendig.

IT-Compliance stellt einen Teilbereich der Compliance dar. Die IT-Compliance umfasst speziell die Einhaltung von allen für die IT eines Unternehmens relevanten, d.h. verbindlich vorgegebenen internen und externen Vorgaben. Dabei spielt es keine Rolle, ob IT-Dienste unternehmensintern oder durch externe Dienstleister (z.B. Hosting, Outsourcing-Verträge) erbracht werden. Hinter dem Begriff der IT-Compliance verbirgt sich im Grunde eine Vielfalt an relevanten Themen, die mit fortschreitender Technikentwicklung, noch dazu einer hohen Dyna-

---

[11] Deutscher Corporate Goverance Kodex (DCGK), 2022, Grundsatz 5.
[12] Fissenewert (2018), S. 1 f.

mik und zunehmender Ausbreitung unterliegt. Maßgeblich betroffen sind insbesondere auch Bereiche der IT-Sicherheit und des Datenschutzes, des elektronischen Rechtsverkehrs, der elektronischen Buch- und sonstigen Aktenführung oder des IT-Vertragswesens inklusive des Outsourcings.[13]

Die IT-Compliance verfolgt das Ziel, die einzelnen IT-bezogenen Prozesse und Aktivitäten durch erforderliche und angemessene Maßnahmen rechtskonform und ordnungsgemäß auszugestalten und vor möglichen Risiken und Regelverstößen zu schützen. Maßnahmen der IT-Compliance dienen darüber hinaus der Aufdeckung entsprechender Verstöße/Verletzungshandlungen und Implementierung geeigneter Handlungsabläufe als Reaktion darauf. Die Gesamtheit dieser Maßnahmen wird in der Praxis auch unter dem Begriff „IT-Compliance-System" zusammengefasst.

Unternehmen müssen sicherstellen, ihre Prozesse und Systeme „(IT-)compliant" zu machen. Dies trifft zu, wenn alle für das Unternehmen vorgegebenen und akzeptierten (IT-)Vorgaben umfassend und dauerhaft umgesetzt sind.[14] Dabei gilt es, eine Abstufung der Wichtigkeit der einzelnen Vorgaben zu beachten (siehe **Abb. 3.2**). Das Risiko negativer Folgen durch Verletzung von Anforderungen ist bei Rechtsnormen größer als bei der freiwilligen Anwendung von mitunter weniger verbindlichen externen und internen Regelwerken[15].

---

[13] Vgl. Nolte/Becker (2008)
[14] Vgl. Klotz (2009)
[15] An dieser Stelle sei jedoch explizit darauf hingewiesen, dass interne Richtlinien in der Praxis oft Rechtsnormen für das eigene Unternehmen operationalisieren. Die Einhaltung interner Regelwerke stellt in diesen Fällen die Einhaltung von Rechtsnormen sicher.

3.2 Übersicht der IT-Compliance-Vorgaben

Die Quellen für die IT-Compliance-Anforderungen werden in Anlehnung an Klotz wie folgt definiert:

Abb. 3.1: Quellen der IT-Compliance[16]

Unternehmensinterne Regelwerke umfassen Vorgaben aus dem Unternehmen selbst, wie bspw. Sicherheitsleitlinien oder Richtlinien zum Umgang mit der IT für Mitarbeiter. Diese sind nicht immer zwingend von außen reglementiert und werden vom Unternehmen selbst festgelegt. Oft jedoch setzen Unternehmen externe Regelwerke und rechtliche Vorgaben in internen Regelwerken um bzw. konkretisieren und operationalisieren diese für sich.

Unternehmensexterne Regelwerke umfassen Vorgaben von bestimmten Verbänden, Branchen oder allgemeinen Normen und Kodizes. Diese haben an sich keinen bindenden gesetzlichen Charakter, sind jedoch aufgrund ihrer Etablierung am Markt trotzdem für das Unternehmen empfehlenswert bzw. werden im Falle der IDW-Standards im Rahmen von Abschlussprüfungen auch verpflichtend.

Rechtliche Vorgaben sind zwingend einzuhalten. Sie beeinflussen inhaltlich sowohl die Gestaltung von unternehmensinternen als auch unternehmensexternen Regelwerken. Dabei handelt es sich im We-

---

[16] Vgl. Klotz (2009), S. 4

sentlichen um Gesetze, Rechtsverordnungen, Rechtsprechung und Verwaltungsvorschriften, allerdings auch um Verträge mit Kunden, Lieferanten und sonstigen Vertragspartnern, soweit IT-relevante Vereinbarungen enthalten sind.

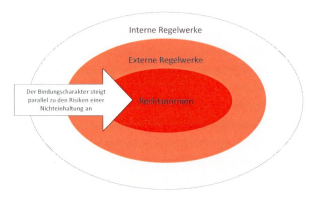

Abb. 3.2: Zwiebelmodell der IT-Compliance-Anforderungen[17]

Für den Wirtschaftsprüfer ist es wichtig, diese Dreiteilung der Quellen von IT-Compliance zu kennen und in seiner Herangehensweise beim Mandanten zu verinnerlichen, um die Anforderungen entsprechend zu kategorisieren und die Auswirkungen in der Prüfung und Beratung bewerten zu können.

In der folgenden Tabelle wird eine Übersicht der bestehenden Vorgaben im Umfeld der IT-Compliance gegeben (**Tab. 3.1**). Die Anforderungen müssen für die jeweils betroffenen Unternehmen (abhängig von deren Geschäftstätigkeit) auf Relevanz geprüft und entsprechend berücksichtigt werden.

---

[17] Vgl. Klotz (2009), S. 21

Quelle der Vorgaben[18] und betroffene Sektoren		Maßgebliche Regularien/Regelwerke
Rechtliche Vorgaben (Gesetzliche bzw. behördliche Vorgaben)	Handels- und Gesellschaftsrecht	– HGB, AktG, EHUG, UMAG, KonTraG, GmbHG, BilMoG, IFRS
	Steuerrecht	– AO, UStG, KStG, GewStG, EStG
	Datenschutz	– DS-GVO, BDSG, TMG, TKG, TTDSG – EU-US Data Privacy Framework
	Sonstige Gesetze, Richtlinien und Verordnungen	– BetrVG, UWG, GWB, SGB, SRVwV, BGB, VwVfG, StGB, IT-NetzG, NetzDG, IWG, KONSENS-G, BSIG, BSI-KritisV, GeschGehG, ArbStättVO – TRIPS, TT-GVO – IASB, IAS, IFRS, IFRIC, EU-Anti-Terror-VO, NIS2-RL, CRA, Sektorspezifische IT-Sicherheitsgesetze wie z.B. DORA
	Sonstige Verwaltungsvorschriften	– BildschirmarbeitsVO, BITV 2.0, Elektronische-TransaktionenVO, EVB-IT, GoBD
	Rechtsprechung	Höchstrichterliche Rechtsprechung des BGH (z.B. BGH, Urt. v. 27.04.2022 – Az. 5 StR 278/21; Urt. v. 09.05.2017 – Az. 1 StR 265/16 zur bußgeldmindernden Berücksichtigung eines CMS bei der Bußgeldbemessung). Rechtsprechung der Oberlandes- und Landesgerichte (z.B. OLG Hamm, Urt. v. 01.12.2003 – Az. 13 U 133/03 zum Mitverschulden beim Datenverlust).
	Verträge	– Sämtliche Verträge zur IT-Leistungserstellung (Lizenzierung, Entwicklung und Betrieb) – Vertragsdetails zu Servicelevels (SLA, OLA) – Spezifische Regelungen zu ausgelagerten IT-Aktivitäten (inkl. Cloud Computing: SaaS, PaaS, IaaS) – Vertragliche Regelungen zur Nutzung von IT-Hardware (bspw. Rechenzentren) – Allgemeine Verträge mit denkbarem Bezug zur IT, etwa Geheimhaltungsvereinbarungen (NDA), Verträge über die Verarbeitung personenbezogener Daten durch einen Auftragsverarbeiter (AVV)

---

[18] Vgl. Klotz (2009), S. 4

Quelle der Vorgaben[18] und betroffene Sektoren		Maßgebliche Regularien/Regelwerke
Externe Vorgaben (insbes. Selbstregulierung/ Good Practice)	Kodizes	– Deutscher Corporate Governance Kodex, OECD Principles of Corporate Governance
	Internationale (fachspezifische) Normungen	– ISO/IEC 27001, ISO/IEC 37301, ISO/IEC 38500, ISO/IEC 20000, ISO/IEC 22301
	IT-spezifische Branchenstandards	– BSI IT-Grundschutz-Kompendium – Leitfaden IT-Sicherheit des BSI
	Verbandsstandards	– ISA 31519, IDW PS 850 n. F., IDW PS 860, IDW PS 880 n. F., IDW PS 951 n. F. – IDW RS FAIT 1, IDW RS FAIT 2, IDW RS FAIT3, IDW RS FAIT 4, IDW RS FAIT 5 – Prüfungsstandards des ISACA (bspw. ITAF)
Interne Vorgaben (Sonstige Vorgaben)	Interne Richtlinien und Vorgaben	IT-Sicherheitskonzept, Passwortrichtlinie, IT-Risikomanagement, Datensicherungskonzept, Archivierungskonzept, Konzept zur physischen Sicherheit, Berechtigungskonzept
	Verfahrensanweisungen	Verfahrensdokumentation, technische Dokumentationen, Anwenderhandbücher

Tab. 3.1: Nationale und internationale Vorgaben im Umfeld der IT-Compliance

Praxistipp:

Es existieren zahlreiche Anforderungen, darunter auch viele branchenspezifische Normen und Standards. Diese vielfältigen Anforderungen sollten vom Wirtschaftsprüfer in enger Zusammenarbeit mit dem Mandanten sorgfältig analysiert werden, um sämtliche relevante Aspekte abzudecken. Hierbei ist es äußerst hilfreich, ein umfassendes Normenregister heranzuziehen, um sicherzustellen, dass alle relevanten Vorschriften und Best Practices berücksichtigt werden. Darüber hinaus ist es entscheidend, Überschneidungen und Synergien zwischen den verschiedenen Anforderungen zu identifizieren. Dies ermöglicht nicht nur eine effizientere Implementierung, sondern auch die Maximierung der geschäftlichen Vorteile, die sich aus der Einhaltung dieser Anforderungen ergeben können. Externe Regelwerke können beispielsweise effektiv und langfristig umgesetzt

---

[19] Die ISA ermöglichen eine harmonisierte Prüfung und erleichtern den Vergleich von Prüfungsergebnissen über Ländergrenzen hinweg. Dies ist besonders wichtig für multinationale Unternehmen und Investoren.

> werden, indem wichtige Anforderungen in interne Regelwerke aufgenommen werden. Die sorgfältige Analyse und Koordination von branchenübergreifenden und branchenspezifischen Anforderungen ist von entscheidender Bedeutung, um sicherzustellen, dass die IT-Compliance optimal umgesetzt wird und gleichzeitig die geschäftlichen Ziele des Unternehmens unterstützt werden.

3.3 Abgrenzung der IT-Compliance

3.3.1 Abgrenzung zwischen „Compliance von IT" und „Compliance durch IT"

Es wird bei der IT-Compliance zwischen zwei Sichtweisen unterschieden: „Compliance von IT" und „Compliance durch IT". Es handelt sich hierbei um zwei verschiedene Perspektiven mit unterschiedlicher Bedeutung für das Unternehmen und für die Prüfung bzw. Beratung. Daher soll an dieser Stelle eine Abgrenzung der beiden Sichtweisen erfolgen.

Bei **Compliance von IT** stellt die IT das Bewertungsobjekt dar. Die IT als Ganzes oder Teilbereiche der IT müssen dabei bestimmte Vorgaben erfüllen, d. h. „compliant" sein. Die IT ist Träger von Anforderungen, die im Unternehmen beachtet werden müssen.

Der Prüfungsstandard für „Identifizierung und Beurteilung der Risiken wesentlicher falscher Darstellungen aus dem Verständnis von der Einheit und ihrem Umfeld" (INTERNATIONAL STANDARD ON AUDITING (DE) 315 (REVISED))[20] unterstützt den Wirtschaftsprüfer bei der Überprüfung der IT im Rahmen der Jahresabschlussprüfung.

Der ISA 315 fordert von Wirtschaftsprüfern, dass sie das Verständnis für das Unternehmen und seine Umgebung entwickeln, um Risiken zu identifizieren, die zu wesentlichen Fehlaussagen in den Finanzaussagen führen könnten. Dieser Standard betont die Bedeutung des Verständnisses der Unternehmensstruktur, der Geschäftsaktivitäten, der Kontrollumgebung und anderer relevanter Faktoren, um die Prüfung effektiv zu planen und durchzuführen. Er enthält jedoch auch Hinweise

---

[20] ISA 315 ist eine internationale Prüfungsstandard, der von der International Federation of Accountants (IFAC) entwickelt wurde. Er legt die Verantwortlichkeiten des Wirtschaftsprüfers bei der Identifizierung und Bewertung von Risiken im Zusammenhang mit wesentlichen Fehlaussagen in den Jahresabschlüssen eines Unternehmens fest.

darauf, wie Wirtschaftsprüfer bei der Prüfung von IT-bezogenen Kontrollen vorgehen sollten, da Informationstechnologie eine Schlüsselkomponente für die finanzielle Berichterstattung und interne Kontrollen in vielen Organisationen ist. Insbesondere betont der ISA 315 die Notwendigkeit für Wirtschaftsprüfer, ein Verständnis für die IT-Systeme und -Kontrollen des geprüften Unternehmens zu entwickeln. Dies schließt die Prüfung von IT-General Controls (allgemeine Kontrollen über IT-Systeme und -Infrastruktur) und IT-Anwendungssteuerungen (spezifische Kontrollen in IT-Anwendungen) ein.

> **Hinweis:**
> Bei Compliance von IT stellen sich nach Klotz/Dorn[21] folgende Fragen:
>
> - „Welche Rechtsnormen und ggf. sonstige Regelwerke sind für die IT des Unternehmens relevant?
> - Welche IT-gestützten Prozesse und Anwendungen sind betroffen und welche Anforderungen sind von ihnen zu erfüllen?
> - Welche Risiken resultieren in welcher Höhe aus fehlender oder mangelhafter Compliance der IT?
> - Welche Compliance-Anforderungen haben die einzelnen Bereiche der IT (Infrastruktur, Datenhaltung, Betrieb, Prozesse etc.) zu erfüllen?
> - Welche technischen, organisatorischen und personellen Maßnahmen sind für die Gewährleistung von IT-Compliance zu ergreifen?"

Im Gegensatz hierzu wird bei **Compliance durch IT** die IT als Instrument dazu genutzt, Compliance-Vorgaben für das Unternehmen insgesamt oder einzelner Fachabteilungen umzusetzen und zu kontrollieren. Im Rahmen dessen erfolgt die (teil-)automatische Dokumentation von Nachweisen zur Einhaltung der Compliance für unterschiedlichste Bereiche – nicht nur für die IT.

---

[21] Klotz/Dorn (2008), S. 9 f.

> **Hinweis:**
> Bei Compliance durch IT ergeben sich nach Klotz/Dorn[22] folgende Fragen:
>
> - „Welche Compliance-Anforderungen haben die Geschäftsprozesse zu erfüllen?
> - Welche Compliance-Anforderungen kann eine spezifische Hard- oder Software adressieren?
> - Welche Hard- oder Softwarelösung ist für die Erfüllung der Compliance-Anforderungen am besten geeignet?
> - Wie sind die verfügbaren Compliance-Tools aufeinander abzustimmen?"

Dies kann unterschiedliche Ausmaße annehmen:

- Einsatz spezifischer Compliance-Instrumente durch das Unternehmen:
  - Compliance Management System (CMS),
  - Risikomanagementsysteme,
  - Controllingsysteme,
  - IT-Forensik-Systeme,
  - etc.
- Gezielte IT-Konfigurationen zur Unterstützung der „Compliance von IT" und anderer Unternehmensbereiche („Compliance durch IT" unterstützt „Compliance von IT"):
  - Protokollierungen,
  - Benutzerberechtigungen,
  - Auswahl- und Eingabemöglichkeiten, Prüfsummen,
  - Freigabestufen,
  - Passwörter,
  - etc.
- Einsatz spezifischer Compliance-Instrumente durch den Prüfer (intern/extern):
  - Computer-Assisted Audit Tools (CAATs) sowie Generalized Audit Software (GAS), Utility Software, Debugging und Scanning Software, Testsoftware, Anwendungssoftware-Ablaufverfolgung und -Mapping, Expertensysteme,

---

[22] Klotz/Dorn (2008), S. 9 f.

- kontinuierliche Prüfungsmethoden (Continuous Data Assurance, Continuous Controls Monitoring, Continuous Risk Monitoring and Assessment, Black Box Logging, Continuous Reporting),
- in IT-Systeme eingebettete Prüfungsmethoden (EAM),
- IT-gestützte Control Self-Assessments (CSA),
- etc.

Häufig ist in einem Unternehmen nur anhand „Compliance durch IT" die Einhaltung der Vielfalt von Compliance-Vorgaben realisierbar. Dies betrifft besonders die (teil-)automatisierte Identifizierung von Compliance-Verstößen. Genauso ist es für den Wirtschaftsprüfer nahezu unmöglich, die Vielzahl an Anforderungen und Datenmengen ohne IT-Unterstützung zu überprüfen, um die Ordnungsmäßigkeit festzustellen.

Dieser Leitfaden adressiert insbesondere die „Compliance von IT", im Folgenden als IT-Compliance bezeichnet. Es wird jedoch deutlich, dass beide Sichtweisen stark zusammenspielen und beide für eine ausgewogene Compliance und IT-Compliance im Unternehmen notwendig sind. Die IT eines Unternehmens ist sowohl Träger von Anforderungen als auch Instrument zur Erfüllung von Anforderungen. Für den Wirtschaftsprüfer ist es wichtig, diesen Zusammenhang auch bei seinen Mandanten zu kennen und dies in Prüfungen sowie Beratungen zu nutzen.

3.3.2 Abgrenzung zwischen IT-Governance, IT-Risikomanagement und IT-Compliance

Häufig wird in der Literatur von einem Dreiklang „IT-Governance-Risk-Compliance" (IT-GRC) gesprochen (**Tab. 3.2**).

IT-Governance	IT-Risikomanagement	IT-Compliance
IT-Governance schafft einen Ordnungsrahmen für die Führung, Organisation und Überwachung der IT eines Unternehmens. Es wird sichergestellt, dass durch einen angemessenen Einsatz der IT, die Unternehmensziele erreicht werden.	IT-Risikomanagement umfasst alle systematischen Maßnahmen zur Identifikation, Bewertung und Bewältigung von IT-Risiken.	IT-Compliance umfasst die Einhaltung von internen und externen Vorgaben hinsichtlich der IT (als Bewertungsobjekt).

Tab. 3.2: Beschreibung der Teilbereiche des IT-GRC-Modells

Zwischen Governance, Risikomanagement und Compliance besteht eine starke Wechselwirkung (siehe **Abb. 3.3**).

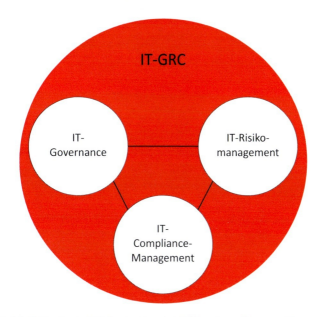

Abb. 3.3: IT-Governance, IT-Risikomanagement und IT-Compliance Management[23]

IT-Governance dient der wertorientierten und nachhaltigen Steuerung und Entwicklung der IT. Sie legt die Grundwerte der Unternehmensführung und damit der IT fest, bspw. mittels einer IT-Strategie, welche auch dafür sorgt, dass IT-Risiken im Unternehmen angemessen, systematisch und zyklisch identifiziert, analysiert, bewertet und behandelt werden und IT-Compliance-Vorgaben umgesetzt werden. In der Regel erfolgt dies durch eine Verantwortungsregelung und Verteilung von Entscheidungsrechten im Unternehmen.[24]

IT-Risikomanagement auf der anderen Seite steigert ein erhöhtes IT-Risikobewusstsein auch für nachhaltige Entscheidungen auf der strategischen Ebene und reduziert gleichzeitig mögliche IT-Compliance-Verstöße.

---

[23] Vgl. Klotz/Dorn (2008), S. 7
[24] Vgl. Klotz (2020), S. 854 f.

IT-Compliance stärkt die strategische Ebene durch Konformität und führt gleichzeitig zu einer erhöhten Betrachtung des IT-Risikos. Sowohl IT-Governance, IT-Risikomanagement, als auch IT-Compliance haben wesentliche Auswirkungen auf die Ausgestaltung der IT eines Unternehmens.[25]

Beispiel

Erreichen eines Dreiklangs der IT-Governance, IT-Risikomanagement und IT-Compliance im Unternehmen

In einem mittelständischen Unternehmen ist die IT-Landschaft durch eine Vielzahl an Softwareanbietern und selbstentwickelten Lösungen geprägt. Kontrollen werden zum Großteil in der IT manuell durchgeführt. Unternehmensleitung und IT haben nur marginale Berührungspunkte, bspw. wenn bestimmte IT-Anwendungen beschafft werden müssen. Die IT-Governance ist grundsätzlich getrennt von der allgemeinen Unternehmens-Governance und zeigt sich durch unterschiedliche IT-Strategieansätze in IT-Projekten und IT-Organisation. Das IT-Risikomanagement ist in Form einer „Brandbekämpfung" nur reaktiv aufgebaut und die IT-Compliance wird nur in Ansätzen durch die Mitarbeiter der IT beachtet, zumal die Menge an Vorschriften mit dem vorhandenen IT-Personal nicht umsetzbar ist.

In der Prüfung des Wirtschaftsprüfers werden erhebliche Mängel aufgrund der fehlenden Einhaltung der IT-Compliance deutlich. Der IT-Leiter teilt dem Wirtschaftsprüfer daraufhin mit, „wenn das für die Prüfung benötigt wird, können die Nachweise (IT-Dokumentationen, Protokolle etc.) gerne zusammengestellt bzw. eingerichtet werden". Das Unternehmen nimmt daraufhin die Nachdokumentation vor.

Das Unternehmen kann zunehmend nicht mehr der aktuellen Bedrohungslage gerecht werden, da fast alle Maßnahmen der IT durch die Führungsebene nicht unterstützt werden und Projekte, die durch die Führungsebene in der IT umgesetzt werden sollen, implementierte (Sicherheits-)Maßnahmen gefährden. Weiterhin werden immer mehr IT-Compliance-Verstöße verzeichnet, die bereits zu negativen Folgen (wie Strafen) und Reputationsverlust geführt haben. Die eigens für

---

[25] Knoll (2013), S. 7

den Wirtschaftsprüfer zusammengestellten IT-Compliance-Nachweise werden in der Unternehmenspraxis nicht aktiv genutzt.

Auf Anraten des Wirtschaftsprüfers möchte das Unternehmen den GRC-Dreiklang herstellen. Hierzu wird ein Umdenken der Geschäftsführung notwendig. Die IT wird zukünftig als wichtiger Teilbereich des Unternehmens wahrgenommen und aktiv in die strategische Planung und Steuerung eingebunden. Auf dieser Grundlage kann eine IT-Governance-Struktur geschaffen werden, die die Unternehmensziele auch in der IT widerspiegelt. Ein neu entwickeltes IT-Risikomanagement befasst sich aktiv mit dem Umgang identifizierter Risiken und gibt wesentliche Handlungsimpulse in Richtung IT-Governance. Die Einhaltung von IT-Compliance-Vorgaben wird fortan als wesentliche Aufgabe der IT-Abteilung definiert und aktiv nachgehalten. Dies trägt wesentlich zur Reduktion von IT-Risiken bei, rückt die IT-Abteilung gleichsam mehr in den Fokus der Verantwortung. Bereits nach wenigen Wochen nehmen Management und Mitarbeiter das effektive GRC-Zusammenspiel und dessen positive Effekte auch auf die gesamten Unternehmensprozesse wahr.

Für den Wirtschaftsprüfer ist es wichtig, dass IT-Compliance nicht allein zu betrachten ist, sondern eng mit der IT-Governance und dem IT-Risikomanagement verknüpft ist. Dadurch ermöglicht eine integrierte Betrachtung der drei Sichtweisen Synergieeffekte für die Unternehmen zu generieren. IT-Compliance verfolgt niemals einen Selbstzweck.

3.4 Bedeutung der IT-Compliance für mittelständische Unternehmen

3.4.1 Normkonformität als Pflicht für Unternehmen und Geschäftsleitung

Primär obliegt dem Unternehmen als solches die Pflicht, gesetzliche Vorgaben sowie geltende sonstige Normen und Regularien einzuhalten. Es muss dafür Sorge tragen, dass die unternehmerischen Aktivitäten in einer Art und Weise organisiert sind, dass bestimmte Regeln eingehalten und wesentliche Verstöße hiergegen verhindert werden. Für eine ordnungsgemäße Unternehmensführung trägt wiederum die Geschäftsleitung die Verantwortung. Besteht sie aus mehreren Personen im Sinne einer Gesamtgeschäftsführung, gilt der Grundsatz der Gesamtverantwortung.

Die Geschäftsführung muss sich einerseits natürlich selbst normkonform verhalten, andererseits zu einem normkonformen Handeln im Unternehmen beitragen.[26] Dies ergibt sich bereits aus dem Ordnungswidrigkeitenrecht, wonach im Allgemeinen gemäß §§ 130, 9 OWiG Organe der Unternehmensleitung haften, wenn sie schuldhaft Aufsichtsmaßnahmen unterlassen, die erforderlich sind, um Rechtsverstöße im Betrieb zu verhindern.[27] Deckungsgleich ergibt sich im Umkehrschluss wiederum hieraus die Haftung des Unternehmens selbst, soweit dem Aufsichtspflichtigen ein Fehlverhalten zugerechnet werden kann (§§ 30, 130 OWiG).

Beispiel
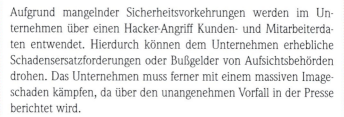
Mangelnde Sicherheitsanforderungen im Unternehmen

Aufgrund mangelnder Sicherheitsvorkehrungen werden im Unternehmen über einen Hacker-Angriff Kunden- und Mitarbeiterdaten entwendet. Hierdurch können dem Unternehmen erhebliche Schadensersatzforderungen oder Bußgelder von Aufsichtsbehörden drohen. Das Unternehmen muss ferner mit einem massiven Imageschaden kämpfen, da über den unangenehmen Vorfall in der Presse berichtet wird.

Der eigentliche Täter ist in der Regel nicht greifbar, so dass Regressansprüche gegenüber der Unternehmensleitung im Raum stehen, sofern diese nicht nachweisen kann, dass sie für die Implementierung eines hinreichenden Cybersecurity Management-Systems gesorgt hat. Sie hat sich aber über mögliche IT-Risiken im Allgemeinen zu informieren und muss die notwendigen Maßnahmen ergreifen, um die Verwirklichung dieser Risiken zu verhindern.

Dementsprechend haben explizit Vorstände von Aktiengesellschaften gemäß § 91 Abs. 2 AktG geeignete Maßnahmen zur frühen Erkennung bestandsgefährdender Risiken für das Unternehmen zu treffen.[28] Solche Risiken liegen vor, wenn diese sich wesentlich nachteilig auf die

---

[26] Rodewald/Unger (2006), S. 113
[27] Vgl. BGH, Urteil v. 20.10.2011 - 4 StR 71/11, auch zur etwaigen strafrechtlichen Haftung des Betriebsinhabers bzw. Vorgesetzten für betriebsbezogene Straftaten von Mitarbeitern.
[28] Siehe zur Organisationspflicht für Institute des Kreditwesens § 25a KWG, für Wertpapierhandelsunternehmen § 33 WpHG sowie für in den USA börsennotierte Unternehmen Art. 302 und 404 SOX

Vermögens-, Ertrags- oder Finanzlage auswirken können und hierdurch das Insolvenzrisiko erheblich gesteigert oder gar hervorgerufen werden kann.[29] In diesem Sinne ist bei der Geschäftsführung die Sorgfalt eines ordentlichen und gewissenhaften Geschäftsleiters anzuwenden (§ 93 Abs. 1 S. 1 AktG). Dies gilt im Grunde unverändert auch für Geschäftsführer anderer Unternehmensformen.[30] § 43 Abs. 1 GmbHG konstituiert für GmbH-Geschäftsführer etwa gleichsam die Sorgfaltspflicht eines ordentlichen Geschäftsmannes.

Die Pflichten der Unternehmensleitung lassen sich wiederum in die:

- Legalitätspflicht (Pflicht, im Rahmen des Handelns durchweg Recht und Gesetz einzuhalten (auch als Legalitätsprinzip genannt)),
- Sorgfaltspflicht im engeren Sinne (Pflicht zur sorgfältigen Unternehmensleitung) und
- Überwachungspflicht (Pflicht zur unternehmensinternen Kontrolle einmal horizontal gegenüber Geschäftsleiterkollegen bei arbeitsteiligem Handeln innerhalb der Geschäftsführung sowie vertikal gegenüber nachgeordneten Hierarchien (auch als Legalitätskontrollpflicht bezeichnet))

unterteilen.[31]

Im Rahmen der IT-Compliance muss demnach die Geschäftsführung mit größtmöglicher Sorgfalt von Unternehmen jeglicher Größe geeignete Organisationsstrukturen und Maßnahmen für die Einhaltung gesetzlicher und nicht gesetzlicher Normen, die sich auf die IT beziehen, etablieren.[32] Sie muss diese fortlaufend überwachen sowie optimieren, um einen etwaigen Schaden vom Unternehmen zu vermeiden oder zumindest zu minimieren.[33] Der Verpflichtung zum Risikomanagement und zur Prävention kommt damit eine besondere Bedeutung zu.

---

[29] Nolte/Becker (2008), S. 23
[30] §§ 91, 93 AktG haben insofern „Ausstrahlungswirkung", vgl. Lensdorf (2007), S. 413 f., vgl. Conrad/Streitz (2019); § 33 Rn. 39
[31] Vgl. Conrad/Streitz (2019) in Auer-Reinsdorff/Conrad, Handbuch IT- und Datenschutzrecht, 3. Auflage 2019, § 33, Rn. 47 und 77
[32] DCGK 2022, Grundsatz 5.
[33] Nolte/Becker (2008), S. 23; dem entsprechend ist der IDW Prüfungsstandard: Grundsätze ordnungsgemäßer Prüfung von Compliance Management Systemen (IDW PS 980 n. F.) ausdrücklich nicht auf „Unternehmen" im engeren Sinne begrenzt, sondern findet auch auf „Andere Organisationen", wie z. B. auf Gesellschaften bürgerlichen Rechts, Anwendung

Künftig werden Unternehmen und deren Geschäftsleitung noch deutlich stärker als bisher in die Pflicht genommen. Zu nennen ist hierbei insbesondere der „Cyber Resilience Act" (CRA) als potenziell wichtigstes EU-Gesetz. Der CRA fügt sich ein in eine Reihe von Regularien zur Stärkung der Cybersicherheit, die ausdrücklich als Teil der allgemeinen Compliance Aufgabe der Geschäftsführung wird. So trat etwa im Januar 2023 die neue Richtlinie über Maßnahmen für ein hohes gemeinsames Cybersicherheitsniveau in der Union (kurz: NIS2-Richtlinie) in Kraft und muss bis Oktober 2024 in nationales Recht umgesetzt werden.

> **Hinweis:**
> Viele Unternehmen sind mittlerweile dazu übergegangen, das Compliance-Ressort in der Unternehmensleitung zu verankern, wobei das betreffende Mitglied der Unternehmensleitung von einem Corporate bzw. Chief Compliance Officer (CCO) unterstützt wird.

Zu erwähnen ist hierbei, dass u. U. der Bestand eines geeigneten Versicherungsschutzes bereits entscheidender Faktor für die Frage, ob hinreichend Sicherheit im Unternehmen gewährt ist, sein kann.[34]

IT-Compliance soll Unternehmen vor allem vor rechtlichen und wirtschaftlichen Nachteilen als Folge von Verstößen gegen gesetzliche oder regulatorische Vorgaben bewahren. Kommt die Unternehmensleitung ihren Pflichten nicht nach, besteht nicht nur die Gefahr einer straf- und ordnungsrechtlichen Verfolgung. Verstöße gegen Datenschutz oder IT-Sicherheit sind durch die Gesetzgebung mit massiven Strafandrohungen bewehrt. Etwaige Pflichtverletzungen können zivilrechtliche persönliche Haftungsrisiken sowohl im Innenverhältnis[35], d. h. gegenüber dem Unternehmen selbst (Innenhaftung) als auch im Außenverhältnis gegenüber jeglichen Dritten (Außenhaftung) nach sich ziehen. Die Unternehmensleitung kann vom eigenen Unternehmen sowie von Dritten (Geschädigte können insbesondere Mitarbeiter, Kunden, Investoren, Geschäftspartner und sonstige Bezugsgruppen, aber auch andere denkbare Außenstehende sein) zum Ersatz des durch ihre Pflichtverletzung entstandenen Schadens in Anspruch genommen werden. Besteht die Ge-

---

[34] Zur Möglichkeit der Abdeckung von Cyber-Risiken durch Cyber-Versicherungen, Erichsen (2015), S. 247 ff.
[35] Vgl. etwa §§ 93 Abs. 2, 116 Abs. 1 AktG und § 43 Abs. 2 GmbHG

schäftsleitung aus mehreren Personen als Organmitgliedern (Geschäftsführer, Vorstände, Aufsichtsräte), haften diese gesamtschuldnerisch.

Es wird von der Unternehmensleitung gleichwohl nicht erwartet, dass diese sämtliche ihr obliegenden Aufgaben selbst unmittelbar wahrnimmt. Insbesondere mit Blick auf die IT-Compliance können Aufgaben delegiert und Ressourcen aufgeteilt werden, sofern nicht eine bestimmte Aufgabe ihrem Wesen nach zwingend der Gesamtverantwortung mehrerer Organmitglieder zugeteilt ist oder etwa gesetzlich einem bestimmten Mitglied der Geschäftsführung auferlegt wurde. Durch solch eine Aufgabenverteilung, bspw. an IT-Compliance-Manager, kann die Haftung angemessen und sinnvoll verlagert sowie persönliche Haftungsrisiken reduziert werden. Eine Verteilung/Verlagerung ist einerseits auf gleicher Ebene der Gesamtverantwortung einer aus mehreren Personen bestehenden Geschäftsleitung möglich (horizontale Delegation). Andererseits ist sie gegenüber Mitarbeitern unterhalb der Unternehmensführung möglich (vertikale Delegation). In jedem Fall ist eine Aufgabenverteilung klar und deutlich sowie ohne etwaige Überschneidungen vorzunehmen.

IT-Compliance bleibt dennoch jederzeit eine Aufgabe der Unternehmensleitung, ihr obliegt die Letztverantwortung für IT-Compliance and Teil der Gesamtverantwortung für Compliance. Sie ist niemals vollständig delegierbar. Leitende Mitarbeiter des Unternehmens können nur dann ebenfalls für die Beachtung der IT-Compliance haftbar gemacht werden, wenn die IT-Compliance Bestandteil des Arbeitsvertrags wird (bspw. CISO, Datenschutzbeauftragter).

Das persönliche Haftungsrisiko der Unternehmensleitung gegenüber der Gesellschaft ist im Allgemeinen dadurch erhöht, dass diese sich selbst erfolgreich damit entlasten muss, sie habe die erforderliche Sorgfalt angewendet (Beweislastumkehr).[36] Der Geschäftsführer oder Vorstand muss seinerseits nachweisen, dass er alle notwendigen Maßnahmen getroffen hat, um etwaige Verletzungen und Risiken zu verhindern. Insoweit kommt der ausführlichen Dokumentation solcher Maß-

---

[36] Beweislastumkehr des § 93 Abs. 2 AktG, die auch für den Geschäftsführer der GmbH entsprechend gilt, BGH, Beschl. V. 18. 2. 2008 – II ZR 62/07

nahmen erhebliche Bedeutung zu. Die Rechtsprechung[37] fordert ferner seit geraumer Zeit, dass Schadensersatzansprüche des Unternehmens auch gegenüber ihren Geschäftsführungsorganen konsequent verfolgt werden. Die Gefahr, mit Regressforderungen seitens des eigenen Unternehmens konfrontiert zu werden, ist damit alles andere als vernachlässigbar. Insbesondere angesichts des erheblichen Bedrohungspotenzials im Bereich der IT-Sicherheit und des Datenschutzes sowie der gesteigerten Anforderungen an ein angemessenes IT-Risikomanagement dürften Auseinandersetzungen zwischen Unternehmen und Geschäftsleitung zukünftig weiter zunehmen.[38]

Schließlich können aufgrund von Sicherheitslücken in der IT-Infrastruktur dem eigenen Unternehmen beträchtliche Umsatzeinbußen oder Kosten für die Wiederherstellung der IT-Systeme entstehen. Weiterhin sind Schadensersatzforderungen von Kunden und sonstigen Geschäftspartnern als Folge etwaiger Lieferverzögerungen-/ausfälle oder dem Verlust vertraulicher Daten oder Geschäftsgeheimnissen denkbar. Soweit personenbezogene Daten von Mitarbeitern, Kunden oder sonstigen Geschäftspartnern verloren gehen, drohen neben deren Schadensersatzforderungen für etwaige Datenschutzverstöße hohe Bußgelder der Aufsichtsbehörden. Zudem droht ggf. ein beträchtlicher Reputationsschaden und der Unternehmenswert kann sinken. Für all dies wird man oftmals nicht gegen den eigentlichen Verursacher wirksam vorgehen können, da dieser häufig gar nicht ermittelbar ist oder – sofern etwa ein Mitarbeiter eine Verfehlung in Ausführung seiner üblichen Dienste begeht – schlichtweg nicht persönlich zur Verantwortung gezogen werden kann.

Beispiel
Fehlende Befolgung der Archivierungspflichten

Aufgrund des Verstoßes gegenüber Archivierungspflichten werden dem Unternehmen Strafzahlungen wegen Steuerverkürzung angewiesen. Zusätzlich erhält das Unternehmen hierdurch einen Imageschaden aufgrund negativer Presseberichterstattungen und Geschäftsbeziehungen werden beendet.

---

[37] Grundlegend hierzu BGH, Urt. v. 21.4.1997 – II ZR 175/95 – ARAG/Garmenbeck; zuletzt bestätigt durch Urt. v. 18.9.2018 – II ZR 152/17
[38] Schmidt-Versteyl (2019), S. 1637

Unter welchen Voraussetzungen die Unternehmensleitung nunmehr haftet, sprich, in welchem Umfang ihre Compliance-Pflichten bestehen, bestimmt sich regelmäßig nach

- Art,
- Größe,
- Organisation des Unternehmens,
- Umfang der zu beachtenden Vorschriften sowie
- den Erfahrungswerten aus der Vergangenheit.[39]

Unter Berücksichtigung dessen obliegt der Unternehmensleitung regelmäßig die Organisationsverantwortung dafür, hinreichend vorbeugende Maßnahmen gegen mögliche Schädigungsfälle zu treffen. Ferner verbleibt ihr insgesamt dementsprechend die Kontroll- und Überwachungsverantwortung. Damit lässt sich je nach Einzelfall sowohl im Innen- als auch im Außenverhältnis eine Haftung in Organisationsverschulden, Auswahlverschulden und Überwachungsverschulden untergliedern.

Organisationsverschulden	Auswahlverschulden	Überwachungsverschulden
Aufgrund von bspw.:	Aufgrund von bspw.:	Aufgrund von bspw.:
- Mangel an klaren/ konkreten Unternehmensstrukturen, - Fehlende Definition von Aufgaben und Verantwortlichkeiten, - Inkonsistente IT-Strategie, - Keine Einbindung der IT-Sicherheit, - Keine Risikoanalyse, - Fehleinschätzungen von Risiken, - Fehlen eines Notfall-/ Risikomanagements, - Mangelnde Dokumentation.	- Keine/unangemessene Auswahl von Dienstleistern/Hardware/ Software, - Unangemessene Auswahl von Personal in zentralen Positionen.	- Fehlende Kontrollen bzw. fehlendes (IT-)IKS, - Kein engmaschiges Berichtswesen, - Mangelnde Kosten-/ Nutzenanalyse, - Lückenhafte Dokumentation von Risikoanalyse und Risikomanagementsystem.

Tab. 3.3: Pflichtenrahmen und Haftung (Beispiele)

---

[39] Zu den Compliance-Pflichten von Vorstandsmitgliedern siehe ferner LG München I, Urt. V. 10.12.2013 - 5 HK O 1387/10 – Siemens AG/Neubürger

> **Beispiel**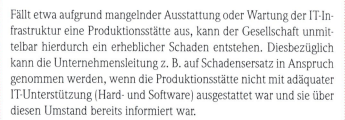
> **Ausfall von Produktionsstätten**
>
> Fällt etwa aufgrund mangelnder Ausstattung oder Wartung der IT-Infrastruktur eine Produktionsstätte aus, kann der Gesellschaft unmittelbar hierdurch ein erheblicher Schaden entstehen. Diesbezüglich kann die Unternehmensleitung z. B. auf Schadensersatz in Anspruch genommen werden, wenn die Produktionsstätte nicht mit adäquater IT-Unterstützung (Hard- und Software) ausgestattet war und sie über diesen Umstand bereits informiert war.

Soweit eine Pflichtverletzung in Betracht kommt, muss diese schuldhaft begangen worden sein (leicht fahrlässiges Handeln genügt). Zur weiteren Haftungsbegründung muss das geschädigte Unternehmen ferner einen kausal durch die mögliche Pflichtverletzung verursachten Schaden darlegen.

Folgende Risiken können nach alledem bei Verstößen gegen IT-Compliance-Anforderungen bestehen:[40]

- Freiheitsstrafen,
- Bußgelder wegen Aufsichtspflichtverletzung gegen geschäftsführende Organmitglieder,
- Zwangsgelder,
- Schadensersatzforderungen,
- Umsatzausfälle,
- Vertragsstrafen,
- erhöhte Steuerzahlungen,
- Zivilrechtliche Ansprüche gegen Organe der Gesellschaft (§§ 91, 93, 116 AktG, § 43 GmbHG),
- Abschöpfung des „gesamten wirtschaftlichen Wertes" durch Verfall (§§ 73 StGB, 29 a OWiG),
- Schadensersatzansprüche von Wettbewerbern (§ 33 GWB),
- Imageschaden,
- Wettbewerbsnachteile,
- Verlust von Geschäftsgeheimnissen,

---

[40] Vgl. Klotz/Dorn (2008), S. 5 ff.

- steuerliche negative Folgen (Abzugsverbot, Schätzung, Mitteilungspflicht an StA), gewerberechtliche Unzuverlässigkeit,
- negative Folgen für das Rating des Unternehmens (Basel II),
- nationale Sperre des Unternehmens von öffentlichen Aufträgen (Einhaltung von Compliance als Wettbewerbsfaktor),
- negative Presseberichte.

Beispiel
Deliktische Produzentenhaftung

Im Rahmen der Digitalisierung von Geschäftsprozessen findet eine IT-gesteuerte Produktion statt, bei der es allerdings aufgrund eines Softwarefehlers zu einem Produktions-/ Fabrikationsfehler kommt. Hierbei kann die Unternehmensleitung im Wege der deliktischen Produzentenhaftung in Anspruch genommen werden, wenn der Fehler auf eine schuldhafte Verletzung ihrer Organisationspflichten zurückzuführen ist.

Praxistipp:
Der fachkompetente Wirtschaftsprüfer weiß durch sein Know-how und die oftmals lang andauernde Betreuung eines Mandanten genau, in welchen IT-spezifischen Bereichen Risiken für das Unternehmen liegen können, welche Anforderungen konkret relevant sind und kann Unternehmen und deren Führung beratend und analytisch zur Seite stehen. Durch eine entsprechende Auditierung und Dokumentation können sich unter Umständen bereits das Unternehmen sowie die Unternehmensleitung hinreichend vor einer etwaigen Haftung exkulpieren.

3.4.2 Gesteigerte Qualität und Transparenz von IT-Prozessen und IT-gestützten Geschäftsprozessen

Compliance is viewed as a mandatory requirement, not as an opportunity to proactively implement operational excellence[41]

Die IT-Compliance hat auch einen zentralen Einfluss auf die **Prozessqualität** im Unternehmen. Die Qualität eines Prozesses definiert sich darüber, dass Anforderungen, die an den Prozess gestellt werden, auch erfüllt werden. Diese Anforderungen können aus verschiedenen Perspektiven mit unterschiedlichen Fragestellungen kommen[42]:

– Vereinbarung: Welche Vereinbarungen über den Prozess, seine Ergebnisse und seine Rahmenbedingungen wurden mit den Kunden, Stakeholdern und dem weiteren Umfeld getroffen?
– Effektivität: Wie zuverlässig können die Prozessziele erreicht werden (bspw. Kundenzufriedenheit)?
– Effizienz: Können die Prozessziele mit möglichst geringem Aufwand und Kosten erreicht werden?
– Konformität (Compliance): Kann der Prozess nachweislich interne sowie externe Standards und andere Vorgaben einhalten?
– Prozessfähigkeit (Prozessreifegrad): Ist der Prozess in der Lage durchgeführt zu werden und die geforderten Ergebnisse zuverlässig und nach den geforderten Anforderungen umzusetzen (vgl. bspw. CMMI Reifegradmodell **Abb. 3.4**)?
– Prozessmodellierung: Sind Modellierungen des Prozesses möglich?

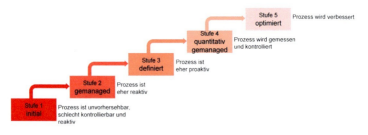

Abb. 3.4: Prozessreifegradmodell nach CMMI[43]

---

[41] Sollis (2010), S. 1
[42] Vgl. Kneuper (2011)
[43] Vgl. Jacobs (2019)

Die IT-Compliance liefert einen Beitrag dazu, die Qualität der Prozesse zu erhöhen, indem die Konformität erhöht wird. Das bedeutet, wenn Anforderungen der IT-Compliance nachweislich erfüllt werden, dann kann hierdurch auch die Qualität der Prozesse steigen. Eine in diesem Sinne verbesserte Qualität führt letztendlich zu einer verbesserten Steuerungsfähigkeit, sowie Auditierbarkeit der IT.

Gleichzeitig werden andere Perspektiven der Prozessqualität beeinflusst. Häufig finden sich Vereinbarungen zu Stakeholdern des Unternehmens, welche festlegen, dass gesetzliche und regulatorische Vorgaben erfüllt werden sollen (bspw. Forderung des Mitarbeiters nach Schutz seiner persönlichen Daten, Forderung des Kunden nach einer Zertifizierung). Zudem werden durch die IT-Compliance weitgehende inhaltliche strukturelle Vorgaben gemacht (bspw. Notfallmanagement beinhaltet einen Notfallplan und einen regelmäßigen Test des Ernstfalls). Durch die Vorgabe dieser Strukturen kann die Effektivität, die Effizienz und die Prozessfähigkeit verbessert werden (bspw. Vorgabe zum Notfallmanagement hat die Tätigkeitsabfolge im Notfall verbessert und die Reaktionszeit auf Notfälle zu reagieren erhöht, das Unternehmen ist dadurch effizienter und effektiver).

Durch die Umsetzung der IT-Compliance wird ferner eine **Prozesstransparenz** hergestellt. Dies wiederum wirkt sich positiv aus auf:

– Steuerungsfähigkeit des Prozesses,
– Nachvollziehbarkeit des Prozesses,
– Vergleichbarkeit des Prozesses,
– Messbarkeit des Prozesses,
– Auditierbarkeit des Prozesses.

> **Praxistipp:**
> Mitunter möchten Unternehmen IT-Compliance-Vorgaben nur umsetzen, da diese im Rahmen von durchgeführten Prüfungen explizit gefordert wurden. Häufig ist diesen Unternehmen gar nicht bewusst, welchen nachhaltig positiven Einfluss die Umsetzung von IT-Compliance-Anforderungen auf die Qualität und Transparenz der einzelnen IT-Prozesse bzw. IT-gestützten Geschäftsprozesse haben kann.
>
> Eine Sensibilisierung durch den Wirtschaftsprüfer kann hier helfen. Es bietet sich an, bspw. in Form eines Workshops mit dem Mandanten

> den IST-Prozesszustand zu erheben und dessen Reifegrad zu bestimmen (siehe **Abb. 3.4**). Auf Basis dieser Erkenntnisse kann Handlungsbedarf bezüglich der Erfüllung der IT-Compliance-Vorgabe aufgezeigt werden und gemeinsam positive Effekte auf sowohl Qualität als auch Transparenz von Prozessen herausgearbeitet werden.
>
> Je schlechter IT-Compliance-Vorgaben umgesetzt sind, umso weniger können sie auch die Prozesse selbst unterstützen.

3.4.3 Einhaltung von datenschutzrechtlichen Vorgaben

Der Datenschutz zählt im Kontext der IT-Compliance zweifelsohne zu einem der bedeutendsten Bereiche. Regelungen hierzu ergeben sich maßgeblich aus der seit dem 25. Mai 2018 in allen EU-Mitgliedstaaten gleichsam geltenden Datenschutz-Grundverordnung (DS-GVO). Daneben findet ebenfalls seit dem 25. Mai 2018 ein reformiertes Bundesdatenschutzgesetz (BDSG) Anwendung; bereichsspezifisch sind ferner Bestimmungen des TMG, TKG und des TTDSG zu beachten.[44] Hervorzuheben ist, dass mit der DS-GVO der Bußgeldrahmen für etwaige Datenschutzverfehlungen gegenüber Unternehmen und Geschäftsleitung erhöht wurde. Es können Geldbußen von bis zu 20 Mio. € bzw. im Falle eines Unternehmens 4 % des gesamten weltweit erzielten Jahresumsatzes des vorangegangenen Geschäftsjahres, je nachdem, welcher der Beträge höher ist, verhängt werden.[45] Allein aufgrund dieser Verschärfung rückt der Datenschutz unweigerlich in den Fokus jedes Unternehmens und deren Führungsorgane. So müssen Letztere je nach Wahrscheinlichkeit der Verhängung von Bußgeldern schon u. U. entsprechende Rückstellungen bilden. Ferner besteht das Risiko zivilrechtlicher Schadensersatzforderungen im Falle von Datenschutzverstößen.

Nachfolgend sollen zum besseren Verständnis der Systematik des Datenschutzrechts kurz ausgewählte Regelungsinhalte dargestellt werden.[46] Das Datenschutzrecht knüpft an die Verarbeitung personenbe-

---

[44] Die ferner geltenden Landesdatenschutzgesetze regeln die Datenverarbeitung durch Landes- und Kommunalbehörden, vgl. § 2 BayDSG oder § 3 HessDSG)
[45] Die Konferenz der unabhängigen Datenschutzaufsichtsbehörden des Bundes und der Länder (DSK Datenschutzkonferenz) hat am 14.10.2019 erstmals ein Konzept zur Bußgeldbemessung in Verfahren gegen Unternehmen vorgelegt, abrufbar unter Datenschutzkonferenz (2019)
[46] Im Übrigen wird an dieser Stelle auf die Praxistipps IT „Datenschutz in der Praxis: Umsetzung der EU-DS-GVO für WP und StB", Schneider/Friederich (2018) verwiesen

zogener Daten an, d. h. sofern sich die verarbeiteten Informationen wie Wörter, Zahlen, Zeichen etc. auf eine identifizierte oder identifizierbare natürliche Person beziehen (Art. 4 Nr. 1 DS-GVO).

Jede automatisierte bzw. dateigebundene Verarbeitung personenbezogener Daten durch private und öffentliche Verantwortliche ist im Wesentlichen an den nachfolgenden Grundprinzipien nach Art. 5 Abs. 1 DS-GVO zu messen:

- Rechtmäßigkeit, Verarbeitung nach Treu und Glauben und Transparenz der Datenverarbeitung (Art. 5 Abs. 1 lit. a DS-GVO)
- Zweckbindung der verarbeiteten Daten (Art. 5 Abs. lit. b DS-GVO)
- Datenminimierung (Art. 5 Abs. lit. c DS-GVO)
- Richtigkeit der verarbeiteten Daten (Art. 5 Abs. lit. d DS-GVO)
- Speicherbegrenzung hinsichtlich der verarbeiteten Daten (Art. 5 Abs. lit. e DS-GVO)
- Integrität und Vertraulichkeit (Art. 5 Abs. lit. f. DS-GVO)

Nach dem Grundprinzip der **Rechtmäßigkeit** gilt für jede automatisierte bzw. dateigebundene Verarbeitung personenbezogener Daten durch private und öffentliche für die Verarbeitung Verantwortliche ein Verbot mit Erlaubnisvorbehalt (Art. 6 Abs. 1 Buchst. a DS-GVO). Danach ist jede Datenverarbeitung verboten so weit nicht der Betroffene einwilligt oder ein gesetzlicher Ermächtigtatbestand eingreift. Der Begriff der Verarbeitung erfasst hierbei jede Form der Verwendung (Art. 44 Nr. 22 DS-GVO), also von der Erhebung über das Nutzen bis zum Löschen der Information.

Datenschutzrechtlich unrechtmäßig wäre bspw. das unregulierte E-Mail-Monitoring im Arbeitsverhältnis. Der Blick des Arbeitgebers in das Postfach eines Mitarbeiters bedarf in diesem Sinne einer datenschutzrechtlichen Legitimation. Ferner kann dies ohne entsprechende Rechtsgrundlage (Einwilligung oder sonstiger Rechtfertigungsgrund) ein strafrechtlich relevantes „Ausspähen von Daten" im Sinne von § 202a StGB darstellen. Das gilt zumindest dann, wenn der Arbeitgeber erlaubt oder auch nur duldet, dass Telefon und E-Mails privat genutzt werden. Damit während des Urlaubs oder einer Krankheit ein Zugriff auf die Mailboxen der Mitarbeiter möglich ist, wäre der Abschluss einer entsprechenden Betriebsvereinbarung oder die Einführung einer ausdrücklichen internen Regelung/Policy zur Nutzung des geschäftlichen E-Mail-Accounts.

Die DS-GVO sieht umfangreiche Informationspflichten vor, die sich in erster Linie aus dem **Transparenzgrundsatz** ergeben, gemäß Art. 13 und 14 DS-GVO ist jeder Verantwortliche bei der Verarbeitung von personenbezogenen Daten verpflichtet, Betroffene darüber vor Beginn der Verarbeitung kostenfrei und in präziser, transparenter und leicht zugänglicher Form zu informieren, wobei eine klare und einfache Sprache zu verwenden ist. In der Regel erfolgt dies in der Form von Datenschutzhinweisen, die im Rahmen des Webauftritts eines Unternehmens vorgehalten werden.

Im Sinne der **Zweckbindung** darf die Datenverarbeitung nur im Rahmen eines festgelegten, eindeutigen und legitimen Zwecks erfolgen. Nach dem Prinzip der Datenminimierung wiederum muss die Datenverarbeitung für den verfolgten Zweck erforderlich und angemessen sein. Dem entsprechend sind Art, Umfang und Dauer der Verarbeitung auch mithilfe der Technikgestaltung nach Art. 25 Abs. 1 DS-GVO zu begrenzen (Privacy by Design). Ferner sind in technischer Hinsicht datenschutzfreundliche Voreinstellungen nach Art. 25 Abs. 2 DS-GVO zu wählen (Privacy by Default). Es dürfen demnach zu jedem Zeitpunkt auch tatsächlich nur diejenigen Daten verarbeitet werden, die für die Erfüllung des konkreten Zwecks unverzichtbar sind.

Ferner müssen Unternehmen, die selbst oder im Auftrag personenbezogene Daten erheben, verarbeiten oder nutzen, die zum Schutz der Daten „**angemessenen technischen und organisatorischen Maßnahmen**" (Art. 32 DS-GVO) treffen.[47] Es besteht insofern das Erfordernis, hinreichend für die Sicherheit in der Datenverarbeitung zu sorgen. Ferner ergibt sich, dass Datenverarbeitungsvorgänge unter Berücksichtigung des Stands der Technik, der Implementierungskosten und der Art, des Umfangs, der Umstände und der Zwecke der Verarbeitung sowie der unterschiedlichen Eintrittswahrscheinlichkeit und Schwere des Risikos geeignete technische und organisatorische Maßnahmen treffen müssen, um ein dem Risiko angemessenes Schutzniveau für die Daten zu gewährleisten.[48] Soweit ein Datenverarbeitungsvorgang aller Voraussicht nach ein hohes Risiko für die Rechte und Freiheiten natürlicher Personen zur Folge hat, muss zudem das Unternehmen vorab eine Ab-

---

[47] Vgl. § 109 TKG oder § 13 Abs. 7 TMG
[48] Daghles (2018), S. 2292

schätzung der Folgen der vorgesehenen Verarbeitungsvorgänge durchführen (Datenschutzfolgeabschätzung nach Art. 35 Abs. 1 DS-GVO).

Ferner verpflichtet die DS-GVO Unternehmen zur Einführung eines gefährdungsbasierten Datenschutz Managementsystems (DMS).[49] In erster Linie ist im Rahmen eines effektiven DMS die Erstellung und Pflege eines Verarbeitungsverzeichnisses von praktischer Bedeutung. In dem Verarbeitungsverzeichnis (Art. 30 DS-GVO) sind möglichst alle Verarbeitungen von personenbezogenen Daten im Unternehmen dokumentiert.

Der Verantwortliche muss die Einhaltung der DS-GVO, mithin die Rechtmäßigkeit jeder Datenverarbeitung im Sinne der vorstehenden Ausführungen, jederzeit nachweisen können („Rechenschaftspflicht" oder sog. Accountability). Allein mit dieser Rechenschaftspflicht und dem hiermit einhergehenden Erfordernis einer umfassenden Dokumentation ergibt sich eine enge Verknüpfung zur Compliance.[50] Ferner verpflichtet die DS-GVO Unternehmen zur Einführung eines gefährdungsbasierten Datenschutz Managementsystems (DMS).[51]

Hinweis:
Die Übermittlung von Daten ins Ausland stellt lediglich innerhalb der EU kein Problem dar, da hier der EU-Gesetzgeber per se von einem einheitlichen Datenschutzniveau ausgeht bzw. zumindest ein solches Dank der DS-GVO hinreichend gewährleistet wissen will. Einem stetigen Wandel und damit einigen „Fallstricken" unterliegt der internationale Datentransfer außerhalb der EU. Der Europäische Gerichtshof (EuGH) entschied in dem vielbeachteten „Schrems II-Urteil"[52], dass der bisherige Angemessenheitsbeschluss „EU-US Privacy Shield" zwischen der EU und der USA unwirksam ist. Unternehmen, die sich bisher bei der Nutzung bestimmter Dienste etwa auf den Privacy Shield berufen hatten, verhielten sich demnach rechtswidrig, da für den Datentransfer keine wirksame Rechtsgrundlage mehr vorhanden war. Dies war etwa bei dem Einsatz von mit US-Servern verbundenen Plugins oder gängiger Webtracking-Analyse-Tools relevant.

---

[49] Wybitul (2016), S. 194
[50] Siehe hierzu auch Jung (2018), S. 208
[51] Wybitul (2016), S. 194
[52] EuGH, Urteil vom 16.07.2020 – Rs. C-311/18.

Es bestand sodann weiterhin auch die Möglichkeit den internationalen Datentransfer über sog. „Binding Corporate Rules" rechtskonform abzubilden. Die Implementierung entsprechender Regularien ist aber generell mit einem massiv hohen Aufwand verbunden.

Am 10. Juli 2023 verkündete die Europäische Kommission sodann einen neuen Angemessenheitsbeschluss für die USA, das sogenannte „EU-US Data Privacy Framework". Der Beschluss als Nachfolger des „EU-US-Privacy Shields" stellt nunmehr in den USA ein angemessenes Datenschutzniveau fest und entfaltet unmittelbare Wirkung, so dass Datenübermittlungen in das betreffende Land keiner besonderen aufsichtsbehördlichen Genehmigung bedürfen. Das „EU-US Data Privacy Framework" stellt damit derzeit die entscheidende Rechtsgrundlage für den Transfer personenbezogener Daten zwischen der EU und den USA dar. An US-Unternehmen, die sich dem neuen Rahmen angeschlossen haben, können seitdem wieder rechtskonform Daten übermittelt werden. Ob mit dem neuen Beschluss tatsächlich ein hinreichendes Datenschutzniveau gewährleistet werden kann, bleibt jedoch fraglich. Es gilt kontinuierlich zu beobachten, inwiefern das „EU-US Data Privacy Framework" ggf. einer kritischen Prüfung durch den EuGH standhält oder nicht ebenfalls künftig als ungültig erklärt wird. Aber auch unter Zugrundelegung des neuen Angemessenheitsbeschlusses ist hervorzuheben, dass generell beim Drittlandtransfer die übrigen – allgemeinen – Anforderungen an eine zulässige Datenverarbeitung erfüllt sein sollen, wozu unter anderem das Erfordernis der in Kapitel II der DS-GVO geregelten Einwilligung (Art. 6, 7 DSGVO) gehört.

In Anbetracht der gesteigerten Anforderungen und der Zunahme etwaiger Haftungsrisiken, sollten Unternehmen auf eine korrekte Umsetzung datenschutzrechtlicher Vorgaben besonderen Wert legen. Die notwendige Implementierung eines entsprechenden DMS sowie die hiermit einhergehenden Nachweis- und Dokumentationspflichten kann sich jedes Unternehmen auch im Kontext der IT-Compliance vielfach nutzbar machen.

3.4.4 Stärkung der IT-Sicherheit (inkl. Know-how-Schutz)

Die IT-Sicherheit liefert einen wichtigen Beitrag zur Einhaltung der Sorgfaltspflicht zum Schutz der Vertraulichkeit, Integrität und Verfügbarkeit kritischer Unternehmensressourcen. Die Sicherstellung der IT-Sicherheit im Unternehmen ist eine der zentralen Aufgaben der Geschäftsführung. Mit fortschreitender Technisierung werden die Anforderungen an die Geschäftsführung im Bereich der IT-Sicherheit erheblich wachsen und erhebliche Herausforderungen mit sich bringen, welche es zu bewältigen gilt.

Ein effektives IT-Sicherheitsvorgehen betrachtet die Sicherheitsanforderungen einer Organisation ganzheitlich und implementiert die entsprechenden physischen, technischen und administrativen Kontrollen, um diese Ziele zu erreichen. Ein IT-System mit modernsten Sicherheitsfunktionen wird nur dann angemessen geschützt, wenn es ordnungsgemäß implementiert und verwaltet sowie sorgfältig betrieben und überwacht wird.

Anforderungen der IT-Compliance beziehen sich zu einem Großteil auch auf die IT-Sicherheitsziele (Vertraulichkeit, Integrität und Verfügbarkeit[53]) und unterstützen mit der Umsetzung in angemessenen Maßnahmen auch den Wert, den die IT-Sicherheit für den Wirtschaftsprüfer hat (siehe **Tab. 3.4**). Daher wird die Befolgung der IT-Compliance auch gelegentlich mit der Erreichung von IT-Sicherheit gleichgesetzt.

Der Rechtsrahmen der IT-Sicherheit ist vielschichtig und ergibt sich nicht aus einem einzelnen, einheitlichen Gesetz, sondern aus verschiedenen nationalen sowie europäischen Regelwerken. Zu nennen sind hier beispielsweise folgende Regelwerke: EU-DSGVO, TMG, TKG, TTDSG, StGB, IT-Sicherheitsgesetz, KonTraG, NIS2-Richtlinie, GoBD, sowie dem IT-Grundschutz-Kompendium des BSI, BSI Standard 200-1 und der ISO-Norm 27001.

> **Hinweis:**
> Die NIS2-Richtlinie über „Maßnahmen für ein hohes gemeinsames Cybersicherheitsniveau in der Union" ist seit dem 16. Januar 2023 in Kraft und sieht eine nationale Umsetzungsfrist bis 2024 vor. Die Richtlinie stellt die Nachfolgerin der NIS-Richtlinie dar, die

---
[53] Siehe hierzu IDW RS FAIT 1, Tz. 23

in Deutschland im IT-Sicherheitsgesetz umgesetzt ist. Der Anwendungsbereich umfasst öffentliche und private Einrichtungen ab einer gewissen Unternehmensgröße und weist die IT-Compliance und Erfüllung der IT-Sicherheit ausdrücklich der Geschäftsführung als höchstpersönliche Pflicht zu. Hinzu treten künftig weitere Regularien, die für mehr Cybersicherheit sorgen sollen. Neben dem „Cyber Resilience Act" (CRA), der darauf abzielt, umfassende Sicherheitsanforderungen über die gesamte Lieferkette hinweg für Hersteller, Importeure und Händler von sog. „Produkten mit digitalen Elementen" zu implementieren, sind etwa der EU Artificial Intelligence Act (AIA), die Verordnung über die digitale operationale Resilienz im Finanzsektor (DORA) sowie weitere Novellierungen zum Produktsicherheits- und Produkthaftungsrecht zu nennen.

IT-Sicherheitsziele	Beispiele aus der IT-Compliance
Vertraulichkeit	Berechtigungsmanagement, Verschlüsselungstechniken, Datenschutz
Integrität	Änderungsmanagement (Test- und Freigabemanagement)
Verfügbarkeit	Datensicherungen, Notfallmanagement, IT-Outsourcing (SLAs)

Tab. 3.4: Beispiele IT-Sicherheitsziele in IT-Compliance-Anforderungen

Der Mittelstand gerät zunehmend in den Blickpunkt von Online-Kriminellen, die diese Unternehmen gezielt ausspionieren wollen. Zudem treffen Erpressungsversuche durch DDoS oder Kryptoverschlüsselungen auch immer mehr mittelständische Unternehmen. Durch die angemessene Einhaltung der IT-Compliance-Anforderungen (wie Anforderungen aus dem BSI-Grundschutzkatalog oder ISO/IEC 27001) kann die IT-Sicherheit im Unternehmen grundsätzlich verbessert werden.

In diesem Sinne können auch der Schutz und die effektive Verwertung von Geschäftsgeheimnissen von großem Wert für ein Unternehmen sein – nicht nur für Technologieunternehmen. Vertrauliche Geschäftsinformationen und das betriebliche Know-how (etwa Herstellungsverfahren, Kunden- und Lieferantenlisten, Geschäftsstrategien, Unternehmensdaten, Marktanalysen, Prototypen, Formeln, aber auch Forschungsergebnisse) sind regelmäßig die Grundlage für ein erfolgreiches unternehmerisches Handeln – solange nicht ein Dritter (unerlaubterweise) davon profitiert. Oberstes Ziel eines jeden Unternehmens sollte daher unbedingt sein, Innovationen und das betriebliche Know-how bestmöglich vor unliebsamen Nachahmern zu sichern – auch mit Blick auf die IT-Compliance.[54] Das am 26. April 2019 in Kraft getretene Gesetz zum Schutz von Geschäftsgeheimnissen (GeschGehG) hat in diesem Zusammenhang erhebliche Neuerungen mit sich gebracht.

So existierte bislang EU-weit kein einheitliches Schutzniveau im Hinblick auf Geschäftsgeheimnisse. Allein die Frage, was als Geschäftsgeheimnis überhaupt Schutz genießen soll, sorgte im grenzüberschreitenden Austausch vertraulicher Informationen für erhebliche Unsicherheit. Nunmehr wurde hingegen eine gesetzliche Definition geschaffen. Hiernach gilt als ein Geschäftsgeheimnis eine Information,

- die **weder insgesamt noch in der genauen Anordnung und Zusammensetzung** ihrer Bestandteile den Personen in den Kreisen, die üblicherweise mit dieser Art von Informationen umgehen, **allgemein bekannt** oder ohne weiteres zugänglich ist und
- daher von wirtschaftlichem Wert ist,
- Gegenstand von den Umständen nach angemessenen Geheimhaltungsmaßnahmen durch ihren rechtmäßigen Inhaber sind und
- bei der ein berechtigtes Interesse an der Geheimhaltung besteht.

Ein jedes Unternehmen wird damit nicht umhinkommen, nachweislich ein ausdifferenziertes Geheimnisschutzkonzept nach Maßgabe **von vertraglichen, organisatorischen und technischen Maßnahmen** zu implementieren.

>
> **Praxistipp:**
> Der Wirtschaftsprüfer sollte beachten, dass sich die Einhaltung der IT-Compliance-Vorgaben wesentlich auf die Sicherstellung der IT-Sicherheit auswirkt. Daher ist ein gezieltes Management der IT-Compliance und ein geregelter IT-Compliance-Prozess nötig, um IT-Sicherheit gewährleisten zu können.

---

[54] Vgl. Wurzer (2009), 49 ff.

3.4.5 Abbau von IT-Risiken

Das ungeplante vollständige Niederlegen der Geschäftstätigkeit ist generell das größte Risiko von Unternehmen und dessen Mitarbeitern. Durch die Akkumulation von untergeordneten Risiken, wie bspw. Risiken aus der IT, steigt dieses Risiko.

Folgende beispielhafte IT-Risiken können die Geschäftsfortführung stark gefährden:

- Unangemessene physische Sicherheit ermöglicht Unbefugten den Zutritt zum Unternehmen und zusammen mit einem schlechten Berechtigungsmanagement zu einem Zugriff auf sicherheitsrelevante Daten.
- Schwache IT-Sicherheit ermöglicht es Hackern die komplette Produktion still zu legen und Produktionsausfälle über längere Zeiträume hinweg zu erzeugen.
- Ein fehlendes Notfallmanagement und keine Notfalltests sowie ein schlechtes Datensicherungskonzept verhindern bei einer Katastrophe mit Hardwarebeschädigungen die Wiederherstellung der geschäftskritischen Daten.

Die IT-Compliance-Anforderungen zielen grundsätzlich auf die Reduzierung von umfangreichen IT-Risiken im Unternehmen ab und sollen dem übergeordneten Risiko, der Gefährdung der Geschäftsfortführung, grundsätzlich entgegenwirken. Durch die Befolgung und angemessenen Umgang mit IT-Compliance-Anforderungen im Unternehmen können viele IT-Risiken reduziert werden und das IT-Risikomanagement im Unternehmen grundsätzlich unterstützt werden.

Praxistipp:
Viele Unternehmen haben kein ausgeprägtes IT-Risikomanagement etabliert (vgl. auch Kapitel 4.2.4). Der Wirtschaftsprüfer sollte unbedingt auf die Auswirkung der Einhaltung von IT-Compliance-Vorschriften auf die IT-Risiken eines Unternehmens hinweisen.

3.4.6 Mittel- und langfristiger Wettbewerbsvorteil, sowie Erhöhung des Unternehmenswertes

Die IT-Compliance zielt nicht lediglich auf die Vermeidung von den in 3.4.1. geschilderten Nachteilen. IT-Compliance ist auch mit vielen Vorteilen verbunden. Die Einhaltung der IT-Compliance kann Unternehmen dabei unterstützen, einen mittel- und langfristigen Wettbewerbsvorteil zu verschaffen:

- Die Erhöhung der Prozessqualität kann dem Unternehmen zu Kostenvorteilen verhelfen (bspw. zur Umsetzung von IT-Compliance-Anforderungen wurden Automatisierungen manueller Arbeitsabläufe eingeführt, welche die Prozesse beschleunigen).
- Häufig trägt die Einhaltung der IT-Compliance auch zu einem positiven Innen- und Außenauftritt bei. Sowohl Mitarbeiter als auch Lieferanten und Kunden wird ein regelkonformes Bild des Unternehmens, inkl. professionell aufgestellter und gemanagter IT-Prozesse vermittelt.
- Häufig gilt auch die Umsetzung bestimmter Standards als Eintrittsbarriere für bestimmte Märkte (bspw. Sicherheitszertifikate).
- Durch Einhaltung der IT-Compliance-Anforderungen können zusätzliche Kosten in Form von eingetretenen IT-Risiken, als auch Strafen und Bußgelder vermieden werden.

Die gesteigerte Qualität sowie Prozesstransparenz durch IT-Compliance führen insgesamt zu einer Erhöhung des Unternehmenswertes. Die nachweisliche Erfüllung von IT-Sicherheitszertifikaten ist in vielerlei Märkten mittlerweile Standard, die als Markteintrittsbarrieren fungieren. Hier ist der Wertbeitrag der IT-Compliance offensichtlich. Mangelnde IT-Compliance kann daher ein Hindernis für potentielle Geschäftsbeziehungen darstellen, sowie zu Abschlägen bei der Bestimmung des Unternehmenswertes im Rahmen der Compliance Due Diligence im Falle von Unternehmenstransaktionen führen.

Umgekehrt kann eine mangelnde Umsetzung der IT-Compliance und eine fehlende stetige Überprüfung sowie Anpassung der Maßnahmen auch zu Wettbewerbsnachteilen der betroffenen Unternehmen führen.

Beispiel
Bei einer Übernahme eines Unternehmens wird auch eine IT-Due-Diligence durchgeführt. Bei dieser werden erhebliche Risiken hinsichtlich der Einhaltung von IT-Compliance-Vorgaben festgestellt. Der Unternehmenswert erhält hierdurch deutliche Abschläge.

> **Praxistipp:**
> Häufig geht mit der Umsetzung der IT-Compliance für Unternehmen eine Kosten-Nutzen-Abwägung einher. Manche IT-Compliance-Vorgaben können erhebliche Kosten bei der Umsetzung verursachen und aus Sicht des betroffenen Unternehmens nicht die Risiken der Nichteinhaltung aufwerten oder keine sichtbaren kurzfristigen Wettbewerbsvorteile erzeugen.
>
> Der Wirtschaftsprüfer sollte den Mehrwert einzelner Vorgaben dem Unternehmen verdeutlichen und die Bedeutung der Umsetzung, auch hinsichtlich mittel- und langfristiger Wettbewerbsvorteile, darstellen können. Der Return on Investment einzelner Maßnahmen kann nur in einem größeren Zusammenhang gesehen werden. Der Wirtschaftsprüfer sollte hierzu seine Mandanten aufklären.

3.5 Bedeutung der IT-Compliance für den Wirtschaftsprüfer

Die IT wird ein immer wichtigeres Thema für den Wirtschaftsprüfer, sowohl im Bereich der Prüfungen als auch in der Beratung, da immer mehr Unternehmen zunehmend komplexere IT-Lösungen einsetzen und auch selbst entwickeln. Die IT-Compliance gibt ein Rahmenwerk vor, in dessen Grenzen sich die Mandanten des Wirtschaftsprüfers bewegen und ihre IT ausgestalten.

Für den Wirtschaftsprüfer gilt es daher, die Potenziale aus den IT-Compliance-Vorgaben für sich, sowohl in den angebotenen Prüfungsleistungen, als auch in der Beratung zu kennen und zu nutzen.

Die Relevanz der IT-Compliance hat umfangreiche Auswirkungen auf die Prüfungspraxis. Damit gehen auch neue Prüfungsfelder und -möglichkeiten einher:

- Durch den zunehmenden Einsatz von IT in den Unternehmen, verschieben sich die Analyseschwerpunkte und neue Bereiche des Unternehmens sollten intensiv geprüft werden.
- Weiterhin bietet es sich an, IT-Compliance-Maßnahmen im Unternehmen mit IT-gestützter Prüfungstechnik auf Seiten des Prüfungsteams zu bearbeiten (wie bspw. Datenanalysen) und somit grundsätzlich effizienter prüfen zu können.

- Zudem bietet die Umsetzung von IT-Compliance-Maßnahmen im Unternehmen die Möglichkeit, neue (technische) Nachweise zu erhalten und ggf. dadurch auch eine Medienbruch-freie Prüfung vornehmen zu können.
- Häufig liegen in der IT Schwachstellen, die starke Auswirkungen auf die Prozesse/Abläufe der Unternehmen haben und somit Risiken für die eigene Prüfung ergeben. Durch IT-Compliance-Vorgaben in der Prüfung können diese Themen bewertbar gemacht und Risiken in anderen Bereichen ggf. verringert werden.
- Wenn ein Unternehmen die IT-Compliance-Anforderungen angemessen umsetzt, ergibt sich für den Wirtschaftsprüfer vielfach auch ein geringeres Risiko für sonstige Prüfungshandlungen. Er kann auf Standardprüfungshandlungen zurückgreifen und mit weniger Aufwand Prüfungssicherheit generieren (aufgrund verlässlicher IT-gestützter Geschäftsprozesse).
- Zudem bieten die Verbandsstandards des IDW (wie IDW PS 860, 880 n. F., 951 n. F.) oder vergleichbare internationale Standards weitere Möglichkeiten der Prüfung und der Bescheinigung von Software und IT-gestützten Prozessen. Dies bietet die Möglichkeit intensivere Prüfungen einzelner Software oder IT-gestützter Prozesse vorzunehmen und weiter spezifisches Know-how aufzubauen.

„Die Prüfung ist so anzulegen, dass Unrichtigkeiten und Verstöße gegen die in Satz 2 aufgeführten Bestimmungen, die sich auf die Darstellung des sich nach § 264 Abs. 2 ergebenden Bildes der Vermögens-, Finanz- und Ertragslage des Unternehmens wesentlich auswirken, bei gewissenhafter Berufsausübung erkannt werden."[55] Hierzu kann der Wirtschaftsprüfer u. a. die IT-Compliance-Vorgaben zur Orientierung nutzen.

In der **Beratung** zur angemessenen Umsetzung von IT-Compliance-Vorgaben bieten sich zudem folgende Möglichkeiten für den Wirtschaftsprüfer:

- Beauftragungsmöglichkeiten in der Beratung zur IT-Compliance,
- Qualitätssicherung von IT-Entwicklungen beim Mandanten,
- Unterstützung bei der Entwicklung neuer Kontrollinstanzen auf Seiten des Mandanten,
- Kennenlernen von Innovationen und damit einhergehenden IT-Risiken (die im Umkehrschluss auch in der Prüfung bewertbar werden müssen, wie bspw. bei Robotic Process Automation oder künstlicher Intelligenz).

---

[55] § 317 Abs. 1 Satz 3 HGB; u. a. auch IDW PS 450 n. F. 43 ff.

Hinweis:
Gegenüber mittelständischen Unternehmen ergibt sich mitunter die Herausforderung für den Prüfer, dass die Pflicht zur Einhaltung der IT-Compliance-Vorgaben nicht ernst genommen wird bzw. darin kein wesentlicher Vorteil gesehen wird. Auch liegt bei weniger regulierten Industrien des Mittelstands eine geringe Awareness zum Thema IT-Compliance vor (im Gegensatz bspw. zu Kreditinstituten oder Betreiber „kritischer Dienste"). Dass die Risiken aus der Nichteinhaltung der Vorgaben auch schnell geschäftsgefährdend für das einzelne Unternehmen werden können, wird von den Unternehmen oft nicht erkannt oder wahrgenommen. Hierbei ist eine Sensibilisierung der Mandanten notwendig, um die Risiken anschaulich zu verdeutlichen.

4 IT-Compliance-Leitfaden für den Wirtschaftsprüfer im Mittelstand

4.1 Praxisnahe Anleitung für die schrittweise Durchführung von IT-Prüfungen

4.1.1 Grundsätzliche Überlegungen vor Beginn der Prüfung

Die Bedeutung der IT-Prüfung im Rahmen von Jahresabschlussprüfungen wird immer wichtiger, da ein Großteil der Unternehmen mittlerweile über eine komplexe IT-Infrastruktur verfügt.

Nach ISA 315 ergibt sich die Notwendigkeit für den Abschlussprüfer die rechnungslegungsbezogene IT-Infrastruktur und zugehörige Anwendungssysteme in einer Prüfung zu beachten und risikobezogen zu bewerten.[56]

Grundsätzlich ist es Ziel der IT-Prüfung festzustellen, ob:

- die Informationssysteme mit vorhandenen Gesetzen, Regularien und Verbands- und Industriestandards konform sind (Einhaltung der IT-Compliance),
- Daten und Informationen über einen angemessenen Grad an Vertraulichkeit, Integrität und Verfügbarkeit verfügen (Sicherheitsziele),
- der Betrieb der IT-Prozesse effizient erfolgt und Ergebnisse angemessen erreicht werden können (IT-IKS).

Der Wirtschaftsprüfer muss die Angemessenheit der IT-Prozesse sowie IT-gestützten Geschäftsprozesse prüfen, um bei einer Jahresabschlussprüfung für die Geschäftsvorfälle folgendes feststellen zu können:

- Ist die Vollständigkeit der Geschäftsvorfälle gegeben?
- Wurde die sachliche und rechnerische Richtigkeit vorgenommen?
- Ist das rechtliche/wirtschaftliche Eigentum korrekt erfasst?
- Wurden eine ordnungsgemäße Bewertung und ein zutreffender Ausweis vorgenommen?
- Ist die Fortführung der Unternehmenstätigkeit gegeben?
- Sind die Grundsätze ordnungsgemäßer Buchführung eingehalten wurden?
- Sind zudem weitere Governance-, Risiko- und/oder Compliance-Grundsätze und -Standards eingehalten wurden?

---

[56] Siehe u. a. ISA 315 Rz. 18, 21,

Zudem ist es zweckmäßig, mittels IT-Prüfungen auch Mängel und Defizite beweisbar und zusammen mit Empfehlungen zur Behebung strukturiert dokumentierbar zu machen[57].

Folgende **Vorgehensweise** ist empfehlenswert:

1. Definieren von Zielsetzung und Art der Prüfung (Kapitel 4.1.2)
   - Erstellung des Prüfungsauftrags,
   - Festlegung der Zielsetzung und des Zwecks der Prüfung,
   - Abstimmung des vorläufigen Prüfungsgebiets,
   - Definition des Prüfungsumfangs,
   - Festlegen der Art der Prüfung.

2. Heranziehen ausgewählter IT-Compliance-Vorgaben (Kapitel 4.1.3)
   - rechtliche Grundlagen, unternehmensexterne und -interne Vorgaben.

3. Erhebung und Bewerten von mandantenspezifischen Basisinformationen zur Ableitung möglicher Risiken (Understanding of IT) (Kapitel 4.1.4)
   - IT-Risikoanalyse,
   - Festlegung des konkreten Prüfungsgebiets,
   - Festlegung der Prüfungsfelder,
   - Festlegung der Prüfungsobjekte/-gegenstände.

4. Festlegen und Durchführen der Prüfungshandlungen sowie Beurteilung der Prüfungsergebnisses (Kapitel 4.1.5)
   - Erarbeitung des Prüfungsprogramms durch Festlegen der Prüfungshandlungen und des Zeit- und Ablaufplans (Prüfungsablauf),
   - Durchführung der Datensammlung,
   - Evaluation und Auswertung der Ergebnisse der Prüfungshandlungen.

5. Erstellen und Abstimmung des Prüfungsberichts bzw. des abschließenden Dokuments zur Darstellung des IST-Zustands der IT und ggf. Sensibilisierung zu Handlungsbedarf (Kapitel 4.1.6)
   - Erarbeitung des Aufbaus,
   - Konzentrieren auf die Formulierung des Prüfungsurteils,
   - Abstimmung der Inhalte,
   - Sensibilisierung des Managements zum notwendigen Handlungsbedarf.

---

[57] Vgl. Knoll (2013), S. 6

6. Follow-up-Prozess als optionaler Schritt zur Qualitätssicherung (Kapitel 4.1.7)
   – Überprüfung der durchgeführten Maßnahmen.

Für die IT-Prüfung ist es wichtig, dass durch den Prüfer Verhaltensprinzipien eingehalten werden. Diese orientieren sich nach dem Berufsrecht und nach den verbandsspezifischen Vorgaben (siehe hierzu ITAF der ISACA bzw. Wirtschaftsprüferordnung).

4.1.2 Schritt 1: Definieren von Zielsetzung und Art der Prüfung

Den Beginn jeder Prüfung stellt der (IT-)**Prüfungsauftrag** dar. In diesem werden folgende Sachverhalte festgelegt[58]:

– Zielsetzung der Prüfung,
– Zweck der Prüfung,
– Art der Prüfung,
– Umfang der Prüfung,
– Berichts- und Eskalationswege,
– Rechenschaftspflichten,
– Rechte und Pflichten der Prüfer und des Unternehmens,
– die für die Prüfung zu beachtenden Compliance-Anforderungen,
– Haftungsbedingungen,
– Allgemeine Auftragsbedingungen,
– Preiskalkulationen,
– ggf. weiter Vertragsvereinbarungen.

Neben den Anforderungen aus IDW PS 220 „Beauftragung des Abschlussprüfers" für Jahresabschlussprüfungen, müssen Prüfungsaufträge außerhalb von Jahresabschlussprüfungen oftmals umfassender ausformuliert werden, da sie sich häufig auf spezifische Bereiche der IT beschränken oder bestimmte Handlungen beinhalten, die sich von einer Standardprüfung unterscheiden. Der Prüfungsauftrag muss vor dem Beginn der Prüfung von beiden Parteien unterschrieben sein und ist erst dann rechtlich bindend.

Der Wirtschaftsprüfer sollte das vorläufige **Prüfungsgebiet** (IST-Objekt) vor Beginn der Prüfung mit dem Mandanten gemeinsam besprechen und ggf. bei ausreichenden Informationen definieren, um die Ziel-

[58] Knoll (2013), S. 14

setzung (SOLL-Objekt) des Mandanten zu klären und ein gemeinsames Verständnis des Zwecks der Prüfung zu schaffen. Bei der Prüfung handelt es sich immer um einen Abgleich des IST-Objekt zum SOLL-Objekt. Der Wirtschaftsprüfer weiß hier um die grobe Richtung der Prüfung.

> **Beispiel**
> Bespiele für Prüfungsgebiete bei IT-bezogenen Prüfungen:
> - IT-Anwendungen,
> - IT-Prozesse (bspw. Incidentmanagement, Change Management, Notfallmanagement),
> - IT-gestützte Geschäftsprozesse,
> - Cloud-Computing Lösungen,
> - IT-Projekte oder Änderungen.

Nach Festsetzung des vorläufigen Prüfungsgebiets sollte gemeinsam mit dem Mandanten das genaue **Ziel der Prüfung** definiert werden. IT-Prüfungen können unterschiedliche Ziele verfolgen.

> **Beispiel**
> Beispiele für Ziele in der IT-bezogenen Prüfung:
>
> - Bescheinigung zu Nachweiszwecken im Nachgang oder projektbegleitend,
> - Überprüfung hinsichtlich der Auswirkungen auf andere Prüfungen (JAP),
> - Bewertung der IT hinsichtlich der Effizienz und Effektivität die IT-Leistungen zu erbringen.

Der **Prüfungsumfang** orientiert sich bei der IT-Prüfung im Rahmen von Jahresabschlussprüfungen grundsätzlich an den jeweiligen Standards und Vorgaben. Bei anderen Formen der IT-Prüfungen sollte zusammen mit dem Mandanten der Umfang abgestimmt werden und als Teilbereich in den Prüfungsauftrag einbezogen werden.

Aufbauend auf dem Prüfungsgebiet und dem Ziel der Prüfung muss die **Art der IT-Prüfung** bestimmt werden. Es gibt unterschiedliche Arten von IT-Prüfungen, die im Rahmen von Abschlussprüfungen oder außerhalb von Abschlussprüfungen vorgenommen werden können. Es werden folgende Prüfungsarten durch das IDW vorgegeben:

- Identifizierung und Beurteilung der Risiken wesentlicher falscher Darstellungen aus dem Verständnis von der Einheit und ihrem Umfeld" (INTERNATIONAL STANDARD ON AUDITING (DE) 315 (REVISED),
- Projektbegleitende Prüfung bei Einsatz von Informationstechnologie (IDW PS 850 n. F.),
- IT-Prüfungen außerhalb von Jahresabschlussprüfungen (IDW PS 860),
- Die Prüfung von Softwareprodukten (IDW PS 880 n. F.),
- Die Prüfung des internen Kontrollsystems bei Dienstleistungsunternehmen (IDW PS 951 n. F.).

In den Prüfungsstandards werden Vorgehensmodelle für die Analyse und die Prüfung der IT-Systeme und IT-gestützten Geschäftsprozesse vorgegeben und weitere Prüfungsmöglichkeiten vorgestellt (bspw. Aufbau- und/oder Funktionsprüfungen).

4.1.3 Schritt 2: Heranziehen ausgewählter IT-Compliance-Vorgaben

Zahlreiche gesetzliche Bestimmungen, unternehmensexterne und -interne Vorgaben haben Auswirkung auf die Arbeit des Wirtschaftsprüfers. Bei Nichtbeachtung können diese auch für den Wirtschaftsprüfer (haftungs-)rechtliche Konsequenzen oder Verbandsausgliederungen zur Folge haben.[59]

Der Wirtschaftsprüfer sollte die Notwendigkeit der Einhaltung der einzelnen Anforderungen und deren Bedeutung hinsichtlich des Risikos und der Bindung für seine Mandanten kennen und entsprechend seine Mandanten sensibilisieren.

Im Kapitel 3.2 dieses Leifadens findet sich eine Einführung zu den unterschiedlichen, für die Prüfung herzuziehenden Vorgaben. Dort findet sich zudem eine Übersicht konkreter IT-Compliance-Vorgaben.

---

[59] Knoll (2013), S. 11

4.1.4 Schritt 3: Erheben und Bewerten von mandantenspezifischen Basisinformationen zur Ableitung möglicher Risiken

Vor Beginn der eigentlichen Prüfungshandlungen sammelt der Prüfer grundlegende Informationen, die für das weitere Abschätzen von IT-Risiken in der Prüfung wichtig sind. Auf dieser Grundlage werden dann die konkreten Prüfungsgebiete, unterteilt in einzelne Prüfungsfelder und daraus abgeleitete Prüfungsgegenstände, festgelegt.

Die grundlegenden Informationen können bspw. aus den folgenden Bereichen stammen und dem Prüfer vor der eigentlichen Durchführung der Prüfungshandlungen übermittelt oder mitgeteilt worden sein:

- Ergebnisse aus vorherigen Prüfungen,
- Ergebnisse aus fachlichen Informationssicherheitsanalysen sowie Berichte des IT-Security-Teams oder des IT-Bereichs,
- Ergebnisse aus Assessments zu operationellen Risiken,
- Ergebnisse aus Assessments zur Gefährdung durch (wirtschafts-)kriminelle Handlungen (Fraud-Risiken) und Berichte über aufgedeckte kriminelle Handlungen,
- Ergebnisse aus Assessments zur physischen Sicherheit (z. B. Naturkatastrophen, Einbruch, Überfall),
- Vereinbarungen zwischen IT und Fachbereich (Service Level Agreements),
- Notfälle/Ausfälle bzw. signifikante IT-Risiken/Schwachstellen, die den Geschäftsbetrieb beeinflussen,
- Berichte des Wirtschaftsprüfers und anderer externer Prüfer (bspw. Datenschutzbeauftragter) sowie Hinweise aus dem Follow-up vorangegangener Prüfungen,
- Hinweise aus internen Prüfungen (bspw. der internen Revision),
- geplante fachliche und/oder personelle Änderungen,
- neue oder geplante (Groß-)Projekte und Änderungen,
- Reifegrad der IT-Organisation,
- Abhängigkeitsgrad zu IT-Kontrollen für die wesentlichen Prozesse,
- Art von bearbeiteten Transaktionen im Unternehmen,
- allgemeine Beschreibung der IT-Organisation sowie Lokation und Form der IT-Organisation (Inland/Ausland und zentral/dezentral/ausgelagert),
- Auslagerungen in der IT und im Allgemeinen,

- Kontrollbewusstsein des Unternehmens (Tone from the Top),
- Erteilung von Befugnissen und Übertragung von Verantwortung im Unternehmen,
- Einrichtung von Richtlinien und Standards im Unternehmen und deren Anwendung in den einzelnen Bereichen und Lokationen,
- Ressourcenverteilungen im Unternehmen,
- Stimmung im Unternehmen.

Es bietet sich an, in einem Vorgespräch bspw. mit dem Geschäftsführer, dem Management und/oder zentralen IT-Mitarbeitern, diese Themen zu besprechen, um eine erste Grundlage für die Risikoanalyse zu bekommen.

Weiterhin sollten externe Faktoren bei dieser ersten IT-Risikoanalyse Beachtung finden, wie bspw.:

- neue Technologien, die disruptiv für das Unternehmen sein könnten,
- politische Situationen,
- veränderte Rechtslage, neue Gesetze und Standards,
- Klima- und Wetterlage (für bspw. Tourismus),
- Einfluss von Wettbewerbern/ Lieferanten/ Kunden.

Es empfiehlt sich zudem, in diesem Abschnitt bereits eine Aufnahme der Hard- und Software vorzunehmen. Hierbei kann festgestellt werden, welche Hard- und Software Kritikalität besitzt und in der Prüfung mit beachtet werden sollte (bspw. ist die Kritikalität eines ERP-Systems mit Anbindung an Lieferanten und Onlinebanking höher als die eines Raumbuchungssystems). Für die Prüfung könnten u. a. folgende (rechnungslegungsrelevante) Systeme interessant sein:

- Finanzbuchhaltungssystem,
- Electronic Banking System,
- Anlagenbuchhaltungssystem,
- Auftragsverwaltungssystem,
- Personalabrechnungssystem,
- Zeiterfassungssystem,
- Schnittstellen-Konverter,
- Dokumentenmanagementsystem.

Die Einbeziehung der Hard- und Software in diesem Stadium ist stark davon abhängig, welche Zielsetzung die Prüfung verfolgt.

Mit dieser ersten Informationsbeschaffung und IT-Risikoanalyse können die einzelnen Prüfungsgebiete, bestehend aus den Prüfungsfeldern und Prüfungsgegenständen (Elemente des IT-IKS) klarer herausgestellt werden. Ziel dieses Schritts ist es, alle materiell wesentlichen Risiken mit einer angemessenen Gewissheit zu identifizieren und die zugehörigen IT-Kontrollmechanismen zur Vermeidung/Beherrschung dieser IT-Risiken und zugehörigen inhärenten Risiken festzustellen, um daraus angemessene Prüfungshandlungen zu entwickeln.

> **Praxistipp:**
> Die Erhebung erster Informationen sollte zusammen mit der Geschäftsführung erfolgen. Hier kann der Wirtschaftsprüfer erster Informationen generieren, die Einfluss auf die Risikobewertung haben können. Gegebenenfalls sollte der Prüfer auch auf Basis dieser ersten Informationen eine Anpassung des Prüfungsgegenstands nach Rücksprache mit dem Mandanten durchführen.
>
> Gegebenenfalls ist die Nutzung von Fragebögen, Checklisten, und SWOT-Analysen hilfreich[60].

4.1.5 Schritt 4: Festlegen und Durchführen der Prüfungshandlungen sowie Beurteilung des Prüfungsergebnisses

Aufbauend auf den erhobenen Basisinformationen und festgestellten Risiken folgt die Erarbeitung eines auf den definierten Prüfungsgebieten begründeten Prüfungsprogramms. Dieses basiert auf der Definition von angemessenen und ausreichenden Prüfungshandlungen, die im Rahmen von Datensammlungen zu relevanten Nachweisen und Ergebnissen der Prüfung führen. Daraus wiederum folgt dann die angemessene Beurteilung der Ergebnisse der Prüfung zur Bildung des Prüfungsurteils.[61]

Die **Prüfungshandlungen** sollen genau festlegen, welches Prüfungsfeld mit welcher Prüfungsmethode und welcher Intensität bearbeitet wird. „Die Prüfung ist dabei so anzulegen, dass Abweichungen bzw. Verstöße gegen die […] aufgeführten Bestimmungen, die sich auf die

---

[60] Knoll (2013), S. 15
[61] Vgl. IDW PS 300 n. F., Tz. 7

Darstellung des sich nach § 264 Abs. 2 HGB ergebenden Bildes der Vermögens-, Finanz- und Ertragslage des Unternehmens wesentlich auswirken, bei gewissenhafter Berufsausübung erkannt werden"[62]. Daneben erfolgen die Zeit- und Ressourcenplanungen für die Prüfungsfelder (Prüfungsablauf).[63]

Die Prüfungshandlungen (siehe **Abb. 4.1**) können nach dem IDW PS 300 n. F nach deren Zweck unterteilt werden. Hierbei unterscheidet man zwischen der Risikobeurteilung (inkl. Aufbauprüfung), der Funktionsprüfung und aussagebezogenen Prüfungshandlungen.

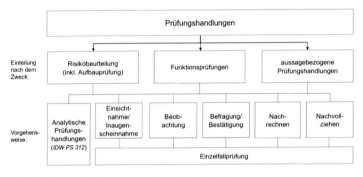

Abb. 4.1: Prüfungshandlungen eingeteilt nach Zweck und Vorgehensweise[64]

Um die Verlässlichkeit von Prüfungsnachweisen sicherzustellen, ist es wichtig zu beachten, unter welchen Bedingungen, in welcher Art und welcher Herkunft sie gewonnen wurden.

Zur Auswahl der zu prüfenden Elemente hat der Abschlussprüfer die folgenden Möglichkeiten[65]:

- Vollerhebung (Auswahl aller Elemente),
- bewusste Auswahl (Auswahl bestimmter Elemente),
- Stichprobe (repräsentative Auswahl).

---

[62] § 317 Abs. 1 HGB
[63] Vgl. Knoll (2013), S. 15
[64] IDW PS 300 n. F., Tz. A11
[65] IDW PS 300 n. F., Tz. A48

Abhängig von den Prüfungsgebieten müssen die Prüfungshandlungen festgelegt werden. Hierbei sind in der Praxis unterschiedliche Prüfungshandlungen abhängig vom Unternehmen vorzunehmen (siehe **Tab. 4.1** für eine beispielhafte Aufstellung pro möglichem Prüfungsgebiet).

Prüfungsbereiche	Prüffelder	Beispielhafte Prüfungshandlungen in der Praxis
IT-Umfeld und IT-Organisation	IT-Strategie	Einsichtnahme in die IT-Strategie, IT-Investitionsplanung, Teilbereich des Lageberichts, Jahresabstimmungsprotokoll der IT mit der Geschäftsleitung
	IT-Sicherheitskonzept	Einsichtnahme in IT-Richtlinie, Beiblatt zum Mitarbeitervertrag, Einzeldokumente (Sicherheitsvorfälle, Nutzung Gast-VPN, Internet-Nutzung), IT-Sicherheitskonzept
		Nachvollziehen der Bereitstellung relevanter Dokumente an Mitarbeiter (Awareness)
	IT-Risikomanagement	Nachvollziehen des IT-Risikomanagementberichts
		Einsichtnahme in IT-Sicherheitsüberprüfungen, Vorlagen des BSI
	IT-Organisation	Einsichtnahme in Organigramm, Stellenbeschreibungen
		Befragung Management und zentraler Mitarbeiter
	Aufbewahrungspflicht	Einsichtnahme in Datensicherungskonzept
		Durchsicht der Archivierungsprotokolle
IT-Infrastruktur	Physische Sicherheit	Einsichtnahme IT-Sicherheitskonzept
		Begehung der Räumlichkeiten
	Logische Sicherheit	Einsichtnahme IT-Sicherheitskonzept, Berechtigungskonzept, Funktionstrennungsmatrix
		Systemseitiger Walkthrough durch die Benutzerberechtigungsprozesse
	Datensicherung- und Auslagerungsverfahren	Einsichtnahme in das Datensicherungskonzept, Notfallkonzept, IT-Sicherheitskonzept, Organisationshandbücher
		Einsichtnahme in Datensicherungsprotokolle
	Sicherung der Betriebsbereitschaft und Notbetrieb	Einsichtnahme in Notfallkonzept, IT-Sicherheitskonzept
		Durchsicht der Notfalltests
	Internetsicherheit	Einsichtnahme in IT-Sicherheitskonzept
		Nachvollzug am System

Prüfungs-bereiche	Prüffelder	Beispielhafte Prüfungshandlungen in der Praxis
IT-Anwendungen	Auswahl und Beschaffung von Software	Einsichtnahme in Einkaufsrichtlinie
		Durchsicht vorgenommener Beschaffungen
	Änderung/ Anpassung von IT-Anwendungen	Einsichtnahme in Entwicklerrichtlinie, Change Request-Richtlinie
		Durchsicht von Änderungen (Stichprobe)
	Programmfunktionen	Einsichtnahme in Anwenderhandbücher, Verfahrensdokumentationen
		Walkthrough durch Programmfunktionen
IT-gestützte Geschäftsprozesse	Einkauf, Rechnungslegung, …	Einsichtnahme in Verfahrensdokumentation
		Stichprobenhafte Durchsicht der Geschäftsprozesse
IT-Outsourcing	Verträge	Einsichtnahme in Vertrag, Nachträge, Anlagen zum Vertrag, EVB-IT
	Überwachungshandlungen	Einsichtnahme in Organisationshandbücher
		Stichprobenhafte Durchsicht der Kontrollhandlungen
		Einsicht in Auslagerungs-Risikoanalysen und -berichte

Tab. 4.1: Beispielhafte Prüfungshandlungen in den einzelnen Prüfungsgebieten für die Abschlussprüfung

Es gibt unterschiedliche Vorgehensweisen für die Prüfungshandlungen bei IT-Prüfungen, die den Vorgaben des IDW folgen (**Tab. 4.2**)[66].

Vorgehensweisen für Prüfungshandlung	Beschreibung	IT-spezifische Beispiele
Analytische Prüfungshandlungen	Plausibilitätsbeurteilung von Verhältnissen und Trends, durch Abgleich zwischen Unternehmensdaten zu anderen Daten (finanziellen oder nichtfinanziellen Daten), inkl. Feststellung auffälliger Abweichungen	im Rahmen von Journal Entry Tests (Benford`s Law, Lückenanalyse, Trendanalyse)
Einsichtnahme/ Inaugenscheinnahme	Durchsicht und Überprüfung von internen und externen Dokumenten, die einen Einblick in Arbeitsabläufe und Kontrollen geben	Verfahrensdokumentationen, inkl. technische Dokumentationen und Anwenderbeschreibungen von Systemen

[66] Vgl. IDW PS 300 n. F., Tz. A11 ff.

Vorgehensweisen für Prüfungshandlung	Beschreibung	IT-spezifische Beispiele
Beobachtung	Beobachtung von spezifischen Tätigkeiten der zuständigen Mitarbeiter (wie Kontrollhandlungen)	Beobachtung von halbautomatischen Kontrollen, Datensicherungen (bspw. das Wechseln von Tapes)
Befragung/ Bestätigung	Interviews mit den zuständigen Mitarbeitern über die Durchführung von Prozessen, inkl. Kontrolldurchführungen, -maßnahmen und -dokumentationen	Befragung bezüglich der Durchführung von Notfalltests, Datensicherungstests
Nachrechnen	Überprüfen der rechnerischen Richtigkeit	Summierungen in Journal Entry Tests, IDV-Lösungen
Nachvollziehen	Unabhängige Durchführung von Verfahren oder Kontrollen durch den Abschlussprüfer selbst	Nachvollziehen von Plausibilitätschecks
Walkthrough	Erläuterung und systemseitige Demonstration von zur Verfügung gestellten Prozessdokumentationen (inkl. Kontrollhandlungen)	Walkthrough durch den Rechnungsprüfungs- und Archivierungsprozess, automatische/halbautomatische Schnittstellenüberprüfungen
Bestätigungen Dritter	Schriftliche Antwort eines Dritten	Bestätigung über das Verständnis eines Vertragspartners über eine bestimmte Klausel einer Vereinbarung zur Aufbewahrung von Daten
Bescheinigungen Dritter[67]	Verwendung von Bescheinigungen nach gängigen Prüfungsstandards	Softwarebescheinigung (nach IDW PS 880 n. F.), Bescheinigungen zum dienstleistungsbezogenen IKS (nach IDW PS 951 n. F.)

Tab. 4.2: Vorgehensweisen für Prüfungshandlungen

Praxistipp:
In einer Prüfung sollten möglichst unterschiedliche Prüfungshandlungen vorgenommen werden, um die Prüfungsgebiete aus unterschiedlichen Perspektiven bzw. Risikoaspekten zu analysieren. Dadurch ergeben sich unterschiedliche Formen der Prüfungsnachweise, die bewertet werden müssen und zusammen ein Gesamtprüfungsergebnis liefern.

---

[67] Bei Bestätigungen und Bescheinigungen von Dritten ist auf die entsprechenden Prüfungsstandards zu achten (Qualitätsvoraussetzungen und Verwendungsmöglichkeiten)

In Kapitel 4.2 dieses Leitfadens sind weitere spezifische Prüfungshandlungen während der Prüfung einzelner Schwachstellen aufgeführt.

Mittels angemessener Prüfungshandlungen soll eine **Datensammlung** erarbeitet werden, um ausreichende und geeignete Nachweise zu finden, damit identifizierte Risiken minimiert oder eingegrenzt werden. Dazu sollte der Abschlussprüfer geeignete Informationsquellen ausfindig machen.

In Form der **Aufbauprüfung** wird abhängig vom inhärenten Risiko und der Annahme, dass das IT-IKS vorläufig wirksam ist, das Design bzw. Soll-Konzept der IT-Kontrolle überprüft. Wichtig ist hierbei, dass nicht nur die einzelnen Kontrollen betrachtet werden, sondern auch ihr Zusammenspiel und die gegenseitige Beeinflussung. Wenn die Angemessenheit in der Aufbauprüfung nachgewiesen wurde und eine vorläufige Wirksamkeit vorhanden ist, wird die **Funktionsprüfung** vorgenommen. Hierbei muss der Wirtschaftsprüfer feststellen, ob die IT-Kontrollen wirksam sind, die vorhandenen IT-Fehlerrisiken zu vermeiden bzw. zu reduzieren. Um hierbei angemessene Prüfungsnachweise zu generieren, sind analytische Prüfungshandlungen und Einzelfallprüfungen notwendig. Durch zunehmende Komplexität und Umfang der Daten in Prüfungen kann Spezialsoftware eingesetzt werden (bspw. CAATs, GAS). Weiterhin können speziell integrierte Audit-Module in IT-Anwendungen des Unternehmens dazu dienen, die Wirksamkeit zu bestimmen (bspw. EAM).

Qualität (Relevanz und Verlässlichkeit) und Quantität der **Prüfungsnachweise**, die über die Prüfungshandlungen erzielt werden, sind von zentraler Bedeutung. Ziel für den Prüfer ist es durch die Auswahl angemessener Prüfungshandlungen, das Prüfungsrisiko möglichst gering zu halten[68].

Falls sich Prüfungsnachweise aus unterschiedlichen Quellen widersprechen oder falls der Abschlussprüfer begründete Zweifel an der Verlässlichkeit von Nachweisen hat, ist er aufgefordert, Anpassungen und Erweiterungen seiner Prüfungshandlungen in dem Umfang vorzunehmen, um den Widerspruch aufzuklären und die Risiken und Auswirkungen auf andere Bereiche der Prüfung angemessen würdigen zu können.[69]

---

[68] IDW PS 300 n. F., Tz. A4
[69] IDW PS 300 n. F., Tz. 12

> **Praxistipp:**
> Der Wirtschaftsprüfer sollte bei seiner Prüfung besonders kritisch auf die Verlässlichkeit der Nachweise hin beurteilen, insbesondere, wenn er Informationen durch das geprüfte Unternehmen selbst oder einen Sachverständigen des Unternehmens erhält.[70]
>
> Besonders Datenabzüge aus den IT-Systemen, die nicht durch den Wirtschaftsprüfer selbst vorgenommen bzw. begleitet wurden, können fehlerhaft oder unvollständig sein. Typische Fehler sind falsch gesetzte Filter in einem Datenabzug; teilweise müssen auch mehrere Datensätze zu einem Nachweis verbunden werden. Zudem muss der Prüfer feststellen, ob diese Informationen ausreichend genau sind, um eine angemessene Prüfungsaussage treffen zu können. Ähnlich verhält es sich, wenn gemeinsam mit den zuständigen Mitarbeitern bestimmte Prozesse durchlaufen werden. Hier können der Zeitraum der Durchführung und die Anwesenheit des Prüfers das Ergebnis, im Verhältnis zur Gesamtheit der durchgeführten Prozessabläufe, im Prüfungszeitraum verfälschen.
>
> Ähnliche Sorgfalt sollte bei der Prüfung von Dokumenten vorgenommen werden, häufig sind diese nicht mehr aktuell, bspw. Softwarestände stimmen nicht mehr überein, neue Software wurde eingeführt, die in der Dokumentation nicht aufgeführt wird und Verantwortlichkeiten bspw. beim Dienstleister haben sich verändert.
>
> Eine Dokumentation der Prüfungshandlungen in umfassenden Arbeitspapieren oder spezieller Prüfungssoftware ist obligatorisch.

Im Anschluss erfolgt die **Evaluation** der gewonnenen Prüfungsnachweise. Die Ergebnisse der Prüfungshandlungen werden hierbei unter Beachtung der IT-Risiken in ihrem Zusammenspiel und Wechselwirkungen betrachtet und deren Wirkung insgesamt auf den Geschäftsbetrieb anhand der Prüfungskriterien beurteilt. Auf dieser Grundlage werden die Stärken und Schwächen der einzelnen Prüfungsgebiete erarbeitet und hinsichtlich der gegenseitigen Effekte analysiert. Bei nicht effektiven Kontrollen oder Unregelmäßigkeiten werden diese in Prüfungsfest-

---

[70] Vgl. IDW PS 300 n. F., Tz. 9, 10

stellungen dokumentiert und im Rahmen dessen wird auf besondere Risiken hingewiesen. Die Prüfungsfeststellungen werden klassifiziert und müssen in einem nächsten Schritt in den Prüfungsbericht verarbeitet werden.[71]

> **Praxistipp:**
> Die Bewertung von Prüfungsergebnissen muss immer im Gesamtkontext der Prüfung gesehen werden. Entwicklungen innerhalb und außerhalb des Unternehmens beeinflussen das Ergebnis (positiv wie negativ). Daher sollte der Prüfer auch immer die Möglichkeit des Einbezugs von Mitigationen (kompensierende Aktivitäten aufgrund nicht effektiver Kontrollen) berücksichtigen.
>
> Mögliche Mitigationen sind:
>
> – kompensierende Handlungen aufgrund selbst festgestellter Ineffektivität von Kontrollen,
> – geplante Entwicklungen im Unternehmen (bspw. Bau eines neuen Rechenzentrums, Einführung einer neuen Software, Hardwareaktualisierungen),
> – veränderte IT-Compliance-Anforderungen (bspw. nach Veröffentlichung neuer Standards).
>
> Bei der Verwendung von Mitigationen im Prüfungsergebnis sollte darauf geachtet werden, dass für diese ebenfalls Nachweise vorliegen (bspw. Nachweise zu kompensierenden Handlungen, Verträge, Konzeptionen und Pläne).

4.1.6 Schritt 5: Erstellen und Abstimmen des IT-Prüfungsberichts und ggf. Sensibilisierung zu Handlungsbedarfen

Zur Transparenz auch gegenüber dem Mandanten ist häufig die Erstellung eines IT-Prüfungsberichts empfehlenswert und/oder wird aktiv vom Mandanten gefordert (bspw. bei Prüfungen nach IDW PS 860). „Eine Berichtspflicht besteht nur, wenn der Abschlussprüfer bei ordnungsmäßiger Durchführung der Abschlussprüfung nach § 321 Abs. 1 S. 3 HGB berichtspflichtige falsche Darstellungen oder sonstige Verstöße feststellt

---

[71] Vgl. Knoll (2013), S. 16

(vgl. Tz. 37). Ergeben sich keine solchen Feststellungen, wird dementsprechend eine Negativerklärung nicht abgegeben."[72] „Berichtspflichtig sind bereits solche Tatsachen, die einen substanziellen Hinweis auf schwerwiegende Verstöße enthalten, ohne dass der Abschlussprüfer eine abschließende rechtliche Würdigung zu treffen hat."[73]

Die Ergebnisse der Prüfung, die getroffenen Feststellungen (inkl. Hinweisen zu besonderen Risiken) und die zugehörigen Handlungsempfehlungen sollten im Vorfeld zur Berichtserstellung an den Mandanten kommuniziert werden. Der Prüfer sollte dabei ausgehend von der vorgenommenen Prüfung, die Wirkung der Ergebnisse aus der Aufbau- und Funktionsprüfung für den Geschäftsbetrieb, in Form von Feststellungen, neutral an den Mandanten berichten und damit einhergehend entsprechende Empfehlungen und Hinweise aussprechen.[74]

Die Ergebnisse der Prüfung werden in Form eines **Prüfungsberichts** schriftlich dokumentiert und an den Mandanten kommuniziert. Das Ergebnis der Prüfung wird an die Berichtsadressaten kommuniziert. Zugleich soll der Bericht dazu dienen, dem Management Informationen zu geben, wie Risiken verringert und korrektive Handlungen vorgenommen werden können. Gleichzeitig kann der Bericht als Bescheinigung über die Leistungsfähigkeit des IT-Betriebs, Angemessenheit und Wirksamkeit interner IT-Kontrollen oder IT-Richtlinien und -Prozesse sowie als Grundlage für die Umsetzung neuer IT-Projekte dienen. Daher muss der Inhalt des Berichts in einer nachvollziehbaren logischen Ordnung zusammengestellt werden. Prüfungsstandards, die eine Bescheinigung des Wirtschaftsprüfers beinhalten, stellen den Aufbau und die Struktur des Berichtsdokuments dar und unterstützen die Zusammenstellung des IT-Prüfungsberichts[75].

Aufbau und Inhalte eines IT-Prüfungsberichts können wie folgt zusammengestellt werden (**Tab. 4.3**).

---

[72] IDW PS 450 n. F, Tz. 43
[73] IDW PS 450 n. F., Tz. 48
[74] Vgl. Knoll (2013), S. 17
[75] Vgl. IDW PS 860, IDW PS 880 n. F., IDW PS 951 n. F.; es ist zu beachten, dass der ISA 315 keinen expliziten Prüfbericht fordert.

Aufbau	Inhalte – „W-Fragen"	Beispiel
Titelblatt	Um welchen Bericht handelt es sich?	„Prüfung des E-Rechnungsprozess nach den Vorgaben des IDW PS 860 (IT-Prüfung außerhalb der Jahresabschlussprüfung) in Form einer direkten IT-Prüfung bei der Muster GmbH im Zeitraum vom 01.01.2023 bis 30.06.2023"
Unterschriftenseite/ Bescheinigung	Welche Pflichten hat der Auftraggeber/Auftragnehmer? Welche zusammenfassenden Ergebnisse und Urteile können getroffen werden?	„Die gesetzlichen Vertreter der Gesellschaft sind für die von ihnen als notwendig erachteten Grundsätze, Verfahren und Maßnahmen…" „Unsere Aufgabe ist es, auf der Grundlage unserer Prüfung ein Urteil mit hinreichender Sicherheit über die Angemessenheit und Wirksamkeit des IT-Systems abzugeben…"
Auftragsumfang	Welche Informationen beinhaltet der Auftrag? Welche Ziele verfolgt der Auftrag? Was wurde ausgeschlossen oder speziell einbezogen? Welchen Zeitraum umfasst die Prüfung?	„Ziel des Auftrags war es, festzustellen, ob der E-Rechnungsprozess nach den festgelegten Kriterien angemessen wirksam war…" „Die Prüfung umfasste den Zeitraum vom 01.01.2023 bis 30.06.20123…"
Prüfungsgegenstand	Was ist der Gegenstand der Prüfung?	„E-Rechnungsprozess"
Prüfungsgrundlagen	Welche gesetzlichen, externen und internen Vorgaben sollen betrachtet werden?	„GoB, GoBD, ISA 315, IDW RS FAIT 1, Vorgaben des BSI"
Prüfungsvorgehen/ -methodik	Wie wurde bei der Prüfung vorgegangen? Wie wurden Nachweise ermittelt?	– Einsichtnahme in Dokumentationen – Durchführung von Interviews – Walkthrough im System – Stichprobenhafte Prüfung
Prüfungsergebnisse	Zu welchen Ergebnissen gelangte die Prüfung?	„Im Rahmen unserer Prüfung haben wir die nachfolgend aufgeführten Feststellungen getroffen/Empfehlungen gegeben, die wir bei der Bildung unseres Urteils berücksichtigt haben: – Es wurde festgestellt, dass keine umfassende Archivierung der E-Rechnungen erfolgt. Wir empfehlen, die Archivierung von spezifischen Rechnungen ebenfalls im DMS vorzunehmen…"

Aufbau	Inhalte – „W-Fragen"	Beispiel
Prüfungsurteil/-zusammenfassung	Welches abschließende Urteil fällt der Prüfer?	„Nach unserer Beurteilung – sind die verwendeten Kriterien für den vorgesehenen Anwendungszweck geeignet, – war das IT-System in allen wesentlichen Belangen mit hinreichender Sicherheit – geeignet, die o.g. Kriterien zu erfüllen, – im geprüften Zeitraum implementiert und – im geprüften Zeitraum wirksam."
Empfehlungen	Welche Empfehlungen konnten getroffen werden?	„Es wird empfohlen, die Anwendungsdokumentation ..."
Anhang	Welche zusätzlichen Angaben sind für die Prüfung wichtig?	Vollständigkeitserklärung des Mandanten Allgemeine Auftragsbedingungen (AAB)

Tab. 4.3: Aufbau und Inhalte eines IT-Prüfungsberichts[76]

Der wichtigste Abschnitt des Berichts für den Mandanten ist das **Prüfungsurteil**. Dieses kann über weitere Handlungsnotwendigkeiten und Veränderungen im Unternehmen entscheiden und steht darüber hinaus auch oft nah an der Umsetzung und Erreichung von vereinbarten Zielen der Mitarbeiter. Daher ist eine korrekte und zutreffende Formulierung dessen signifikant wichtig.

Praxistipp:

In Unternehmen bestehen nicht selten verschiedene Erwartungshaltungen an Prüfungsberichte. Mitunter hoffen Interessengruppen des Unternehmens auch aufgrund Formulierungen im Prüfungsbericht ihre jeweiligen Interessen durchsetzen zu können (bspw. höheres IT-Budget, Mitarbeiteraufbau, Rückholung von IT-Auslagerungen etc.).

Dem Prüfer muss bewusst sein, dass Formulierungen des Prüfungsberichts einen signifikanten Einfluss auf zukünftige Managemententscheidungen haben können. Unter Berücksichtigung der verpflichtenden Unabhängigkeit und Objektivität des Prüfers ist auf

---

[76] Vgl. IDW PS 860, es ist zu beachten, dass der ISA 315 keine konkrete IT-Prüfberichtsvorgabe im Rahmen des Jahresabschlusses stellt.

> Nachvollziehbarkeit der Prüfungsergebnisse sowie angemessene Form und Formulierung der Darstellung der Ergebnisse zu achten.
>
> Ggf. sind auch noch Informationen zu berücksichtigen, die erst während der Zusammenstellung des Berichts bekannt werden und das Ergebnis des Berichts beeinflussen könnten. Je nach Auswirkungen dieser Informationen, sollten sie im Bericht erwähnt werden, ggf. müssen Risikobeurteilungen angepasst werden (bspw. IT-Projekte, neue IT-Compliance-Vorschriften).

Um negative Folgen aus einem unabgestimmten Bericht zu vermeiden (bspw. Generierung einer Feststellung aufgrund von Missverständnissen), empfiehlt es sich sowohl mit den zentralen Ansprechpartnern (bspw. IT-Leiter, interne Revision) als auch mit dem Management eine **Berichtsabstimmung** vorzunehmen und sich die Freigabe der Ansprechpartner zur Finalisierung des Berichts einzuholen. So kann sichergestellt werden, dass Prüfungsnachweise korrekt ausgewertet wurden und Fehlinterpretationen ausgeschlossen werden. Gegebenenfalls können auch noch weitere Nachweise durch den Mandanten erbracht werden, die die Ergebnisse und ggf. auch das Urteil verändern und Missverständnisse beseitigen. Nach Anpassungen sind erneute Abstimmungen zu empfehlen.

Bereits während der Prüfung und besonders während der Zusammenstellung der Ergebnisse sowie der Berichtsabstimmung ist die **Sensibilisierung des Managements zum getroffenen Handlungsbedarf empfehlenswert.** Dies dient dazu, dass Feststellungen und zugehörige Empfehlungen beim Mandanten nicht wirkungslos bleiben und zusätzlicher Nutzen der IT-Prüfung für den Mandanten generiert werden kann.

> **Praxistipp:**
> Oft werden Feststellungen vom Unternehmen nicht akzeptiert, weil entsprechende Awareness beim Management fehlt und die Auswirkungen auf das Geschäft für den Mandanten nicht ersichtlich sind. Wichtig ist es darum, die Gründe der Feststellungen und Empfehlungen im Bericht klar deutlich zu machen, die Zusammenhänge und Risiken für das Unternehmen herauszuarbeiten und den Mandanten zu sensibilisieren.

Im Anschluss an den Bericht besteht die Möglichkeit, dass der Wirtschaftsprüfer die Umsetzung begleitet (bspw. in Form einer projektbegleitenden Prüfung nach IDW PS 850 n. F.).

4.1.7 Schritt 6: Follow-up-Prozess als optionaler Schritt zur Qualitätssicherung

Abhängig von der Vereinbarung, die mit dem Mandanten getroffen wurde, ist der Follow-up-Prozess optional der letzte Teilprozess einer Prüfung und folgt zeitlich nach dem eigentlichen Abschluss der Prüfung. Oftmals ist dieser Prozess von zentraler Bedeutung für die Steuerung der Risiken im Unternehmen. Erst im Follow-up-Prozess wird ersichtlich, ob die Defizite, die in der Prüfung erkannt und in Feststellungen dargestellt wurden, durch die Umsetzung der festgelegten Verbesserungsmaßnahmen erfolgreich minimiert oder abgestellt werden konnten.

In dem Follow-up-Prozess ist es die Aufgabe des Prüfers die relevanten Bereiche des Unternehmens zu überwachen, um festzustellen, ob die getroffenen Maßnahmen angemessen und zeitlich relevant durch das Management umgesetzt wurden. So können die identifizierten Defizite verringert werden; alternativ kann sich die Geschäftsleitung dazu entscheiden, die getroffenen Risiken bewusst zu tragen.

Um einen effektiven Follow-up durchzuführen, ist es notwendig, dass der Prüfer einen angemessenen Prozess etabliert. Der Prozess muss die Prüfung der Angemessenheit, Wirksamkeit und Aktualität der festgelegten Maßnahmen umfassen. Bei dem Prozess kann sich der Prüfer auch auf die Prüfungen und Ergebnisse von internen Stellen oder anderen Prüfern beziehen. Jede Verzögerung und/oder jedes Nichtumsetzen von Maßnahmen muss hinsichtlich des bestehenden Risikos bewertet und mit der Geschäftsleitung abgestimmt werden.

Mögliche Inhalte eines Follow-up-Prozesses:

- Übersicht der Feststellungen und zugehörige Empfehlungen mit dem Grad der Umsetzung der Maßnahmen,
- abgestimmter Zeitrahmen innerhalb dessen die abgestimmten Maßnahmen umgesetzt werden sollen,
- Nutzung von Prüfungen interner Stellen (wie interne Revision) oder externer Prüfer,

- Kommunikationsverfahren (Eskalationsverfahren), welche Maßnahmen bei der Verzögerung und/oder Nichtumsetzen in höhere Entscheidungsebenen hebt sowie Risikobewertungsverfahren für diese Fälle,
- Möglichkeiten der Risikoakzeptanz bei Belassen von Feststellungen durch die Geschäftsleitung.

Beeinflussende Faktoren, die bei der Festlegung geeigneter Follow-up-Prozesstätigkeiten berücksichtigt werden sollten:

- Auswirkung und Bedeutung der getroffenen Feststellungen und die damit verbundenen Empfehlungen und abgeleiteten Maßnahmen auf die Geschäftsaktivitäten des Unternehmens,
- Änderungen von außen und innen, die sich auf die getroffenen Maßnahmen auswirken können,
- Komplexität der getroffenen Maßnahmen,
- Ressourcenaufwand, der mit den getroffenen Maßnahmen einhergeht,
- Folgen, wenn die getroffenen Maßnahmen nicht zur Abstellung oder Minimierung des Risikos beitragen,
- Auswirkungen von sich beeinflussenden Risiken auf die getroffenen Maßnahmen.

Abschließend sollte ein Kurzbericht/Management Summary über alle vorgenommenen Maßnahmen zusammengestellt werden, einschließlich der Maßnahmen, die noch nicht umgesetzt wurden und welche Risiken damit noch bestehen bleiben. Gegebenenfalls sollte sich der Prüfer einen aktuellen Maßnahmenplan und einen geplanten Umsetzungsplan inkl. Umsetzungsstatus vorzeigen lassen.

Praxistipp:
Der Umgang mit Prüfungsfeststellungen und die Umsetzung von Empfehlungen aus Prüfungen sind oft sehr individuell. Bei einigen mittelständischen Unternehmen wird der Mehrwert von IT-Prüfungen noch als gering erachtet; dem entsprechend sollen die Kosten für den Ausbau der IT-Compliance möglichst gering gehalten werden. Nicht selten werden Empfehlungen aus erteilten Feststellungen nicht umgesetzt und wiederkehrend/jährlich die identischen Defizite identifiziert. Hier sollte der Wirtschaftsprüfer aktiv für Awareness beim Management sorgen und den Handlungsbedarf begründen. Ein gut funktionierender Follow-up-Prozess kann einen ganz

> wesentlichen Beitrag dazu liefern, Defizite abzubauen und Risiken nachhaltig zu minimieren.
>
> Eine systematische Kategorisierung kann bei der Durchführung von Follow-up-Prozessen grundsätzlich unterstützen. Hier können Feststellungen, Empfehlungen und die zugehörigen Maßnahmen nachverfolgt werden und Verzögerungen und/oder Nichtumsetzen nachgehalten werden. Dies kann auch bei der Zusammenstellung eines Berichts/Management Summary unterstützend wirken.
>
> Das Bewahren seiner Unabhängigkeit bleibt jedoch stets zentral für den Wirtschaftsprüfer. Dies sollte er auch im Rahmen des Follow-up-Prozesses berücksichtigen und klar kommunizieren.

4.2 Probleme und Risiken typischer Schwachstellen der IT im Mittelstand und abgeleitete Handlungsempfehlungen für die IT-Prüfung

4.2.1 Einleitende Hinweise

In den folgenden Unterkapiteln werden typische Schwachstellen beschrieben, auf Probleme aus der Praxis hingewiesen und daraus Risiken abgeleitet. Neben der Bedeutung der Themen für den Wirtschaftsprüfer werden zugleich Tipps für die Praxis sowie mögliche Prüfungshandlungen aufgezeigt. Angereichert werden die Kapitel stets um Praxisbeispiele, die der Wirtschaftsprüfer auch zur Sensibilisierung seiner Mandanten heranziehen kann.

Dabei ist zu beachten, dass viele Schwachstellen mitunter zusammenhängen und sich gegenseitig beeinflussen können. Es entstehen Fehlermuster, die immer wieder in Prüfungen erkennbar werden. Dies wird auch in den angeführten Beispielen der einzelnen Kapitel deutlich.

Beispiel
Beispiele für die Beeinflussung der Schwachstellen untereinander:

- Bei einer fehlenden IT-Strategie (vgl. Kap. 4.2.2) können gegebenenfalls weitere essentielle IT-Aufgaben, wie bspw. IT-Sicherheit oder IT-Notfallmanagement, gar nicht erst im Unternehmen angemessen etabliert werden.

- Die Vernachlässigung der physischen Sicherheit (vgl. Kap. 4.2.7) kann dazu führen, dass über direkten physischen Zugriff zu Servern auch folgenschwere Manipulation von bspw. Berechtigungsmanagement, IT-Betrieb, IT-Sicherheitsvorkehrungen etc. erfolgen.

In den folgenden Kapiteln werden die mitunter typischsten Schwachstellen aus der IT-Prüfung dargestellt, ohne einen Anspruch auf Vollständigkeit zu erheben.

4.2.2 Mangelhafte oder fehlende IT-Strategie

"Strategy is not the consequence of planning, but the opposite: its starting point."[77]

Je nach Unternehmenskomplexität und -diversifikation sieht zum Teil der ISA 315 und der IDW RS FAIT 1 das Vorhandensein einer mittel- bis langfristig ausgerichteten, dokumentierten IT-Strategie vor. Diese sollte aus der übergeordneten Unternehmensstrategie abgeleitet werden und konkret Maßnahmen der IT beinhalten, damit durch die Nutzung der Potenziale der IT auch die Unternehmensziele erreicht werden können. Sie soll durch die Unternehmensleitung genehmigt sein und dient auch der Einrichtung eines angemessenen und wirksamen IT-Kontrollsystems.[78]

Sie stellt damit den Ausgangspunkt für die weitere Planung dar, auf dessen Grundlage das IT-Umfeld inkl. IT-Organisation, -Infrastruktur, -Anwendungen und -Prozesse des Unternehmens definiert werden.

Die IT-Strategie und die Unternehmensstrategie sollen sich gegenseitig beeinflussen und miteinander verzahnen („Strategic Fit"), damit möglichst alle Ziele im Unternehmen erreicht, wirtschaftliche Chancen identifiziert und für das Unternehmen nutzbar gemacht werden können.

Die IT-Strategie hat ihrer Konsistenz nach der Gesamtstrategie eines Unternehmens zu folgen. Hinreichend dokumentiert muss die IT-Strategie Angaben über die Zuständigkeit und Einbindung der IT- und Datensicherheit in die Unternehmensorganisation, die strategischen

---

[77] Mintzberg (2000)
[78] ISA 315 11d IDW RS FAIT 1, Tz. 76, 78

Entwicklungen hinsichtlich der IT-Architektur sowie zum Notfallmanagement aufweisen. IT- und Datensicherheit werden als Bestandteil der Gesamtstrategie unausweichlich als der Geschäftsleitung obliegende Aufgaben adressiert. Sie muss nicht originär mit dem Spezialthema IT-Sicherheit vertraut sein. Sie hat dennoch ressortunabhängig unausweichlich die Gesamtstrategie des Unternehmens zu verantworten. Sie hat damit auch im Sinne der ordnungsgemäßen Führung der Geschäfte des Unternehmens die IT-sicherheitstechnische Organisation sowie die strategische Ausrichtung des Unternehmens zu kontrollieren und zu überwachen sowie dieses System zu dokumentieren. Kommt sie ihrer Pflicht nicht nach, stellt dies einen schwerwiegenden Gesetzesverstoß dar, der weitreichende Folgen haben kann.

> **Beispiel**
> Der Vorstand einer börsennotierten AG hat zwar im Rahmen der IT-Strategie ein Überwachungssystem einrichten lassen, um Cyberangriffe frühzeitig zu erkennen. Für das Überwachungssystem liegt jedoch keine formelle Dokumentation vor. Somit ist die inhaltliche Funktions- und Systemprüfung hinsichtlich des Überwachungssystems nicht möglich. Der Vorstand der AG kam daher seiner Pflicht zur Dokumentation des Risikofrüherkennungssystems (§ 91 Abs. 2 AktG) nicht nach. Dieser Pflichtverstoß ist im Rahmen der Jahresabschlussprüfung nach § 317 Abs. 4 HGB im Prüfbericht des Wirtschaftsprüfers zu berücksichtigen. Fehlt eine solche Dokumentation, ist damit auch die Entlastung des Vorstands gemäß Hauptversammlungsbeschluss anfechtbar.[79]
>
> Die Pflicht zur Dokumentation des Überwachungssystems trifft auch auf Gesellschaften anderer Rechtsformen zu – so etwa auf die GmbH (vgl. Kapitel 3.4.1). Eine Erweiterung des Prüfungsauftrags auf andere Gesellschaftsformen nach § 317 Abs. 4 HGB wäre freiwillig dann etwa zulässig.

Die IT-Strategie dient daher als zentrales Steuerungsinstrument und integraler Bestandteil der Unternehmenssteuerung und muss angesichts unternehmensinterner und -externer Entwicklungen immer wieder neu überdacht werden.

---

[79] Angelehnt an LG München I, Urteil vom 05.04. 2007 - 5 HK O 15964/06

> **Hinweis:**
> Es kann vorkommen, dass mittelständische Unternehmen noch über keine eindeutig definierte Unternehmensstrategie verfügen oder diese aufgrund von personellen Umstrukturierungen, Käufen/Verkäufen etc. nicht mehr aktuell ist. Oft liegt in diesen Fällen auch keine klar definierte IT-Strategie vor oder diese ist nicht mehr gültig.
>
> Hier sollte zwingend zuerst eine aktuelle Unternehmensstrategie ausdefiniert werden (bspw. auf Basis einer SWOT-Analyse), bevor eine IT-Strategie erarbeitet wird.
>
> Es kann ebenfalls vorkommen, dass Unternehmen ihre IT vollständig an einen Dienstleister ausgelagert haben und damit auch die IT-Strategie nicht als ihre originäre Aufgabe betrachten. Dabei ist jedoch zu beachten, dass die Verantwortung, auch bei Auslagerung der IT, bei der Unternehmensleitung selbst liegt, um dem Dienstleister angemessene Vorgaben machen zu können, ihn besser überwachen zu können und frühzeitig Risiken aus möglichen Auslagerungen identifizieren und gegensteuern zu können.

Inhalte einer IT-Strategie können u. a. sein:

- Definition, Bedeutung und Rolle der IT im Unternehmen,
- Einordnung der IT-Strategie in den Unternehmensstrategieprozess,
- Geltungsbereich der IT-Strategie im Unternehmen,
- Entwicklung der IT-Organisation und -Prozesse,
- Entwicklung des IT-Personals,
- Umgang mit der IT-Compliance und die Auswirkungen auf die IT(-Planung),
- vorhandene IT-Auslagerungen und ggf. Ausbau der Auslagerungen,
- IT-Projekte und geplante Entwicklungen in der IT,
- Umgang mit Informationssicherheit und Datenschutz,
- Umgang mit vorhandenen oder zukünftigen IT-Risiken,
- IT-Kostenmanagement,
- Wirtschaftlichkeit und Qualität der IT,
- Vorgaben zur IT-Architektur und Technologien.

In der Praxis zeigen sich häufig folgende **Probleme**:

- die IT-Strategie ist nicht klar definiert und geht nur im Ansatz auf die zukünftige Entwicklung der IT ein;
- die IT-Strategie ist nicht durch die Geschäftsführung abgenommen und wurde nur durch die IT-Abteilung oder durch eine IT-Beratung definiert, ohne direkte Einbindung der Geschäftsführung;
- die IT-Strategie wurde nicht aus der Unternehmensstrategie abgeleitet und geht inhaltlich in eine andere strategische Richtung;
- die IT-Strategie wurde einmal definiert und besteht seitdem in dieser Form im Unternehmen. Sie ist eine „reine Formalie zur Erfüllung von IT-Compliance-Vorgaben" und hat keinen weiteren Zweck. Eine regelmäßige Überprüfung und Aktualisierung ist nicht vorgesehen;
- die IT-Strategie enthält keine messbaren Ziele und ist daher nicht überprüfbar.

> **Beispiel**
>
> **Fehlende Verzahnung der IT-Strategie mit der Unternehmensstrategie**
>
> Ein Unternehmen möchte strategisch seine Vertriebstätigkeiten durch die jeweiligen Außendienstmitarbeiter direkt am Standort der Kunden ermöglichen. Vergleichbare Konkurrenten haben über Endgeräte (Tablets und Notebooks) kompletten Remote-Zugriff auf die Systeme des Unternehmens, hierzu gehören auch die vollständige Angebotskalkulation und der Vertragsabschluss.
>
> Die IT-Strategie des Unternehmens setzt seit jeher auf eine Infrastruktur mit vielen kleinen Eigenentwicklungen und – zur Komplexitäts- und Kostenreduktion – einer möglichst geringen Anzahl an Schnittstellen zwischen den einzelnen Systemen. Notwendige Datenübertragungen zwischen Systemen erfolgen schon immer manuell durch günstige Arbeitskräfte, um Kosten zu sparen. Die am Markt erwartete und für den zukünftigen Unternehmenserfolg zwingend erforderliche mobile Nutzung der IT-gestützten Geschäftsprozesse ist so nicht möglich. Die in der IT-Strategie definierte Ausgestaltung der IT-Systeme kann die Gesamtziele des Unternehmens nicht mehr angemessen unterstützen und gefährdet die Zukunft des Unternehmens.

Eine mangelhafte oder fehlende IT-Strategie kann folgende **Risiken** für das Unternehmen mit sich bringen:

- ohne eine klare IT-Strategie ist nicht definiert, in welche Richtung sich die IT entwickeln soll;
- häufig werden dann Innovationen nach Bedarf oder Trends durchgeführt, ohne dass diese im Zusammenhang mit der übergeordneten Unternehmensstrategie stehen;
- dies führt zu einem Wildwuchs in der IT-Leistungserstellung und ggf. erhöhten Kosten, die dem übergeordneten Ziel des Unternehmens entgegenlaufen;
- die Potenziale aus der IT können nicht oder nicht vollständig genutzt werden;
- es fehlt der „Tone from the Top", um klar zu definieren, wie die IT zu dem übergeordneten Ziel des Unternehmens beitragen kann;
- ohne messbare Ziele aus der IT-Strategie wird die IT für die Geschäftsführung nicht kalkulier- und messbar.

Für die Geschäftsleitung ist eine dokumentierte IT-Strategie bereits Grundlage für den Nachweis der Erfüllung ihrer Gesamtverantwortung. Umgekehrt ist eine mangelnde oder fehlende IT-Strategie bereits Dokumentation, dass die Geschäftsleitung nicht ihren allgemeinen Leistungspflichten nachkommt und keinen hinreichenden Organisationsstandard geschaffen hat, um die gefährdenden Entwicklungen frühzeitig zu erkennen. Bereits mit einer mangelhaften IT-Strategie wächst das Risiko für die Geschäftsleitung, für etwaige hieraus entstehenden Schädigungen zu Lasten des Unternehmens aufkommen zu müssen.

- Für den Wirtschaftsprüfer ist die IT-Strategie häufig ein sehr guter Ausgangspunkt, um einen ersten Einblick und Überblick über die vorhandenen und geplanten Entwicklungen in der IT zu bekommen. Aufbauend auf den Informationen in der IT-Strategie kann der Wirtschaftsprüfer die Prüfung hinsichtlich vorhandener Risiken besser planen (bspw. Einführung von Cloud-Lösungen, Verlagerung der IT-Leistungserstellung). Ohne vorhandene IT-Strategie besteht zudem oft die Gefahr, dass kein angemessenes und wirksames IT-Kontrollsystem im Unternehmen implementiert wird.

Praxistipp:
Die Dokumentation der IT-Strategie ist der erste Anhaltspunkt, um Risiken im Unternehmen identifizieren zu können, da sowohl der Umgang mit der IT-Strategie, als auch deren Inhalt, Hinweise darauf geben können, wie im Unternehmen mit der IT umgegangen wird, wie sie gesteuert und überwacht wird und wo etwaige relevante Probleme liegen könnten.

Folgende Prüfungshandlungen des Wirtschaftsprüfers sind möglich[80]:

- Einsichtnahme in die Unternehmensstrategie, um die Grundlage für die IT-Strategie zu erfassen,
- Einsichtnahme in die IT-Strategie, inhaltliche Durchsicht bezüglich Konkretisierung der strategischen Maßnahmen in der IT und Abnahme durch die Geschäftsführung, sowie Abgleich dieser mit der Unternehmensstrategie, um sicherzustellen, dass diese inhaltlich abgestimmt sind,
- ggf. Besprechung der IT-Strategie mit der Geschäftsführung und dem IT-Leiter, um die Relevanz und Umsetzbarkeit dieser zu besprechen bzw. festgestellte Risiken zu analysieren.

Häufig kann in Prüfungen keine formale IT-Strategie vorgelegt werden, da diese im Unternehmen in einer anderen Form als einer verabschiedeten IT-Strategie existiert. Sehr oft bspw. existieren nur Gedanken und Entscheidungen zur IT-Strategie beim Management, welche jedoch nicht klar niedergeschrieben wurden. Der Wirtschaftsprüfer sollte daher nicht nur nach einem Dokument fragen, welches den Titel „IT-Strategie" hat, sondern nach Vereinbarungen zwischen Unternehmensleitung und IT oder IT-Investitions- bzw. Projektübersichten. Mitunter ist die IT-Strategie auch in der übergeordneten Unternehmensstrategie enthalten.

Sollte kein vergleichbares Dokument vorhanden sein, wird eine weitere Betrachtung durch den Wirtschaftsprüfer notwendig, um auszuschließen, dass die IT unklare Ziele verfolgt, die in ihrer Zusammenstellung gegen die Unternehmensstrategie laufen, Risiken erzeugen und ggf. den Unternehmensfortbestand gefährden.

---

[80] Für nähere Informationen hinsichtlich der IT-Strategie siehe Nestler/Gaugenrieder-Schuster (2023)

4.2.3 Mangelndes oder nicht wirksames IT-Compliance-Managementsystem

Um die Anforderungen der IT-Compliance zu erfüllen, bedarf es eines effektiven und effizienten IT-Compliance-Managementsystems (IT-CMS). In diesem Rahmen können die Grundsätze der Definition des IDW PS 980 herangezogen werden, wonach unter einem IT-CMS Grundsätze und Maßnahmen zu verstehen sind, die beim Einsatz von IT im Unternehmen ein regelkonformes Verhalten sicherstellen. Die Ausgestaltung des IT-CMS fügt sich in der Regel in das unternehmensweite CMS ein; es handelt sich somit nicht um ein unabhängige und eigenständig zu etablierendes CMS. In der Praxis bedeutet dies, dass IT-Compliance-Ziele aus den Compliance-Zielen des Unternehmens abgeleitet werden sollten.

Ein vollumfängliches CMS muss branchen- und größenabhängig ausgestaltet werden; es gibt hier keine One-Size-Fits-All-Lösung. Es existieren allerdings anerkannte und bewährte Vorgaben, wie z.B. der Prüfungsstandard IDS PS 980 und die Norm DIN ISO 37301. Daraus ergeben sich Handlungsempfehlungen und Leitlinien zur Planung, zur Organisation, zum Betrieb und zur Weiterentwicklung eines angemessenes und wirksames CMS.

Eine zentrale und wichtige Aufgabe der IT-Governance ist es, die Struktur eines IT-CMS festzulegen. Dies kann nur unternehmensspezifisch anhand der unterschiedlichen Compliance-Anforderungen an die konkrete Unternehmens-IT und den konkreten IT-Einsatz erfolgen.

In der Praxis gibt es häufig folgende **Probleme** bzgl. des IT-CMS:

- Die Bestandsaufnahme aller relevanten gesetzlichen, regulatorischen und vertraglichen Verpflichtungen, die für den Einsatz der IT relevant sind, ist äußerst komplex und umfangreich. Bestehende rechtliche Vorgaben – insbesondere im Hinblick auf verschiedene Länder - können leicht übersehen werden;
- Die Anzahl der Regelwerke und der in ihnen enthaltenen IT-Anforderungen nimmt kontinuierlich zu, sodass es Unternehmen schwerfällt, alle Anforderungen zu berücksichtigen;
- Es ist nicht immer genau ersichtlich, ob Anforderungen an die IT gerichtet sein könnten;

- Das IT-CMS wird bei Veränderungen an der Systemlandschaft oder der Verlagerung der IT nicht (rechtzeitig) angepasst;
- Neue Anforderungen können oft nicht ohne weitere Analysen direkt in eine organisatorische Einheit eingebunden werden;
- Fehlende finanzielle, organisatorische (d. h. personelle und prozessuale) und technische Ressourcen (d. h. Tools für Compliance-Management);
- Kontrollen werden nicht regelmäßig durchgeführt.

Aus einem mangelnden bzw. nicht wirksamen IT-CMS können folgende **Risiken** für das Unternehmen entstehen:

- Das Unternehmen könnte sich Image- und Reputationsschäden ausgesetzt sehen;
- Bei Regelverstößen können gegen das Unternehmen erhebliche Sanktionen wie empfindliche Bußgelder verhängt werden;
- Für ein fehlendes oder unzureichendes IT-CMS haften Geschäftsführer bzw. Vorstände unter Umständen persönlich[81];
- IT-Compliance wird zunehmen wettbewerbsrelevant. Ohne ein nachgewiesenes IT-CMS könnten Firmen davon absehen, mit dem Unternehmen zusammenzuarbeiten.

Praxistipp:
Es gibt zahlreiche Standards, die auf die direkte Verbesserung eines IT-CMS im Unternehmen abzielen (z. B. IDW PS 980, DIN ISO 37301) und damit den Unternehmen Leitfäden geben, wie ein CMS auch hinsichtlich der IT im Unternehmen etabliert und bestehende IT-CMS verbessert werden können. Bei der Ausgestaltung des IT-CMS sollte sich das Unternehmen am unternehmensweiten CMS orientieren.

4.2.4 Kein ausgeprägtes IT-Risikomanagement

Die Thematiken der Risikovorsorge und das damit einhergehende Risikomanagement im Unternehmen sind fest im Gesetz verankert. Durch unterschiedliche Anforderungen sind insbesondere Geschäftsführer dazu angehalten, Risiken im Unternehmen zu beobachten, um Fehl-

---

[81] Siehe LG München I, Urt. v. 10.12.2013 (Az. 5 HKO 1387/10)

entwicklungen aufgrund vorhandener Risiken frühzeitig zu erkennen (Sorgfaltspflicht, siehe Kapitel 3.4.1).[82] Die Anforderung an ein Risikomanagementsystem wird auch durch das HGB gefordert und muss durch den Abschlussprüfer überprüft werden[83]. Ein Aspekt eines Risikomanagementsystems stellt dabei der Umgang mit IT-Risiken dar. Nach ISA 315 Tz. 15-17 führt „[d]er Abschlussprüfer hat ein Verständnis davon zu erlangen, ob die Einheit über einen Prozess verfügt zur (a) Identifizierung von Geschäftsrisiken, die für die Rechnungslegungsziele relevant sind, (b) Einschätzung der Bedeutsamkeit dieser Risiken, (c) Beurteilung ihrer Eintrittswahrscheinlichkeit und (d) Entscheidung über Maßnahmen, um diesen Risiken zu begegnen. (Vgl. Tz. A88)"[84]

In der Praxis gibt es häufig folgende **Probleme** bzgl. des IT-Risikomanagements:

- Es existiert kein strukturiertes Vorgehen, wie mit IT-Risiken umgegangen wird (Risikomanagement lediglich in Form der „Brandbekämpfung"). Ein Risikomanagementverfahren allgemein und speziell für die IT liegt nicht vor.
- Es erfolgt keine umfangreiche Identifikation von IT-Risiken bzw. nur nach öffentlich zugänglichen Vorgaben, aber nicht nach den Bedürfnissen des Unternehmens.
- Die Daten-/Informationsgrundlage für das Risikomanagement ist ungenügend, weil keine angemessene Analyse der IT-Risiken vorgenommen wird.
- Es wird keine Bewertung und Priorisierung der IT-Risiken für das Unternehmen vorgenommen.
- Nach einer Aufnahme der IT-Risiken werden diese durch den IT-Bereich nicht weiter überwacht und gesteuert. Ggf. wird die Verantwortung für die IT-Risiken übertragen (bspw. an die Geschäftsleitung oder an den Dienstleister).
- Die Maßnahmen zur IT-Risikobehandlung sind nicht angemessen, um die IT-Risiken zu managen (fehlende Kontroll-, Überwachungs- und Informationssysteme).
- Es erfolgt keine Übertragung von IT-Risiken an das übergeordnete Risikomanagement im Unternehmen. Die Geschäftsleitung erfährt dem-

---

[82] Vgl. auch KonTraG, § 289 Abs. 1 HGB
[83] Vgl. IDW PS 340 n. F., PS 981/ COSO II sowie DRS 20
[84] ISA 315, Tz. 15

zufolge nie von vorhandenen IT-Risiken – selbst dann nicht, wenn diese gravierend sind.
- Es liegt ein allgemein mangelndes Risikobewusstsein zentraler Verantwortlicher im Unternehmen bzgl. IT-Risiken vor.

Hinweis:
Im Mittelstand fehlt oft in anderen (Fach-)Unternehmensbereichen abseits der IT das Bewusstsein und die Akzeptanz für die Bedeutung von IT-Risiken. Spezifische Risiken sind meistens im IT-Bereich bekannt, aber man setzt sich aus unterschiedlichen Gründen mit diesen nicht intensiv auseinander (mangelndes Budget, Zeit etc.). Es existiert oft kein einheitliches Vorgehen, um diese zu identifizieren, zu bewerten und ihnen mit geeigneten Maßnahmen entgegenzutreten. Oft fehlen auch im übergeordneten Risikocontrolling des Unternehmens die IT-Risiken als beeinflussende Komponente für andere Unternehmensbereiche und für die Geschäftsfortführung.

Ein unangemessen ausgeprägtes IT-Risikomanagement führt in der Praxis meist zu folgenden **Risiken**:

- für das Unternehmen wichtige IT-Risiken werden nicht identifiziert und gefährden das Unternehmen,
- fehlende Effizienz in der Bearbeitung von IT-Risiken und damit einhergehende hohe Kosten,
- die fehlende Sorgfaltspflicht der Geschäftsleitung bringt diese ggf. auch in Haftungsrisiken,
- mögliche Schadensersatzforderungen und Strafen können gegen das Unternehmen gestellt werden,
- dies kann auch dazu führen, dass eine Gefährdung der Unternehmensfortführung bei der Nichtbeachtung und Behandlung gravierender IT-Risiken vorliegt (nicht nur aus wirtschaftlicher Sicht, sondern auch, aufgrund von Imageschaden durch die fehlende Risikobetrachtung).

Beispiel
Fehlende Risikovorsorge im Unternehmen

Ein Unternehmen hat mit Hilfe seines langjährigen IT-Leiters eine selbstentwickelte ERP-Lösung eingeführt. Der IT-Leiter, als ehemaliger Programmierer, ist der Einzige, der sich mit dem System vollumfänglich auskennt, Details zu Konfiguration und Betrieb kennt und wenn nötig, das System auch selbst wiederherstellen und weiterentwickeln kann. Weitere Personen mit einer entsprechenden IT-Affinität sind im Unternehmen nicht vorhanden.

Wiederholt stellt sich bei den Mitarbeitern die Frage, was passiert, wenn der IT-Leiter überraschend erkrankt oder das Unternehmen verlässt. Nachdem es im Unternehmen kein systematisches IT-Risikomanagement gibt, wird dieses Top-IT-Risiko nicht entsprechend an die Geschäftsleitung berichtet und dazugehörige Maßnahmen ergriffen.

Bei einem Sportunfall verletzt sich der IT-Leiter schwer und fällt für mehrere Monate aus. Wenige Tage nach seinem Ausfall liefert das ERP-System erste widersprüchliche Daten. Die Übernahme der Betreuung des ERP-Systems durch Kollegen ist mangels Know-how nicht möglich. Angebote mehrerer externer IT-Dienstleister zum Re-Engineering der Anwendung bzw. die vorübergehende IT-Betriebsübernahme übersteigen das Budget des Unternehmens. Die Geschäftsfortführung ist massiv gefährdet.

Die Unternehmensleitung muss sich hier den Vorwurf gefallen lassen, sie hätte die Risiken, die sich aus der deutlichen Abhängigkeit von einer einzigen Person als IT-Leiter ergeben, zumindest erkennen können. Soweit sie dennoch keine geeigneten Maßnahmen getroffen hat, um das Unternehmen vor solchen Risiken zu schützen, begibt sie sich in das nicht unerhebliche Risiko, für hieraus kausal entstandene Schäden aufkommen zu müssen. Das Schadensrisiko kann weitreichend sein. So können etwa die Kosten zum Re-Engineering bzw. zur sonstigen Wiederherstellung der Anwendung erstattungsfähig sein, ferner etwaige Umsatzeinbußen, vergebliche Betriebskosten sowie mögliche Verzugs- und sonstige Schadensersatzansprüche von Kunden und Geschäftspartnern auf Grund des Betriebsausfalls.

Das Fehlen einer IT-Risikobeurteilung durch Unternehmen führt dazu, dass der Wirtschaftsprüfer in seiner Rolle als Abschlussprüfer einen deutlich erschwerten Ausgangspunkt für die Risikobeurteilung im Rahmen der risikoorientierten Prüfungsplanung hat. Es ergibt sich ein erhöhter Aufwand für den Wirtschaftsprüfer, der sich ein geeignetes Bild über die IT-Risiken im Unternehmen verschaffen muss. Er sollte auf dieser Grundlage selbst eine vollständige eigene Risikobetrachtung der IT vornehmen. Zudem stellt das Fehlen eines (IT-)Risikomanagements im Unternehmen ein erhebliches Risiko dar, da Veränderungen und Löschungen von – aus Wirtschaftsprüfersicht relevanten – Daten durch eine Vielzahl an potenziellen IT-Risiken erfolgen können, ohne dass sie im Unternehmen angemessene Betrachtung finden und Maßnahmen implementiert werden.

Praxistipp:
IT-Risiken und das zugehörige IT-Risikomanagement sind nicht nur Teile der Prüfung und finden in diesem Rahmen Beachtung, sie sind vielmehr ein wichtiger Teil der Unternehmensführung und -steuerung jedes Unternehmens und stellen daher einen wichtigen Aspekt auch für den Mandanten dar.

Daher sollte der Wirtschaftsprüfer, in der Rolle als Abschlussprüfer das IT-Risikomanagement in Zusammenhang mit dem übergeordneten Risikomanagement einsehen. Wichtig ist hierbei, bis auf die Ebene der IT-Risiken nachzuvollziehen, ob diese angemessen identifiziert, bewertet und entsprechende Maßnahmen definiert wurden. Häufig finden sich hier schon Abweichungen, die entsprechend an den Mandanten adressiert werden müssen.

Eine umfassend ausformulierte Darstellung aller Risiken in der IT ist oft in mittelständischen Unternehmen nicht oder nur eingeschränkt vorhanden. Es bieten sich folgende Prüfungshandlungen an:

– Der Wirtschaftsprüfer sollte sich intensiv mit den übergeordneten Risikodokumenten und ggf. Risikoprotokollen auseinander setzen, falls keine spezifische IT-Risikomanagement-Dokumentation vorhanden ist.
– Zudem empfiehlt es sich, Gespräche mit den Mitarbeitern und Verantwortlichen der IT vorzunehmen, um ggf. Maßnahmen zur Risikominimierung zu identifizieren, um diese im nächsten Schritt bewerten zu können.

– Häufig findet man auch Risikoanalysen und Maßnahmenpläne zur Verringerung der IT-Risiken im Rahmen von regelmäßigen Meetings zwischen der Geschäftsleitung und der IT-Abteilung; die Protokolle dieser Meetings können in die Betrachtung einbezogen werden.

Nach § 317 Abs. 2 HGB und § 321 Abs. 1 HGB ist der Wirtschaftsprüfer angehalten eine Überprüfung der Darstellung der Risiken der zukünftigen Unternehmensentwicklung und die Risiken der künftigen Entwicklung im Lagebericht auf ihre Plausibilität hin zu überprüfen. Den Bezug zur IT sollte der Wirtschaftsprüfer bei dieser Betrachtung beachten. Gemäß § 321 Abs. 4 HGB ist dies Teil des Prüfungsberichts des Wirtschaftsprüfers. Der Wirtschaftsprüfer sollte dabei unbedingt die IT-Risiken mit einbeziehen.

Es gibt keinen national oder international verbindlichen Standard für das IT-Risikomanagement. Zur Einführung eines IT-Risikomanagements bietet es sich für Unternehmen trotzdem an, auf zahlreiche Standards zurückzugreifen, die auf die direkte Verbesserung des Risikomanagements im Unternehmen abzielen (z. B. BSI-Standard 100-2, ISO/IEC 31000, ISO/IEC 27001, COSO, ERM) und damit den Unternehmen Leitfäden geben, wie Risikomanagement auch hinsichtlich der IT im Unternehmen etabliert und bestehende Risikomanagementsysteme verbessert werden können.

4.2.5 Fehlende organisatorische Verortung von IT-Aufgaben

„Die Anforderungen an die Ausgestaltung der IT-Organisation betreffen die Aufbau- und Ablauforganisation. Die Aufbauorganisation regelt die Einordnung des IT-Bereichs in die Organisationsstruktur des Gesamtunternehmens und den Aufbau des IT-Bereichs selbst. Geregelt werden die Verantwortlichkeiten und Kompetenzen im Zusammenhang mit dem IT-Einsatz."[85] Die Ablauforganisation regelt die Abläufe der IT-Leistungserstellung im Unternehmen. Dabei geht es in der Regel nicht lediglich um die Etablierung einer Fachabteilung für IT-Compliance oder die Einstellung eines IT-Compliance-Managers, sondern um eine umfangreiche Zusammenarbeit, die über unterschiedliche hierarchische Ebenen von der Unternehmensleitung bis auf die operative Ebene reicht.

---

[85] IDW RS FAIT 1, Tz. 78

Im Rahmen der Ablauforganisation sind unter anderem auch Archivierungsprozesse im Hinblick auf archivierungspflichtige und archivierte Daten und Dokumente zu regeln. Archivierungsprozesse sind hierbei in Einklang mit den bestehenden handels- und steuerrechtlichen Aufbewahrungsfristen (AO, HGB) sowie etwa den datenschutzrechtlichen Grundsätzen von Erforderlichkeit, Speicherbegrenzung und Datenminimierung (vgl. Art. 5 Abs. 1 DS-GVO) zu bringen. Ferner gilt es gleichermaßen handels- und datenschutzrechtliche Sicherheitsvorschriften hinreichend zu berücksichtigen.

In mittelständischen Unternehmen wird die Aufbauorganisation mit den zugehörigen organisatorischen Artefakten, wie Organigramm, Stellenbeschreibungen, Vertretungsregelungen oder Einweisungen/Schulungen nicht immer für wichtig erachtet, der Mehrwert diesbezüglich nicht immer gesehen. Im Folgenden soll hierauf näher eingegangen werden.

Das **Organigramm** zeigt die interne Struktur eines Unternehmens. Es stellt die aktuelle Aufbauorganisation des Unternehmens dar, und zeigt, welche Rolle bestimmte Abteilungen und Personen in einem Unternehmen spielen und wie die übergeordneten Kommunikationswege ablaufen. Wo die IT-Compliance im Unternehmen aufbauorganisatorisch eingebunden ist bzw. werden soll, richtet sich primär nach der Frage, wie die Corporate Compliance im Unternehmen strukturiert ist.

Im Mittelstand treten häufig folgende **Probleme** hinsichtlich des Organigramms auf:

- Das Organigramm stellt nur eine Formalität, ohne weiteren Wert für das Unternehmen oder für die IT-Abteilung dar und verortet keine Aufgaben.
- Bei Veränderungen erfolgen keine oder nur eine verspätete Anpassung des Organigramms und die Auswirkungen der Änderung werden nicht kommuniziert.

Beispiel
Umstrukturierung auf Basis veralteter Organigramme

Eine Umstrukturierung steht bei einem mittelständischen Unternehmen an, nachdem es durch einen Konkurrenten gekauft wurde. Mittels Teilverkäufen und Auslagerungen sollen weitere Kosten gespart werden. Es sollen Unternehmensbereiche verkauft und ausgewählte

IT-Dienstleistungen stattdessen eingekauft werden. Die Umstrukturierung erfolgt mit Unterstützung einer Unternehmensberatung und auf Basis der aktuell vorliegenden Organigramme.

Schon während der Umstrukturierung gibt es deutliche Kritik der Mitarbeiter, dass der neue Schnitt der IT-Leistungserstellung innerhalb des Unternehmens nicht funktionieren kann. Diese Kritik wird vom Management jedoch nicht ernst genommen und die Umstrukturierung unter hohem Zeit- und Erfolgsdruck fortgesetzt. Bereits nach wenigen Monaten wird deutlich, dass das vielversprechende Kostensparprogramm durch die IT-Auslagerungen sein Ziel verfehlt hat. Hinzu kommen Kündigungen zahlreicher Mitarbeiter aufgrund der stetig zunehmenden Unzufriedenheit im Unternehmen.

Nach Überprüfung fällt auf, dass die umfangreiche Umstrukturierung auf Basis nicht aktuell gehaltener Organigramme erfolgte und diese nicht mehr der tatsächlich gelebten Organisation innerhalb des Unternehmens entsprach.

Die **Vertretungsregelungen** dienen dazu, dass in Fällen von Urlaub, Krankheit oder sonstigen längeren Abwesenheitszeiten der Mitarbeiter durch geeignete Kollegen ein adäquater Ersatz zur Bearbeitung der Tätigkeiten vorhanden ist.

Folgende **Probleme** können hinsichtlich der Vertretungsregelungen auftreten:

- Es liegen keine klaren Vertretungsregelungen vor, bzw. diese werden bei Abwesenheitszeiten immer ad-hoc verändert.
- Es ist möglich, Vertreter zu ernennen, die zum angegebenen Zeitpunkt ebenfalls nicht anwesend sind.
- Selten wird zudem das Ausmaß der Verantwortungen der Vertreter klar beschrieben und festgelegt.
- Im Mittelstand ist es häufig nicht bewusst, dass die Vertretungsregelungen und der Vertretungsplan an verschiedenen anderen Plänen und Kontrollhandlungen hängt, die beachtet werden müssen (bspw. Notfallplan, Change Management, Störungsmanagement, Lieferantenmanagement etc.).

> **Beispiel**
>
> **Wenn der Vertreter im Urlaub ist – Einfluss von Vertretungsplan auf Notfallplan**
>
> Ein Onlinehändler hat zusammen mit seinem IT-Dienstleister ein umfassendes Notfallkonzept erarbeitet, welches von verschiedensten Szenarien ausgeht und die jeweils vorzunehmenden Maßnahmen der Mitarbeiter beschreibt. Zudem wurden Key-User in das Konzept eingearbeitet, die im Notfall die IT-Infrastruktur wieder aufbauen können. Ein Test des Notfallmanagements wird regelmäßig mit den Key-Usern überprüft.
>
> Es läuft das Weihnachtsgeschäft, die Zeit des Jahres, in der das Unternehmen den höchsten Gewinn erwirtschaftet. Genau jetzt kommt es zu einem Notfall im Unternehmen, der Webshop wurde Opfer eines Hackerangriffs und ist nun nicht mehr für die Kunden erreichbar. Für das Notfallkonzept zum Webshop wurden zwei Personen benannt, die sich sehr gut mit dem System auskennen. Neben diesen gibt es noch weitere Webshop-Nutzer, jedoch keinen mit der Know-how-Tiefe, auch für die Bearbeitung im Notfall.
>
> Beide Mitarbeiter sind zum Zeitpunkt des Notfalls nicht erreichbar, da sie sich im Urlaub befinden. Es gibt keinen ausreichenden Vertretungsplan, um auch den Notfall angemessen abdecken zu können. Das Unternehmen ruft seine Mitarbeiter aus dem Urlaub zurück und engagiert für die Zwischenzeit einen zusätzlichen IT-Dienstleister, der das Problem beheben soll. Die Kunden können für 24 Stunden nicht auf den Webshop zugreifen, der erwartete Umsatz für das Weihnachtsgeschäft konnte nicht erreicht werden. Einer der Mitarbeiter, der seinen Urlaub aufgrund des Notfalls abbrechen musste, hat kurze Zeit später das Unternehmen aus Frust verlassen.

Die **Stellenbeschreibungen** (Arbeitsplatzbeschreibung) sind Übersichten über die Rechte und Pflichten eines Mitarbeiters im Unternehmen. In einer Prüfung werden normalerweise Stellenbeschreibungen als Basiselement des IKS gefordert. Nach § 2 Abs. 1 S. 2 Nr. 5 NachwG hat der Arbeitgeber die Pflicht, in einer Stellenbeschreibung die seitens des Arbeitnehmers zu leistende Tätigkeit zusammenzustellen und kurz zu beschreiben.

Eine Stellenbeschreibung kann wie folgt charakterisiert werden:

- Aufgaben und Verantwortlichkeiten des Stelleninhabers (bei Führungskräften inkl. rechtlicher Pflichten),
- Kompetenzen, die der Stelleninhaber mitbringen muss,
- organisatorische Einbindung im Unternehmen mit Vorgesetzten und Führungsverantwortung,
- ggf. weitere Teile der Zielvereinbarung.

Häufig ist die Stellenbeschreibung Teil des Arbeitsvertrags, zum Teil wird sie auch als Ergänzung dem Arbeitsvertrag beigelegt.

In mittelständischen Unternehmen trifft man häufig auf folgende **Probleme** hinsichtlich der Stellenbeschreibungen:

- Oftmals liegen überhaupt keine schriftlichen Stellenbeschreibungen vor.
- Falls doch, wurden diese seit der Einstellung des Mitarbeiters nicht mehr geprüft oder angepasst.
- Die Aufgaben der Stellenbeschreibung sind nur schwerlich nachvollziehbar bzw. viel zu generisch gehalten.
- Insbesondere bei Stellenbeschreibungen eines IT-Compliance-Managers finden sich fast beliebige Kombinationen aus Officer/Manager sowie IT-Compliance mit IT-Sicherheit, IT-Governance oder IT-Risiko-Management.

Praxistipp:
Bei der Gestaltung von Stellenbeschreibungen für die Stelle eines IT-Compliance-Managers sollten die Aufgabenbereiche klar und differenziert geschildert werden. In erster Linie liegt die Kernaufgabe augenscheinlich in der Sicherstellung von IT-Compliance, die in der Regel strategische und operative Aufgaben umfasst. Darüber hinaus sollten allerdings auch Aufgabenkomplexe wie IT-Prozessmanagement, IT-Qualitätsmanagement, Reporting und Audits in die Stellenbeschreibung aufgenommen werden. Es sollte außerdem klar kommuniziert werden, ob es sich um eine Fachposition oder eine Leitungsposition handelt.

„Voraussetzungen für ein geeignetes IT-Umfeld sind eine angemessene Grundeinstellung zum Einsatz von IT und ein Problembewusstsein für mögliche Risiken aus dem IT-Einsatz bei den gesetzlichen Vertretern und den Mitarbeitern. Zu einem geeigneten IT-Umfeld gehört auch das Bewusstsein für Sicherheit in der Unternehmensorganisation. Dieses ist zugleich eine wesentliche Bedingung für die angemessene Umsetzung des Sicherheitskonzepts."[86] Um dies für Mitarbeiter und Führungskräfte zu gewährleisten sind regelmäßige **Schulungen** sinnvoll. Die Mitarbeiter können so lernen, alle Regelungen des Unternehmens und externe Anforderungen zu kennen und einzusetzen.

Häufig treten folgende **Probleme** auf:

- Die Mitarbeiter werden nicht angemessen hinsichtlich des Einsatzes von IT und dem Problembewusstsein der Risiken beim Einsatz von IT geschult.
- Die Mitarbeiter dürfen oder können keine Schulungen durchführen (aufgrund bspw. Kostengründen oder hoher Arbeitsbelastung).

Aus den beschriebenen **fehlenden organisatorischen Regelungen (Organigramm, Stellenbeschreibung, Schulung)** können folgende **Risiken** für die Unternehmen entstehen:

- Durch fehlende oder falsche Organigramme haben es besonders Dritte schwer, zu verstehen, wer welche Verantwortlichkeit inne hat; dadurch können Fehlentscheidungen getroffen werden (falsche Verortung von Aufgaben oder, Fehlentscheidungen für geschäftskritische Entwicklungen).
- Es können negative Auswirkungen auf Aufgabenverortung bzgl. Notfallplanung etc. entstehen.
- Bei einer fehlenden oder unvollständigen Stellenbeschreibung besteht das Risiko, dass der Mitarbeiter nicht den Tätigkeiten nachkommt, die er eigentlich in seiner Stelle durchführen sollte, dass er Kompetenzen überschreitet und Pflichten verletzt und somit den Betrieb und die Verfügbarkeit gefährdet. Weiterhin kann der Mitarbeiter in der Ausübung seiner Tätigkeiten schwerlich bemessen werden, da keine grundlegenden Anforderungen mittels einer Stellenbeschreibung an ihn gestellt wurden.

---

[86] IDW RS FAIT 1, Tz. 77

- Die Mitarbeiter führen Tätigkeiten durch, die sie laut Stellenbeschreibung durchführen sollen, nur nicht im sicherheitstechnischen Umfang nachvollziehen können (fehlende Schulung), daher gehen sie ggf. weitere Risiken für das Unternehmen ein.
- Arbeiten werden ggf. mehrfach durchgeführt bzw. es kommt zu Reibungsverlusten an Schnittstellen zwischen Unternehmensbereichen.
- Die Mitarbeiterunzufriedenheit bzw. -fluktuation kann sich aufgrund unsauber verorteter Aufgaben erhöhen.

Praxistipp:
Eine fehlende organisatorische Verortung von IT-Aufgaben kann den Betrieb und die Verfügbarkeit eines Unternehmens gefährden. Auch allgemeine Informationen, wie Organigramm, Vertretungsregelungen und Stellenbeschreibungen sowie Schulungen, sollten durch den Wirtschaftsprüfer geprüft werden, um festzustellen, wie das Unternehmen strukturiert und ob es angemessen aufgestellt ist[87].

Mögliche Prüfungshandlungen:

- Einsichtnahme in das Unternehmens- und IT-Organigramm und Abgleich dessen mit den aktuellen Aufgabengebieten zentraler Mitarbeiter,
- Einsichtnahme in den Vertretungsplan und Absprache mit den zentralen Mitarbeitern bezüglich Aktualität des Plans,
- Einsichtnahme in die Stellenbeschreibungen von allen Mitarbeitern, die Rechte und Pflichten innerhalb der IT haben und ggf. stichprobenartiger Abgleich für ausgewählte IT-Mitarbeiter,
- Einsichtnahme in Schulungskonzepte von Mitarbeitern allgemein und in der IT.

Wenn keine Dokumentation vorhanden ist, dann sollte mit den Führungskräften und zentralen IT-Mitarbeitern abgestimmt werden, ob organisatorische Regelungen getroffen wurden und ob Risiken daraus entstehen könnten. Eine klare Empfehlung zur zeitnahen Nachdokumentation sollte gegeben werden.

---

[87] IDW RS FAIT 1, Tz. 78

4.2.6 Fehlende Kontrolle über Auslagerungen[88]

Um den Anforderungen der Digitalisierung gerecht zu werden, nutzen auch immer mehr mittelständische Unternehmen die Möglichkeit, Teile der betrieblichen Prozesse und Funktionen auf externe Dienstleister auszulagern. „IT-Outsourcing kann sich [dabei] von der Datenerfassung und -speicherung bis zur vollständigen Verarbeitung von Transaktionen und damit der Abwicklung komplexer Geschäftsprozesse [oder der gesamten IT] erstrecken"[89]. „Wenn die gesetzlichen Vertreter eines Unternehmens die Entscheidung treffen, betriebliche Prozesse und Funktionen entweder auf ein Dienstleistungsunternehmen oder zurück in das eigene Unternehmen zu verlagern, müssen sie die hieraus entstehenden Risiken und damit verbundenen Auswirkungen auf das interne Kontrollsystem des Unternehmens beachten"[90]. „Mit der Auslagerung von betrieblichen Prozessen und Funktionen im Rahmen des IT-Outsourcings ergibt sich damit die Notwendigkeit, dass die in IDW RS FAIT 1 formulierten Sicherheits- und Ordnungsmäßigkeitsanforderungen auch im Zusammenspiel mit den Dienstleistungsunternehmen – einschließlich eventueller Subdienstleistungsunternehmen – zu erfüllen sind. Dies betrifft die gesamte Nutzungsphase, einschließlich der Beendigung der Dienstleistung".[91]

„Voraussetzung für eine ordnungsgemäße organisatorische Verzahnung der ausgelagerten Prozesse und Funktionen mit den Geschäftsprozessen des auslagernden Unternehmens und damit eine den Anforderungen an Sicherheit und Ordnungsmäßigkeit entsprechende Inanspruchnahme des IT-Outsourcings ist, dass auf Grundlage der strategischen Vorgaben der gesetzlichen Vertreter sowohl das Risikomanagement als auch die Aufbau- und die Ablauforganisation an die Notwendigkeiten des Dienstleistermanagement angepasst werden. Die Regelungen in der Ablauforganisation sind so auszugestalten, dass über alle Phasen des IT-Outsourcings die Zusammenarbeit mit dem Dienstleistungsunternehmen geplant, gesteuert und überwacht wird."[92]

---

[88] Für eine intensive Auseinandersetzung mit der Thematik des Outsourcings und deren Einflüsse auf die Jahresabschlussprüfung verweisen wir auf: Tritschler/Lamm (2018): Jahresabschlussprüfung bei Outsourcing und Cloud-Computing
[89] IDW RS FAIT 1, Tz. 113
[90] IDW RS FAIT 1, Tz. 114
[91] IDW RS FAIT 5, Tz. 20
[92] IDW RS FAIT 5, Tz. 68

Im Zusammenhang mit IT-Outsourcing-Projekten bestehen eine Vielzahl von Anforderungen, die sich aus gesetzlichen Regelungen, Richtlinien und relevanten Standards ergeben. Die Anforderungen betreffen auch die Verantwortung der Geschäftsführung eines Unternehmens in Bezug auf Handlungs- und Haftungsverpflichtungen für ausgelagerte Prozesse. Werden bestimmte Aufgaben oder Geschäftsprozesse an ein Dienstleistungs-Unternehmen ausgelagert, so verbleibt die Verantwortung für deren ordnungsgemäße, sichere und gesetzeskonforme Abwicklung bei der Geschäftsführung des Auftraggebers.

Hinweis:
Es ist zu betonen, dass IT-Outsourcing nicht direkt eine Option zur Verlagerung von Verantwortlichkeiten auf Dritte und damit automatisch die Minimierung des Gesamtrisikos für ein Unternehmen darstellt. Trotzdem kann IT-Outsourcing erheblich dazu beitragen, die Komplexität der Risikokontrolle zu reduzieren.

Die Grundlage für die Auslagerung bei einem Unternehmen ist dabei die vertragliche Ausgestaltung mit dem Dienstleistungsunternehmen und die Kontrolle dieser vertraglich ausgehandelten Tätigkeiten.

Für den Wirtschaftsprüfer stellt der **ISA 315** einen Leitfaden zur Abschlussprüfung bei Einsatz von Informationstechnologie dar. Es muss durch den Wirtschaftsprüfer risikobasiert beurteilt werden, wie sich eine ausgelagerte IT-Komponente auf das interne Kontrollsystem des Unternehmens auswirkt.

Beispiel
Auslagerungsbeispiele:

- Rechenzentrumsbetrieb,
- IT Help Desk/Support,
- Cloud Computing Lösungen,
- Business Process Outcourcing (Buchhaltungsprozesse, Rechnungsprüfungsprozess etc.),
- Datensicherungen und Archivierung.

Die **vertragliche Vereinbarung** zwischen dem mittelständischen Unternehmen und dem Dienstleister bildet immer die Grundlage für eine Auslagerung. Hier werden die Details der Auslagerungsbeziehung und die gegenseitigen Rechte und Pflichten definiert. Mit der Auslagerung muss an sich gewährleistet werden, dass die dem eigenen Unternehmen obliegenden Pflichten hinreichend auch über den beauftragten Dienstleister eingehalten werden. Eigene Pflichten, die auf die IT-Compliance abzielen, müssen also auch nach Auslagerung im Verhältnis zwischen Unternehmen und Dienstleister rechtlich/vertraglich abgesichert sein. Maßgeblich ist hierbei, dass die Verantwortung für den ordnungsgemäßen Betrieb der ausgelagerten Prozesse und Funktionen gleichwohl natürlich bei der Leitung des auslagernden Unternehmens verbleibt. Wichtig sind daher Regelungen, die hinreichend Kontroll- und Weisungsmechanismen für das auslagernde Unternehmen gewährleisten, damit Gefahren auch frühzeitig erkannt und verhindert bzw. minimiert werden können.

Besonders deutlich wird dies, sofern personenbezogene Daten auftragsgemäß vom Dienstleister verarbeitet werden. Hier greifen spezielle datenschutzrechtliche Bestimmungen im Hinblick auf die Ausgestaltung des Vertragsverhältnisses. In diesen Fällen muss insbesondere eine Auftragsverarbeitungsvereinbarung (AVV) nach Art. 28. Abs. 3 DS-GVO in schriftlicher oder elektronischer Form abgeschlossen werden. So müssen hiernach auch technische und organisatorische Sicherheitsmaßnahmen zum Datenschutz geprüft werden.

> **Hinweis:**
> Wichtige Inhalte eines Auslagerungsvertrags:
>
> – Spezifizierung und Abgrenzung der zu erbringenden Leistungen des Dienstleisters,
> – Festlegung angemessener Informations-, Prüfungs- und Kontrollrechte,
> – Sicherstellung der uneingeschränkten Informations- und Prüfungsrechte,
> – Regelungen für die Einhaltung von nationalen bzw. internationalen Gesetzen, Regularien und ggf. auch immer Vorgaben des auslagernden Unternehmens,
> – Sicherheitsanforderungen,
> – Regelungen über Weiterverlagerung,

- Datenverarbeitung, -änderungen, -löschungen und Informationspflichten durch den Dienstleister,
- Regelungen zu Schnittstellen,
- Kündigungsvereinbarungen für beide Seiten.

Folgende **Probleme** treten bei der vertraglichen Ausgestaltung häufig in der Praxis auf:

- Oft fehlt im Mittelstand das rechtliche Know-how betreffend Auslagerungsverträge.
- Häufig findet man Dienstleistungsverhältnisse, die nicht ausreichend vertraglich ausgehandelt wurden bzw. welche lediglich auftragsbezogen abgehandelt werden.
- Verträge werden erst nach Beginn der Auslagerung erstellt, was die Position des auslagernden Unternehmens massiv schwächen kann.
- Dienstleister werden immer wieder auch nur nach Kostengesichtspunkten ausgewählt, ohne dabei die Qualität auch hinsichtlich der Nachweispflicht von Kontrollen erbringen zu müssen.
- Nicht schriftlich festgehaltene Vertragsänderungen sind nicht unüblich.

Beispiel

Ohne Vertrag zur Selbstbeauftragung

Seit Einführung eines neuen Warenwirtschaftssystems vor mehreren Jahren ist immer noch ein Mitarbeiter des IT-Dienstleisters im Unternehmen und unterstützt bei der täglichen Arbeit. Bezahlt wird er weiterhin auf Grundlage des damals ausgefertigten Vertrags, der jedoch nicht den aktuellen Gegebenheiten entspricht. Die damalige vertragsgegenständliche Tätigkeit (Beschreibung der Tätigkeiten als Berater) weicht erheblich von den heutigen tatsächlichen Aufgaben ab.

Mangelnde Überwachung der Tätigkeiten und eine fehlende vertragliche Fixierung dieser führten dazu, dass der IT-Berater mittlerweile in großem Umfang Komplexität in die Systeme einbauen konnte und so eine „Selbstbeauftragung" herbeiführen konnte. Eine Beendigung des Dienstleistungsverhältnisses war nur unter Aufbringung weiterer erheblicher Kosten möglich.

„Entscheidend für die Einrichtung eines wirksamen internen Kontrollsystems ist ein geeignetes **Kontrollumfeld** und damit das Bewusstsein der gesetzlichen Vertreter sowie der betroffenen Mitarbeiter über die potenziellen Unternehmensrisiken des IT-Outsourcings"[93]. Im Zentrum stehen dabei die Verfügbarkeit und die Qualität der Dienstleistung für das auslagernde Unternehmen. Daher sollte das Unternehmen geeignete Maßnahmen bereits vertraglich im Vorfeld fixiert haben, um den Dienstleister später angemessen überwachen zu können. Hierbei bieten sich Serviceberichte, regelmäßige Meetings und Prüfungsvereinbarungen an.

In der Praxis treten meistens folgende **Probleme** bei der Kontrolle von Dienstleistern auf:

- Im Mittelstand trifft man häufig auf Dienstleister, die teilweise oder ganz die IT des Unternehmens stellen. Hierbei ist es aber wichtig, dass der Gesamtüberblick über die ausgelagerten Prozesse und Aktivitäten nicht verloren gehen, da eine Auslagerung oft auch mit erheblichen Risiken verbunden sein kann. Es besteht immer wieder der Fall, dass besonders mittelständische Unternehmen davon ausgehen, dass alles was ausgelagert wurde und mit dem Dienstleister vertraglich geregelt wurde, nun im alleinigen Verantwortungsbereich des Dienstleisters liegt. Dies trifft jedoch nicht vollständig zu. Der Geschäftsführer des mittelständischen Unternehmens bleibt weiterhin zentral verantwortlich, auch für die ausgelagerten Prozesse und Aktivitäten[94].
- Es wurden keine vertraglichen Kontroll- und Prüfungsmöglichkeiten vereinbart. Oft fehlen Rollen und Verantwortlichkeiten für die Durchführung der Kontrolle.
- Vertraglich vereinbarte Kontroll- und Prüfungsmöglichkeiten werden durch das auslagernde Unternehmen nicht wahrgenommen (wie bspw. Prüfungsmöglichkeiten) bzw. umfassen nicht die vom Dienstleister vorgenommenen Tätigkeiten.
- Durch den Dienstleister werden nicht alle vertraglich vereinbarten Nachweise übermittelt, auch nach mehrfacher Rücksprache bis hin zu Vertragsbrüchen.
- Der Dienstleister nimmt nicht die Tätigkeiten vor, die er gemäß Vertrag vornehmen muss.

---

[93] IDW RS FAIT 5, Tz. 62
[94] Vgl. GoBD, IT-Grundschutz (BSI) und IDW RS FAIT 1

Beispiel
Fehlende Überwachung des Dienstleisters

Ein Unternehmen hat seine gesamte IT an einen Dienstleister ausgelagert. In der Vertragsvereinbarung sind auch sämtliche SLA-Reportings und Nachweise zur Überprüfungen nach IDW PS 951 n. F. („Die Prüfung des internen Kontrollsystems bei Dienstleistungsunternehmen") enthalten. Die rechnungslegungsrelevanten Daten des Unternehmens lagern bei dem Dienstleister. Eine Bestimmung über die Rückverlagerung der Daten bei Insolvenz oder anderweitiger Geschäftsaufgabe des Dienstleisters wurden nicht vereinbart. Aufgrund der scheinbaren Klarheit der Vertragsausgestaltung und der eindeutigen Beauftragung des Dienstleisters wiegt sich das auslagernde Unternehmen in Sicherheit und hält eine Überwachung des IT-Dienstleisters nicht für nötig. Nach erfolgreicher Anlaufphase verzichten IT-Mitarbeiter und Management auf die Einsichtnahme in operative Betriebsnachweise (bspw. Datensicherung) sowie Managementreports. Die Auslagerung läuft aus Sicht des Unternehmens gut, jede weitere Kontrolle kostet nur unnötig Zeit.

Nach mehreren Monaten kommt es für das Unternehmen zu einem völlig unerwarteten Ausfall des IT-Betriebs. Im Rahmen einer durch eine Wirtschaftsprüfungsgesellschaft durchgeführten Forensik-Analyse wird festgestellt, dass die dem Unternehmen regelmäßig bereitgestellten IT-Betriebsnachweise, schwere Fehler im Betrieb aufzeigen. Managementreports deuteten ebenfalls auf die Probleme und zwingenden Handlungsbedarf durch das Unternehmen hin, wurden jedoch durch das Unternehmen nicht ausgewertet. Mit der Unterstützung weiterer Dienstleister und damit einhergehender Mehrkosten können die Fehler schließlich behoben werden.

Zu Beginn des Folgejahres muss der Dienstleister seine Tätigkeiten unerwartet aufgeben, die Rückverlagerung der Daten zum Unternehmen ist nicht sichergestellt und wird durch den Dienstleister mangels vertraglicher Regelung auch nicht mehr unterstützt. Das auslagernde Unternehmen steht vor massiven Problemen.

Es ergeben sich folgende **Risiken** aus der unangemessenen oder fehlenden Vertragsgestaltung bzw. Kontrolltätigkeit im Auslagerungsverhältnis für Unternehmen[95]:

- IT-Sicherheitsrisiken (bspw. unberechtigte Zugriffe auf Unternehmensdaten, Manipulation und Löschen von Daten),
- Ordnungsmäßigkeitsrisiken (bspw. verspätete oder unvollständige Daten aus Teilverarbeitungsprozessen von Dienstleistern, Fehlen von relevanten Verfahrensdokumentationen),
- vertragliche Risiken (bspw. Auslieferungsstopps, Qualitätsabfall),
- steuerrechtliche Risiken (bspw. Aberkennen der Vorsteuerabzugs, Hinzuschätzungen),
- datenschutzrechtliche Risiken (bspw. Bußgelder aufgrund von DS-GVO-Verstößen),
- sonstige rechtliche Risiken (nach NIS2, TKG etc.).
- Entstehung eines Lock-In-Effektes, da aufgrund der Vielzahl an übernommenen Tätigkeiten, kein anderer Dienstleister mehr für die ausgelagerte Tätigkeit eingesetzt werden kann bzw. die Rückverlagerung zu komplex ist.
- Unbemerkte Subauslagerungen des Dienstleisters an weitere Dienstleister, die sicherheitskritische Tätigkeiten an den Daten vornehmen und so bspw. Manipulationen möglich sind.

Für den Wirtschaftsprüfer bedeutet die fehlende vertragliche Ausgestaltung bzw. die fehlenden Kontrollen des Dienstleisters, dass der Aufbau und die Wirksamkeit des IKS des Dienstleisters unbekannt sind und unklar ist, welchen Einfluss die Tätigkeiten des Dienstleisters auf das IKS des Unternehmens haben. Es ist zudem nicht nachvollziehbar in welchem Umfang die vertraglich festgelegten Arbeiten auch in der Realität umgesetzt werden (bspw. Verarbeitung von Daten, Mandantentrennungen). Es entstehen potenzielle Fehlerrisiken, die schwerlich abzuschätzen sind.

---

[95] Vgl. Tritschler/Lamm (2018), S. 22 f. sowie IDW RS FAIT 5, Tz. 22 ff.

Praxistipp:
Wenn Auslagerungen durchgeführt werden, dann ist es die Pflicht des Wirtschaftsprüfers festzustellen, inwiefern sich diese Auslagerung auf das IKS des Unternehmens auswirkt, um die Risiken wesentlich falscher Angaben in der Rechnungslegung festzustellen und zu beurteilen[96]. Hierbei ist nicht nur die vertragliche Regelung ein wichtiges Thema, sondern auch die festgelegten Kontrollen, die wirtschaftliche Situation des Dienstleisters und das IKS des Dienstleisters.

Durch eine Auflistung aller Dienstleistungsverhältnisse des Mandanten kann der Wirtschaftsprüfer einen Überblick darüber erhalten, welche Bereiche des Unternehmens ausgelagert wurden und um welche Profile es sich bei den Dienstleistern handelt. Für die wesentlichen prüfungsrelevanten Bereiche sollte sich der Wirtschaftsprüfer die Auslagerungsverträge aushändigen lassen. Bei Feststellen der Wesentlichkeit bestimmter Auslagerungsverhältnisse muss der Wirtschaftsprüfer ausreichend Informationen einholen, um sich mit dem IKS des Dienstleisters und den vorhandenen Kontrollrisiken auseinandersetzen zu können.

Auf Grundlage der vertraglichen Vereinbarungen sollten vereinbarte Kontrollen überprüft werden, damit das IKS des Dienstleisters nachvollziehbar wird. Diese können bspw. Folgende sein:

- Serviceberichte/SLA-Reports,
- Meetingprotokolle,
- Sonstige vertraglich vereinbarte Nachweise (bspw. Konformität zu bestimmten Referenzmodellen, Protokollierungen etc.).

Sollten keine detaillierten Verträge zur Verfügung stehen, sollte der Wirtschaftsprüfer die Tätigkeiten des Dienstleisters in Interviews und ggf. Systemeinsichten mit zentralen Mitarbeitern des Unternehmens und ggf. des Dienstleisters nachvollziehen (bspw. mittels Benutzerkennung, Arbeitsergebnisse).

Insbesondere wenn keine ausreichenden Maßnahmen zur Überwachung (Kontrolle) des Dienstleisters nachweislich vorgelegt werden können, empfehlen sich folgende ergänzende Prüfungshandlungen:

---

[96] Vgl. Tritschler/Lamm (2018), S. 91

- Einsichtnahme in die Berichterstattungen nach IDW PS 951 n. F. bzw. ISAE 3402 oder SSAE18 Typ 1/ Typ 2 sowie IDW PS 880 n. F. Typ 1/ Typ 2 (wobei Typ 2 empfehlenswert ist, um eine angemessene Aussage zur Effektivität der ergriffenen Maßnahmen des Dienstleisters treffen zu können)[97].
- Sollte diese Berichterstattung nicht vorhanden sein, dann sollte der Wirtschaftsprüfer weitere Unterlagen beim Dienstleister anfordern bzw. ggf. Prüfungshandlungen beim Dienstleister selbst vor Ort durchführen (lassen).

Weiterhin ist zu beachten, dass je nach Grad der Verzahnung der internen und ausgelagerten Funktionen und Prozesse, eine starke Beeinflussung interner IT-Betriebsprozesse entstehen kann (bspw. internes Notfallmanagement, Incidentmanagement, Änderungsmanagement), welcher durch den Wirtschaftsprüfer in seiner Prüfung Rechnung getragen werden muss.

Zunehmend erfolgen immer mehr IT-Auslagerungen auch ins Ausland (bspw. bei der Nutzung von Cloud-Lösungen). Nach § 146 Abs. 2a AO hat ein Unternehmen die Möglichkeit, antragsgemäß elektronische Bücher und sonstige erforderliche elektronische Aufzeichnungen im Ausland zu führen und aufzubewahren. Den Antrag sollte sich der Wirtschaftsprüfer vorlegen lassen. Mit der Auslagerung ins Ausland außerhalb der EU (Drittstaaten) können datenschutzrechtliche Beschränkungen sowie weitere Exportbeschränkungen greifen.

4.2.7 Unzureichende Vorbereitung auf Informationssicherheitsbedrohungen

Aufgrund mangelnder Sicherheitsvorkehrungen scheinen mehr und mehr wichtige Geschäftsabläufe erheblichen Störungen ausgesetzt. Insbesondere mit Bezug auf die IT können täglich neue Risiken hinzutreten, die sich nachteilig auf die Vermögens-, Ertrags- oder Finanzlage eines Unternehmens auswirken könnten.

---

[97] Zur Verwertung von Prüfungsergebnissen Dritter siehe IDW PS 320 n. F., IDW PS 322 n. F.

Insbesondere bei Schädigungen auf Grund Sicherheitslücken, drängt sich die Frage auf, inwieweit ggf. die Unternehmensleitung hierfür haftet.

Eine Informationssicherheitsbedrohung entsteht dann, wenn eine Schwachstelle in Verbindung mit einem IT-Asset ausgenutzt wird und dadurch ein Schaden entsteht. Sicherheitsbedrohungen stellen die Möglichkeit des Auftretens eines oder mehrerer Ereignisse dar, die potenziell oder tatsächlich die Informationssicherheit bezüglich Vertraulichkeit, Integrität und Verfügbarkeit (Sicherheitsziele) bedrohen. Die IT-Sicherheitsmaßnahmen im Unternehmen dienen dazu diese Informationssicherheitsrisiken zu minimieren oder auszuschalten.

Beispiel
Beispiele für Sicherheitsbedrohungen:

- Cyberattacken,
- Malware,
- Phishing,
- Ransomware,
- DDoS,
- Verschlüsselungs-Trojaner (bspw. Petya, Wanna Cry).

Für die Einhaltung der IT-Sicherheit sowie die Sicherheit von rechnungslegungsrelevanten Daten im Unternehmen sind die gesetzlichen Vertreter verantwortlich.[98] Nur wenn die IT-Sicherheit und die Sicherheit der rechnungslegungsrelevanten Daten gegeben ist, kann die Ordnungsmäßigkeit für die Buchführung, den Jahresabschluss und den Lagebericht gegeben sein. Grundlage hierfür stellt die Entwicklung, Einführung und Aufrechterhaltung eines geeigneten IT-Sicherheitskonzepts dar, welches den Grad der Informationssicherheit gewährleisten muss[99].

Praxistipp:
Einen Rahmen für die praktikable und systematische Implementierung eines effizienten Managementsystems für die Informationssicherheit bietet der BSI-Standard 200-2. Daneben beinhaltet das

---

[98] BSI, Leitfaden zur Basis-Absicherung nach IT-Grundschutz (2017), S. 19 ff.
[99] Vgl. IDW RS FAIT 1, Tz. 19-21

> jährlich neu veröffentliche IT-Grundschutz-Kompendium des BSI aktuelle und praktische Sicherheitsempfehlungen für die Sicherstellung der Informationssicherheit im Unternehmen.[100]

In der Praxis wird das Thema IT-Sicherheit häufig unterschätzt und nur halbherzig angegangen; viele Unternehmen sehen sich fälschlicherweise nicht als Angriffsziel für bspw. Cyber-Kriminelle. Aufgrund dessen liegen oft keine angemessenen Maßnahmen zur Abwehr von IT-Sicherheitsvorfällen vor, was sie zu einer „leichten und interessanten Beute" für potenzielle Angreifer macht. Grund dafür ist, dass besonders im deutschen Mittelstand wertvolle Daten vorliegen (bspw. Kundendaten, Patentdaten, Source Code). Ein Angriff führt in der Praxis häufig zu massiven Ausfällen und Datenverlust, Manipulation von Daten oder der Wegfall kompletter Services.

> **Beispiel**
> **Unterschätztes IT-Sicherheitsrisiko**
>
> Ein mittelständischer Maschinenbaubetrieb verfügt über moderne computergesteuerte Produktionsanlagen. Die direkte Anbindung der Produktionsstraße an das Warenwirtschaftssystem und dieses wiederum an Lieferanten ermöglicht die vollautonome Nachbestellung von Material. Aufgrund der hohen Investitionssumme und Einkauf neuester Technologien soll das IT-Budget der kommenden Jahre möglichst gering gehalten werden. Hierzu gehören auch Investitionen in die IT-Sicherheit und die Aktualisierung von IT-Komponenten. Kritische Äußerungen des IT-Dienstleisters bezüglich Wichtigkeit der IT-Sicherheit werden von der Geschäftsführung ignoriert.
>
> Bekannte IT-Sicherheitslücken sowohl von Software- und Hardwarekomponenten (bspw. Firewalls) werden nicht zeitnah gepatcht und ermöglichen Hackern einfachen Zugriff in die Unternehmens-IT. Mangels angemessener Netzwerkzonierung gelingt den Angreifern nicht nur ein unternehmensschädigender Diebstahl von Kundendaten und Manipulation der Bestellungen bei den Lieferanten. Weiterhin erhielten die Angreifer Zugriff auf die Steuerungssysteme für die

---

[100] BSI, IT-Grundschutz-Kompendium, Edition 2023.

mechanischen Komponenten der Produktionsstraße, manipulierten den Produktionsprozess und konnten kostbares Rohmaterial vernichten. Die Wiederherstellung der Produktionsprozesse überstieg die vermeintlich eingesparten Kosten für die IT-Sicherheitsmaßnahmen um ein Vielfaches.

Aufgrund der Vorgänge kann das Unternehmen für Schäden in Anspruch genommen werden, die den Kunden oder Geschäftspartnern/Lieferanten auf Grund störungsbedingter Lieferausfälle, Verzugs oder auf Grund des Verlustes von Daten erleidet (§§ 280 Abs. 1 und 2, 286 BGB). Beim Verlust vertraulicher, geheimhaltungsbedürftiger Daten von Geschäftspartnern drohen ebenfalls ganz erhebliche Schadensersatzansprüche oder Vertragsstrafenforderungen, soweit die Parteien eine entsprechend gestaltete Geheimhaltungsvereinbarung abgeschlossen haben.

Darüber hinaus drohen ggf. erhebliche Bußgelder, soweit nicht datenschutzrechtskonform für eine hinreichende Datensicherheit (vgl. Art. 83 DS-GVO, Bußgelder bis zu 20 Mio. Euro oder bis zu 4 % des weltweit erzielten Jahresumsatzes des vorangegangenen Geschäftsjahrs) gesorgt wurde.

Das Unternehmen – und mit ihm der Geschäftsführer – müssten nachweisen, dass sie alle ihnen obliegenden IT-Sicherheitspflichten umfassend nachgekommen sind, sofern sie einer Haftung entgehen wollten. Die Unternehmensleitung wird umgekehrt unter Umständen haften (§ 93 Abs. 2 AktG, § 43 Abs. 2 GmbHG), sofern ihr der Vorwurf gemacht werden kann, sie sei nicht ihrer Pflicht zur Schaffung und Erhaltung der IT-Sicherheit hinreichend nachgekommen (gemäß dem Pflichtenmaßstab nach § 93 Abs. 1 AktG bzw. 43 Abs 1 GmbHG). Im Hinblick auf die erforderliche IT-Sicherheit gilt datenschutzrechtlich, dass zum Schutz der Daten „angemessenen technischen und organisatorischen Maßnahmen" getroffen werden müssen (Art. 32 DS-GVO).[101]

---

[101] Weitere sektorspezifische Regelungen zur Verpflichtung erforderliche technische Schutzmaßnahmen zu treffen, ergeben sich etwa für Telekommunikationsdienstanbieter aus § 109 TKG, für Telemedien aus § 13 Abs. 7 TMG, bei kritischen Infrastrukturen des Energie-, IT-, Telekommunikations-, Finanz- oder Versicherungssektors aus § 8a BSiG (weitere Sonderregelungen stellt etwa § 25a Abs. 1 Nr. 5 KWG, MaSI oder die BAIT dar).

Das **IT-Sicherheitskonzept** beinhaltet die Bewertung der Sicherheitsrisiken aus dem Einsatz von IT und daraus abgeleitet die technologischen und organisatorischen Maßnahmen, um eine angemessene IT-Infrastruktur für die IT-Anwendungen zu gewährleisten sowie die ordnungsmäßige und sichere Abwicklung der IT-gestützten Geschäftsprozesse sicherzustellen.[102] Dabei können IT-Sicherheitsmaßnahmen viele Ausprägungen annehmen und müssen primär in der Basis gestärkt werden (wie Berechtigungsmanagement, physische Sicherheit, Änderungsmanagement, Firewall und Virenschutz, geeignete Grundeinstellungen etc.). Das IT-Sicherheitskonzept ist der erste Schritt dahin, eine Sicherheitsinfrastruktur im Unternehmen aufzubauen, da sie einen kohärenten Sicherheitsstandard für das Unternehmen vorgibt.

Folgende **Probleme** treten häufig beim Thema IT-Sicherheitskonzept in der Praxis auf:

- Ein fehlendes Assessment über die vorhandenen schützenswerten Assets im Unternehmen und die Festlegung der Schutzziele für diese ist nicht vorhanden.
- Eine fehlende Analyse der Bedrohungen/Schadenszenarien/Gefahren im Unternehmen (bspw. Eintrittswahrscheinlichkeit und Bewertung für das Unternehmen) wird nicht vorgenommen bzw. es erfolgt keine direkte Übertragung in Maßnahmen.
- Es erfolgt keine Entwicklung, Planung und Genehmigung von Maßnahmen, die in einem IT-Sicherheitskonzept verortet werden können. Daher liegt kein oder ein unvollständiges IT-Sicherheitskonzept vor.
- Durch eine ungeeignete Verwendung oder fehlende Anpassung, wie die Verwendung von unzureichenden oder unpassenden Sicherheitsmaßnahmen in dem IT-Sicherheitskonzept, führt zu potenziellen Angriffsmöglichkeiten.

In diesen Fällen birgt es das **Risiko**, dass sich die Unternehmen nicht mit den potenziellen, aktuellen IT-Sicherheitsrisiken und -bedrohungen auseinandergesetzt haben und Gefahren ausgesetzt sein können oder bereits sind. Besonders hinsichtlich des Schutzes von personenbezogenen Daten stellt dies ein enormes Risiko dar.

---

[102] Vgl. IDW RS FAIT 1, Tz. 22

> **Beispiel**
> **Komplettaustausch der Hard- und Software**
>
> Ein neugegründetes Unternehmen möchte sich am Markt für Arbeitskräftevermittlung etablieren. Um Anfangsinvestitionen gering zu halten, wurde Hard- und Software selbst eingekauft. Für die Einrichtung der Hard- und Software soll ein ortsansässiger selbständiger IT-Administrator eingesetzt werden, der über gute Kontakte zu den Geschäftsführern verfügt. Aufgrund einer noch wenig bekannten Sicherheitslücke und der geringen Erfahrung des IT-Administrators mit der Konzeption eines tragfähigen IT-Sicherheitskonzepts wird die neue Hard- und Software des Unternehmens bereits nach kurzer Zeit durch externe Angriffe verseucht.
>
> Es kann nicht eindeutig geklärt werden, ob nicht bereits weitere „Backdoors" in die Systeme implementiert wurden. Aufgrund der zukünftigen Verarbeitung vertraulicher Kundendaten entscheidet sich das Unternehmen unter Hinzuziehen eines IT-Sicherheitsexperten dafür, die Hard- und Software vollständig auszutauschen. Es entstehen zusätzliche Kosten für Hard- und Softwarebeschaffung. Es kann darüber hinaus nicht ausgeschlossen werden, dass bereits vertrauliche Daten entwendet wurden.

Einen Teil der üblichen Sicherheitsmaßnahmen stellen **Virenschutz** und **Firewall** dar. Ein Virenschutz in Form eines Virenscanners ist eine Software, die bekannte Viren, Würmer und Trojanische Pferde aufspüren, blockieren und falls nötig beseitigen kann. Die Firewall ist ein Sicherungssystem, welches ein Netz an IT-Komponenten oder eine einzelne IT-Komponente vor unerwünschten Zugriffen aus dem Netzwerk schützen kann.

In der Praxis treten häufig folgende **Probleme** hinsichtlich der Verwendung von Virenschutz und Firewall auf:

– Es erfolgt keine Integration von Virenschutz und Firewall in ein Sicherheitskonzept. Dadurch ergibt sich das Problem, dass kein strukturiertes Gesamtkonzept zum Schutz besteht.
– Die Virenschutzprogramme sind nicht auf allen IT-Komponenten aktuell.

- Der Aufbau der Firewall wird nicht auf veränderte Strukturen im Unternehmen angepasst.
- Es erfolgt keine Trennung von wichtigen Netzwerken im Unternehmen (bspw. Zonierungen).

Das kann zu folgenden **Risiken** führen:

- Ausfälle von IT-Systemen,
- Zugriff Unbefugter,
- Vertraulichkeitsverlust,
- Unentdeckte Manipulationen an Daten und Systemen.

> **Beispiel**
> **Alte Virenschutzversionen**
>
> In der IT-Prüfung im Rahmen der Jahresabschlussprüfung wird auch eine Betrachtung des Virenschutz des zu prüfenden Unternehmens vorgenommen. In Gesprächen mit dem zuständigen IT-Leiter spricht dieser von „top aktueller" Virensoftware, die immer wieder auf den neusten Stand gehalten wird und es sei bisher auch noch nie zu einem Virenbefall gekommen.
>
> Bei Prüfung der Übersicht zur Versorgung der PCs mit aktuellem Virenschutz wird schnell deutlich, dass einige Rechner über einen stark veralteten Schutz verfügen (letztes Virenschutzupdate mehrere Jahre alt), obwohl diese durch Vertriebsmitarbeiter oder als Backup-PCs regelmäßig verwendet werden.
>
> Der alarmierte IT-Leiter beauftragt umgehend einen IT-Sicherheitsexperten, der nicht nur auf den PCs ohne Virenschutzupdate, sondern auch auf mehreren Servern des Unternehmens Virenbefall diagnostiziert. Später stellt sich zudem heraus, dass aus dem Unternehmen zahlreiche virenbehaftete Anhänge per E-Mail versendet wurden, was auch zu Befall der IT-Infrastruktur der eigenen Kunden und damit einhergehendem Imageverlust führte.

Vielfach wird der **Faktor Mensch** als zentrales Thema der IT-Sicherheit vernachlässigt. Jede Sicherheitslösung bzw. -maßnahme kann durch Unachtsamkeit oder Fehlverhalten der Mitarbeiter angreifbar gemacht werden (bspw. Social Engineering). Regelmäßige Schulungen und **Awareness-Kampagnen** zur IT-Sicherheit sollen die Mitarbeiter dazu bringen, im Ernstfall richtig zu handeln.

> **Beispiel**
> **Social Engineering auf dem Firmengelände**
>
> Das Firmengelände und der Firmenparkplatz einer mittelständischen Kanzlei befinden sich im Zentrum einer Großstadt. Der Firmenparkplatz ist leicht auch durch Nicht-Firmenangehörige bspw. am Wochenende nutzbar. Auf diesem Firmenparkplatz findet ein Mitarbeiter des mittelständischen Unternehmens einen USB-Stick mit dem Hinweis „streng vertraulich". Er nimmt den Stick mit an seinen Arbeitsplatz.
>
> Aus Neugierde steckt er ihn in seinen Firmenrechner. Während er sich die Dokumente auf dem Stick ansieht, wird automatisch und unbemerkt Malware auf seinem Rechner installiert. Diese verbreitet sich über das Firmennetz und infiziert innerhalb weniger Stunden alle Rechner. Bemerkt hat das zu diesem Zeitpunkt noch keiner.
>
> Nach einem Monat, bei der Vorbereitung des Monatsabschlusses, bemerkt die Mitarbeiterin der Buchhaltung, dass Zahlungen in geringer Höhe immer wieder an unbekannte Konten im Ausland gegangen sind.

Normalerweise dienen **Sicherheitszertifizierungen** dazu, dass Unternehmen nachweislich angemessene Sicherheitsmaßnahmen implementiert haben (bspw. ISO/IEC 27001). Sicherheitsstandards zeigen jedoch nicht unbedingt den IST-Zustand im Unternehmen, da eine Norm nicht unbedingt die spezifische Gesamtsicherheitslage eines Unternehmens abbilden kann.[103] Daher sollten Sicherheitszertifizierungen sowohl durch das Unternehmen als auch durch den Wirtschaftsprüfer hinterfragt werden.

>
> **Hinweis:**
> Mittelständische Unternehmen vernachlässigen häufig Maßnahmen zur Vermeidung von IT-Sicherheitsvorfällen. Dazu zählt die Einrichtung eines angemessenen Sicherheitskonzeptes inklusive Virenschutz und Firewall und Schulungen der Mitarbeiter. Zusätzlich könnten aktive Überprüfungen der präventiven Maßnahmen durch Security Audits, Penetrationstests und auch regelmäßige Tests der

---

[103] Vgl. Chandola (2017), S. 5

> Notfall- und Wiederanlaufpläne vorbeugende Maßnahmen darstellen. Häufig wird erst gehandelt, wenn es eigentlich schon zu spät ist. Proaktive Tests und Übungen können dabei helfen, die eingesetzten Maßnahmen zu überprüfen und gegebenenfalls anzupassen.

Bei der fehlenden Umsetzung von Präventivmaßnahmen bzw. die fehlende Überprüfung dieser Maßnahmen durch die Unternehmen muss der Wirtschaftsprüfer davon ausgehen, dass möglicherweise bereits erhebliche Manipulationen der Daten und Prozesse vorgenommen wurden (ggf. auch mit Auswirkung auf den Buchhaltungsstoff). Zudem sind mögliche Ausfälle und Serviceeinschränkungen denkbar, welche ein erhebliches Risiko für den Fortbestand des Unternehmens darstellen können.

Praxistipp:
Die Betrachtung der von Unternehmen ergriffenen Maßnahmen gegen IT-Sicherheitsbedrohungen ist ein wichtiger Bestandteil bei der Beurteilung des IT-Kontrollsystems. Nur wenn ein guter Schutz vor Sicherheitsbedrohungen vorliegt, ist auch die Funktionsfähigkeit des IT-Kontrollsystems sichergestellt bzw. dieses nicht manipulierbar.

Der Wirtschaftsprüfer sollte folgende Prüfungshandlungen vornehmen:

- Einsichtnahme in das IT-Sicherheitskonzept: Häufig findet man im Mittelstand „IT-Richtlinien" oder „IT-Merkblätter", in denen Sicherheitsbedrohung und Maßnahmen beschrieben werden und an neue Mitarbeiter beim Eintritt in das Unternehmen ausgegeben werden. Oft findet man auch nicht nur ein Konzept, sondern verschiedene Anweisungen, die gemeinsam betrachtet werden müssen.
- Weiterhin sollten die in der Dokumentation beschriebenen Sicherheitsmaßnahmen durch den Wirtschaftsprüfer aktiv überprüft werden. Es bieten sich hierfür Systemeinsichten und Einsicht von Protokollierungen an.
- Einsichtnahme und Abfrage zu Systemhärtungen im Unternehmen.

Der Wirtschaftsprüfer sollte sich bewusst machen, dass der Faktor Mensch ein wichtiger Teilbereich des Unternehmens ist und viele Sicherheitsverstöße nicht auf die Technik, sondern den Menschen zurückzuführen sind.

4.2.8 Vernachlässigung physischer Sicherheit

Die physische Sicherheit ist neben der logischen Sicherheit eine der elementarsten Bestandteile der IT-Sicherheit. Physische Sicherungsmaßnahmen von Hardware, Programmen und Daten dienen der Datensicherheit und dem Datenschutz und sollen die Integrität sowie die Verfügbarkeit der IT gewährleisten. Sie zielen einerseits auf die Abschottung der unternehmenseigenen Soft- und Hardware gegenüber dem Zutritt durch Unberechtigte und andererseits einer Abschottung hinsichtlich externer Faktoren ab. Bauliche Maßnahmen dienen dabei der Umsetzung der physischen Sicherheit.

In der Praxis finden sich im Mittelstand häufig folgende **Probleme** hinsichtlich der physischen Sicherheit gegenüber dem Zutritt von Unberechtigten:

- unverschlossene Serverräume und/oder Rechenzentren sowie leicht zugängliche Fenster im Serverraum/Rechenzentrum,
- unverschlossene sensible Unternehmensbereiche (wie IT-Abteilungen, Finanzabteilungen),
- unverschlossene Datensicherungen, offene Tresore mit Datensicherungsbändern,
- freier Zugang zur Stromversorgung für wichtige Hardware,
- keine allgemeine Firmenalarmanlage und/oder Wachdienst,
- keine angemessene Zugangskontrolle (bspw. mittels Empfangsdienst, Kartenleser, Schlüssel, Chip, biometrischer Zugang),
- unberechtigte Personen haben regelmäßig Zugang (bspw. für Wartungsarbeiten, Reinigung),
- fehlende Einweisung der Mitarbeiter über den Schutzbedarf verschiedener Bereiche des Unternehmens bzw. Hardware,
- vorhandener Arbeitsplatz von Mitarbeitern im Serverraum/Rechenzentrum.

Dies birgt für Unternehmen das **Risiko**, dass unberechtigte Personen Zutritt zu sensiblen Räumlichkeiten und Hardware haben können. Dies kann zu folgenden Risiken führen:

- Diebstahl von sicherheitsrelevanter Hardware,
- Vandalismus und damit Beschädigung oder Zerstörung von Hardware (wissentlich oder unwissentlich),

– Zugang zu sicherheitsrelevanter Software und Zugriff auf sensible Daten (Möglichkeit der Manipulation, Veruntreuung und Löschung von Daten), falls weitere Sicherungsmaßnahmen in logischer Form nicht implementiert sind.

> **Beispiel**
> **Reinigungspersonal erzeugt Betriebsausfall**
>
> In einem mittelständischen Unternehmen wird sehr darauf geachtet, dass alle Räumlichkeiten auch für Kunden ansehnlich hergerichtet werden. Dazu zählt auch der neue Container, in dem die Server des Unternehmens stehen. Dieser ist nach neusten Sicherheitsstandards aufgebaut und ein Vorzeigeobjekt für das Unternehmen. Um auch diesen Container regelmäßig bei wichtigem Kundenbesuch vorzeigen zu können, wird er regelmäßig gesäubert. Dies hilft auch, um die Hardware frei von schädlichem Staub zu halten. Das dazu eingesetzte Reinigungspersonal darf ohne Begleitung jede Woche den Serverraum putzen, die Firma wird bereits seit Jahren dazu eingesetzt. Ein neuer Mitarbeiter der Reinigungsfirma möchte nun den Container reinigen und benötigt für diese Tätigkeit auch Zugriff zu einer Steckdose. Versehentlich steckt er einen wichtigen Server aus. Der Server konnte anschließend nicht mehr automatisch hochgefahren werden. Mehrtätiger Betriebsausfall und Datenverluste waren die Folge.

Unberechtigter physischer Zutritt kann auch durch eigene Mitarbeiter im Unternehmen erfolgen. Durch interne Vorgaben können Beschränkungen des Zutritts zu bestimmten sensiblen Firmenbereichen bestehen, welche durch physische Sicherungsmaßnahmen abgegrenzt werden (bspw. Forschungsabteilungen, IT-Abteilungen, Büro der Geschäftsleitung).

> **Beispiel**
> **Systemeingriffe durch fehlenden physischen Schutz**
>
> Ein großes mittelständisches Unternehmen hat ein umfassendes Notfallmanagement eingesetzt. Szenariobasiert wurden die einzelnen Tätigkeiten der IT-Mitarbeiter zusammengestellt und auch ein Notfalluser in die rechnungslegungsrelevanten Systeme implementiert,

welcher über umfangreiche Berechtigungen verfügt und im Notfall bspw. zum Anstoßen wichtiger Batchjobs genutzt werden kann. Der Notfalluser ist für die Mitarbeiter nicht direkt nutzbar, sondern mit einem geheimen Passwort belegt. Die Liste der Passwörter hat nur der IT-Leiter. Die Notfallpasswörter für den Notfalluser liegen allerdings unverschlossen im Rollschrank des IT-Leiters, was den meisten IT-Mitarbeiter bekannt ist. Ein Mitarbeiter war mit der Einrichtung einer wichtigen Schnittstelle betraut, leider läuft diese immer wieder auf Fehler. Zur Bearbeitung des Fehlers nutzt er immer wieder den Notfalluser mittels der offenen Passwortliste und greift im Rahmen dessen massiv in die Systeme ein.

Für den Wirtschaftsprüfer ergibt sich hieraus das Problem, nicht genau nachvollziehen zu können, wann und in welcher Form sich eine unberechtigte Person Zutritt und Zugang zu sicherheitsrelevanten Anwendungen und Zugriff zu sicherheitsrelevanten Daten verschafft hat und ggf. Manipulationen direkt im System vorgenommen hat. Das kann zur Folge haben, dass ggf. Daten oder Prozesse verändert wurden.

Externe Faktoren, die ein Unternehmen auf der anderen Seite beeinflussen können, sind: Brand, Wasser, Vandalismus, Explosionen, Naturkatastrophen im Allgemeinen etc.

Die physische Sicherheit gegenüber externen Faktoren zeigt sich in mittelständischen Unternehmen auch oftmals durch folgende **Probleme**:

- bestehende Wasserschäden im Serverraum/Rechenzentrum,
- keine Temperatur- und Feuchtigkeitsüberwachung im Serverraum/Rechenzentrum,
- keine Installation von Feuerlöschern, Feuermeldern, Brandschutztüren, ggf. Brandmeldeanlagen in sensiblen Bereichen, Anbindung an die Feuerwehrleitzentrale,
- Lagerung von brennbaren Unterlagen und Kartonagen in Serverräumen,
- Schmutz im Serverraum/Rechenzentrum,
- mitunter chaotische Verkabelungen im Serverraum/Rechenzentrum,
- keine ordnungsgemäß funktionierende Klimaanlage.

Dies birgt für das Unternehmen die folgenden **Risiken**:

- Schäden an der Hardware durch externe Faktoren (Wasser, Feuer, Rauch und Gas, Staub und Schmutz, Chemikalien, Strahlung, extreme Temperaturen) und dadurch eine mögliche Beschädigung oder ein Verlust von Daten.
- Durch Beschädigungen können ggf. Unbefugte Zutritt erhalten und diesen ausnutzen.

Häufig geben die vorhandenen baulichen Gegebenheiten dem mittelständischen Unternehmen nicht die Möglichkeit zu einer besseren Sicherung gegenüber externen Faktoren.

> **Beispiel**
> **Hardwareschäden aufgrund von Starkregen**
>
> Ein kleineres Unternehmen hat seine Büroräume in einem historischen Altbau in der Innenstadt. Für den Betrieb der IT-Tätigkeiten hat es auch einen Serverraum eingebaut. Dieser befindet sich in einem ehemaligen Abstellraum unter dem Dach an der Außenwand zum Innenhof.
>
> Die Kühlung des Serverraums erfolgt mittels eines Luftschachts in der Außenwand. Weitere Kühlungen mittels Klimaanlage gibt es nicht, da im Altbau immer kühle Temperaturen herrschen. Bei Starkregen kann es dazu führen, dass Wasser in den Serverraum eintritt.
>
> Über das verlängerte Wochenende ist niemand im Unternehmen, es regnet mehrere Tage. Die Hardware des Serverraums wird beschädigt, einige Geräte sind nicht mehr funktionsfähig.
>
> Nach dem Wochenende wird der Schaden bemerkt und unter Hinzuziehen eines IT-Dienstleisters müssen Backup-Tapes wieder eingespielt werden. Ein Ausfall von mehreren Geschäftstagen und hohe Kosten sind die Folge, alle Daten konnten jedoch glücklicherweise wiederhergestellt werden.

Die fehlende Sicherheit vor externen Faktoren bedeutet für den Wirtschaftsprüfer, dass eventuell bereits Schäden an der Hardware erfolgt sind und somit die darauf gespeicherten Daten gefährdet sind bzw. zukünftig potenzielle Schäden entstehen können, die abhängig von Datensicherungs- und Archivierungsläufen auch bestandsgefährdend sein können.

Praxistipp:
Vor der Prüfung der physischen Sicherheit sollte der Wirtschaftsprüfer eruieren, in welchen Bereichen des Unternehmens kritische Hardware und Systeme untergebracht sind. Auf dieser Grundlage kann er dann eine Prüfung dieser Bereiche vornehmen.

Sensible Räumlichkeiten (Sicherheitszonen) können sein:

- Serverräume/Rechenzentren,
- IT-Büroräumlichkeiten,
- Datensicherungsräume (für bspw. Tape Sicherungen),
- Räumlichkeiten, in dem der Safe für Datensicherungen liegt bzw. Notfallpasswörter aufbewahrt werden,
- Lagerräume für neue Hardware,
- Räume mit Telekommunikationsequipment,
- Elektroräume und Räume mit Netzwerktechnik,
- USV-Anlagen (Batterieräume),
- ggf. Büros von Buchhaltungs- und Personalabteilung.

Für die Prüfung der physischen Sicherheit hinsichtlich **physischer Zutritte** kann der Wirtschaftsprüfer folgende Prüfungshandlungen vornehmen:

- Einsichtnahme in die Dokumentation über den Aufbau der Zutrittskontrollen im Unternehmen (Sicherheitszonenkonzept),
- Begehung der Serverräume/RZ, um festzustellen, wo Zutritte für Unberechtigte möglich wären und wo sicherheitsrelevante Daten lagern,
- ggf. Einsichtnahme in Zutrittskontrollsysteme/Schlüsselsysteme/ Kartensysteme und Durchsicht der Zugangsprotokolle,
- Einsichtnahme in Schlüssellisten, Ausweislisten,
- ggf. Test von Zugangskontrollen,
- Einsichtnahme in Nachweise zu Alarmsysteme,
- Einsichtnahme in Nachweise zu Videoüberwachungen,
- Einsichtnahme in Zutrittstests.

Für die Prüfung der physischen Sicherheit hinsichtlich **externer Faktoren** sollte der Wirtschaftsprüfer folgende Prüfungshandlungen durchführen:

- Einsichtnahme in die Dokumentationen und die Nachweise über die physische Sicherheit gegenüber Umweltrisiken des Unternehmens und insbesondere der Serverraume bzw. Lagerräume für Hardware,
- Einsichtnahme über die physische Trennung von Sicherheitszonen,
- Begehung der Räumlichkeiten und optische Prüfung hinsichtlich möglicher Zugänge und Gefährdung durch externe Faktoren (bspw. Nähe zu einem Fluss),
- Einsichtnahme in die Energiezufuhr zu dem IT-Equipment im Rahmen der Herstellervorgaben,
- Einsichtnahme über die Lokation und die Einrichtung von Feuchtigkeits-, Temperatur- und Rauchmeldern inkl. Wartungsprotokolle,
- Einsichtnahme in die Lokation von Feuerlöschern inkl. Wartungsprotokolle,
- Sichtung von Brandlöschanlagen inkl. Wartungsprotokolle,
- ggf. Protokolle über regelmäßige Begehungen durch die Feuerwehr,
- Sichtung von feuersicheren Wänden, Fußböden und Decken,
- ggf. Einsichtnahme in Über- und Unterspannungsschutz inkl. Wartungsprotokolle,
- Einsicht von USV inkl. Wartungsprotokolle,
- Einsatz von Notstromgeneratoren inkl. Wartungsprotokolle,
- Durchsicht der Überleitung auf den Not- und Wiederanlaufplan sowie Notfalltests.

Bei Auslagerungen an Dritte sollten entsprechende Nachweise in die Prüfung einbezogen bzw. auf Prüfungsrechte zurückgegriffen werden. Bei Leasing, gemeinsam genutzten oder gemieteten Räumlichkeiten sind zusätzliche Zugangsmöglichkeiten durch Dritte möglichst zu beschränken und der Einfluss von externen Faktoren auf das Notwendigste zu minimieren.

Fällt dem Wirtschaftsprüfer auf, dass eine Gefährdung durch fehlende physische Sicherheitsvorkehrungen vorliegt, sollte unbedingt die Geschäftsführung über diesen Umstand informiert werden.

4.2.9 Vernachlässigte Benutzerberechtigungsverwaltung (inkl. Funktionstrennungsverletzung)

Jeder Mitarbeiter darf grundsätzlich nur die Berechtigungen besitzen, die er zum Ausführen seiner Tätigkeiten benötigt (Prinzip der minimalen Rechtevergabe /Need-to-Know). Um dies umzusetzen ist mindestens ein organisatorisches Verfahren für die Vergabe, die Änderung und den Entzug von Berechtigungen sowohl auf Ebene des Betriebssystems als auch auf Anwendungsebene einzuführen.

In der Praxis existiert im Mittelstand häufig aufgrund eines **fehlenden übergreifenden Rollen- und Berechtigungskonzepts** keine explizite schriftliche Regelung darüber, welche Berechtigungen, wie erteilt, geändert und entzogen werden. Oft besteht die Problematik, dass Berechtigungen – im Gegensatz zu den eigentlichen Kompetenzen des Mitarbeiters – zu weitreichend vergeben und die Einhaltung von Vorgaben nicht nachhaltig geprüft werden.

Bei der **Vergabe von Berechtigungen** sollten in Abhängigkeit von der Stellung und Kompetenz des Mitarbeiters die Berechtigungen eingerichtet werden. Die Vergabe sollte entsprechend dokumentiert werden. Folgende **Probleme** finden sich häufig bei der unstrukturierten Vergabe von Berechtigungen in Unternehmen:

- Für den Prozess der Vergabe von Berechtigungen liegen zum Teil keine genauen Beschreibungen der einzelnen dem Arbeitsplatz zugeordneten Rollen- und Berechtigungsprofile vor.
- Übergreifende Rollen existieren nicht. Stattdessen erfolgt eine Einzelrechtvergabe.
- Zudem erfolgt die Vergabe nicht geordnet über einen Verantwortungsbereich (bspw. Personal/IT-Abteilung/Geschäftsführer).
- Auch erfolgt die Vergabe oftmals nicht in einer einheitlichen und dokumentierten Form (per Formular/System), sondern auf persönlichen oder telefonischen Zuruf.

Es ergeben sich folgende **Risiken**:

- Auf dieser Grundlage werden an neue Mitarbeiter möglicherweise Berechtigungen vergeben, die die eigentlichen Kompetenzen des neuen Mitarbeiters überschreiten.

- Der Mitarbeiter könnte Veränderungen vornehmen, die weitreichende negative Folgen für das Unternehmen haben können.
- Die Einhaltung der Funktionstrennung (SoD) ist nicht sichergestellt, bspw. können Mitarbeiter zugleich Stammdaten anpassen, sowie Zahlungen beauftragen.

> **Beispiel**
> **Ohne Kompetenz zum Key-User-Account**
>
> Eine Steuerberatungskanzlei wird zum Jahresbeginn einen neuen Mitarbeiter im Bereich der Steuerdeklaration einsetzen. Der neue Mitarbeiter ist ein Quereinsteiger und hat noch nie zuvor mit der in der Kanzlei eingesetzten Steuersoftware gearbeitet und ist auch im Gebiet der Steuern noch recht neu. Er wird zum Jahresbeginn den bisherigen Mitarbeiter ersetzen, der im Vormonat in Rente gegangen ist. Dieser war Key-User und hatte aufgrund seiner Stellung und Erfahrung umfangreichste Rechte im Programm. Diese Rechte umfassten auch das Ändern und Löschen von Daten ohne zusätzliche Freigabe.
>
> Aufgrund der fehlenden Definition eines Rollen- und Rechtekonzepts erhält der neue Mitarbeiter die gleichen Berechtigungen, wie sein Vorgänger. Der neue Mitarbeiter ist hochmotiviert und versucht anstatt langwierige Schulungen zu besuchen, lieber direkt sich selbstständig in das Programm einzuarbeiten. Aufgrund seiner umfangreichen Rechte einerseits und seiner geringen Erfahrung andererseits, löscht er zahlreiche Mandate vollständig aus dem Programm und führt zudem zahlreiche Konfigurationsänderungen durch. Diese Fehler werden erst vier Monate später bemerkt und führen zu zeit- und kostenaufwendigem Wiederherstellungsbedarf.

Beim **Wechsel** oder temporärer Versetzung (Job Rotation) von Mitarbeitern zu anderen Abteilungen innerhalb von Unternehmen kommt es häufig dazu, dass die Mitarbeiter neue Berechtigungen für ihre Aufgabe benötigen und alte Berechtigungen entzogen werden müssen. Oft kommt es in der Praxis zu folgenden **Problemen**:

- Eine Überprüfung der vorhandenen Berechtigungen der Mitarbeiter und ein Abgleich mit der neuen Stelle erfolgt nicht.

- Notwendige Berechtigungen werden einfach zusätzlich erteilt, teilweise auch ohne explizite Genehmigung der Vorgesetzten.
- Bei Rückkehr in die alte Position verbleiben die neuen Berechtigungen bei diesem Mitarbeiter, er sammelt Berechtigungen im Laufe seiner Karriere an.

Das **Risiko** beim unstrukturierten Wechsel von Mitarbeitern bzgl. des Berechtigungsmanagements liegt darin, dass bewusst oder unbewusst Funktionstrennungs-Verletzungen (SoD-Konflikte) aufgebaut werden.

Beispiel
Ansammlung von Benutzerrechten im Rahmen des Traineeprogramms

Ein mittelständischer Produktionsbetrieb hat ein Traineeprogramm etabliert, bei dem ein Trainee im Laufe von drei Jahren fünf Bereiche des Unternehmens kennenlernen darf. Dem Trainee wurden immer wieder die für seine Aufgabe notwendigen Berechtigungen erteilt, jedoch wurden nie alte Berechtigungen beim Übertritt in eine neue Abteilung entzogen. Ein Trainee steigt nach der erfolgreichen dreijährigen Ausbildung nun im Bereich Buchhaltung ein und wird ein fester Mitarbeiter im Unternehmen.

Einige Tätigkeiten im Bereich der Buchhaltung erschienen ihm recht kompliziert und können jedoch mittels erweiterter Berechtigungen und Eingriff in Vorsystemen einfacher und schneller durchgeführt werden, wie beispielsweise Zahlungsfreigaben oder Transaktionen im Namen des Geschäftsführers. Aufgrund seiner Traineetätigkeit besitzt er ferner aus seiner Traineestation in der IT erweiterte Administrationszugriffe auf das Buchhaltungssystem und kann daher Buchungen und Zahlungen uneingeschränkt ohne Einhaltung des 4-Augen-Prinzips durchführen, was ihm Arbeitszeit spart. Nachvollziehbar sind all seine Eingriffe nicht mehr, da er mit den Administratorrechten regelmäßig Änderungsbelege und IT-Protokolle löscht.

Beim **Austritt** des Mitarbeiters sollten zu einem frühestmöglichen Zeitpunkt alle relevanten Berechtigungen entzogen werden. Dies ist umso wichtiger und ggf. auch ad-hoc notwendig, falls ein Mitarbeiter nicht auf freiwilliger Basis das Unternehmen verlässt.

Folgende **Probleme** treten in der Praxis immer wieder auf:

- Deaktivierungen der betroffenen Mitarbeiter erfolgen oft sehr spät, bis gar nicht.
- Teilweise sind auch noch Zugriffe über das Austrittsdatum hinaus notwendig bzw. werden vom Arbeitgeber begrüßt, um Arbeiten abzuschließen. Von den Beteiligten wird dies nur selten als Problem angesehen.
- Bestimmte Zugänge des austretenden Mitarbeiters werden übersehen und bleiben daher weiterhin bestehen (oft im Rahmen von Zugriff über mobile Geräte).

Es bestehen folgende **Risiken** aufgrund von unstrukturiertem Umgang mit dem Austritt von Mitarbeitern bzgl. deren Berechtigungen:

- Zugriff auf sensible Daten erfolgt noch nach Austritt aus dem Unternehmen. Konkurrenzunternehmen könnten dadurch wichtige Informationen (bspw. zu Entwicklungen oder dem Kundenstamm) für sich nutzen.
- Ausgeschiedene Mitarbeiter, die sich nicht angemessen behandelt fühlen, könnten Daten ändern, löschen oder stehlen.

Beispiel
Racheakt einer Mitarbeiterin

Ein mittelständisches Unternehmen muss aufgrund einer Umstrukturierung leider einige seiner Mitarbeiter entlassen. Darunter fällt auch eine langjährige Mitarbeiterin der Finanzabteilung, die äußerst enttäuscht von der Unternehmensleitung ist – insbesondere da ihr noch einige Monate vorher angekündigt wurde, dass sie als langjährige Mitarbeiterin auf jeden Fall weiter im Unternehmen beschäftigt werden soll. Dagegen verbleibt eine neue Kollegin, die seit kurzem wichtige Unterlagen für die Umstrukturierung zusammenstellen darf, im Unternehmen. Das verärgert die Mitarbeiterin umso mehr.

Aufgrund der denkbar schlechten Stimmung im Unternehmen entschließt man sich, den entlassenen Mitarbeitern eine bezahlte Freistellung bis zum eigentlichen Austrittstermin zu ermöglichen.

Die Mitarbeiterin war neben ihrer Tätigkeit in der Finanzabteilung auch mehrere Jahre Assistentin der Geschäftsführung. Die Berechtigungen wurden ihr nie entzogen und während ihrer Freistellung behielt sie weiterhin alle ihre Berechtigungen im Unternehmen. Sie nutzte daraufhin während ihrer Freistellung ihren mobilen Zugang zum Unternehmen und löschte und veränderte für das Unternehmen wichtige Unterlagen auch hinsichtlich der geplanten Umstrukturierung.

Dabei ging sie äußerst raffiniert vor und nahm nur derartige Manipulationen vor, die nicht unmittelbar aufgefallen sind. Ihre vorgenommenen Änderungen beeinflussten die geplante Umstrukturierung so stark, dass diese aufgrund von Erkenntnissen, die aus der manipulierten Datenbasis angeleitet wurden, in letzter Minute gestoppt werden musste.

Die **Genehmigung** von Berechtigungsvergaben/-änderungen/-löschungen im **4-Augen-Prinzip** dient der Bestätigung der Berechtigungsanpassung durch entsprechende Vorgesetzte. Erst mittels nachvollziehbarer Genehmigung kann davon ausgegangen werden, dass die Berechtigungsanpassung auch wirklich durchgeführt werden darf.

In der Praxis besteht das **Problem**, dass die Genehmigung häufig nicht über einen einheitlichen Prozess erfolgt. Das bedeutet, dass durch unterschiedliche Personen und unterschiedliche Formen Berechtigungsanpassungen initiiert und ggf. auch ohne Genehmigung vorgenommen werden können.

Beispiel
Berechtigungsvergaben ohne Genehmigung

Ein Mitarbeiter der IT-Abteilung hört im Rahmen eines Teammeetings, dass das externe Beratungsteam einer kleinen Finanzberatungsgesellschaft zukünftig die Abteilung Finanzen im operativen Tagesgeschäft unterstützen soll. Aufgrund dessen, dass der Mitarbeiter seine Aufgaben immer sehr schnell umsetzen möchte, vergibt er direkt im Anschluss dem externen Beratungsteam die neuen Berechtigungen für die Finanzabteilung. Der Berechtigungsprozess des Unternehmens sieht keine Genehmigung nach dem 4-Augen-Prinzip vor; die erteilten Berechtigungen werden unmittelbar zur Verfügung gestellt.

Das externe Beratungsteam soll jedoch gar nicht das Tagesgeschäft der Finanzabteilung unterstützen, es handelt sich hierbei nur um ein Gerücht. Zufällig bemerken die Berater, dass sie Zugang zu allen Daten der Finanzabteilung haben. Sie nutzen ihren Zugang zu den Daten fortan aus, verschaffen sich hieraus Insiderwissen und verkaufen der Geschäftsführung damit neue Projekte. Bei vorhandenem 4-Augen-Prinzip in der Berechtigungsvergabe wäre der Fehler unmittelbar aufgefallen.

Aus einer möglicherweise fehlerhaften Freigabe von Benutzerrechten ergibt sich für ein Unternehmen das **Risiko**, dass Personen (auch extern) über Berechtigungen verfügen, die sie nicht haben dürften und damit Aktivitäten durchführen, die negative Folgen für das Unternehmen haben.

Beispiel
Umgehung des Berechtigungsverfahrens aufgrund von Zeitdruck

Während der Ferienzeit muss eine äußerst zeitkritische Zahlungsanweisung freigegeben werden, die vom Geschäftsführer per E-Mail angewiesen wurde. Der Geschäftsführer befindet sich auf einer Messe im Ausland und muss angeblich zum Kauf einer für die Produktion wichtigen Maschine direkt eine Überweisung durchführen, sonst erhält er diese Maschine nicht zum Messevorzugspreis. Leider sind aber alle zur Freigabe berechtigten Personen noch im Urlaub; der Geschäftsführer hat, wie in der E-Mail geschrieben, keinen Zugriff auf die Systeme und zudem schlechten Mobilfunkempfang. Die Zeit drängt. Eine Mitarbeiterin kommt auf eine vermeintlich gute Idee und ruft bei der IT-Abteilung an und fordert unter Erklärung des Sachverhalts, dass sie die Berechtigung zur Freigabe nun unbedingt benötigt. Die IT-Kollegen versuchen zwar noch den Geschäftsführer zu erreichen, leider ohne Erfolg. Die IT-Abteilung vergibt daher der Mitarbeiterin der Buchhaltung die privilegierte Berechtigung; die Mitarbeiterin soll sich direkt nach Durchführung der Buchung melden, dann wird ihr die Berechtigung wieder entzogen. Die Mitarbeiterin kann daraufhin die Überweisung i. H. v. 500.000 € freigeben.

Zwei Tage später ist der Geschäftsführer wieder zurück von der Messe, nach Durchsicht der Kontobewegungen fällt ihm auf, dass eine Zahlungsanweisung i. H. v. 500.000 € ausgeführt wurde. Nach Rücksprache mit seinen Mitarbeitern wird deutlich, dass es sich bei der Anweisung per E-Mail um eine Fälschung handelte und nicht vom Geschäftsführer angewiesen wurde. Das Unternehmen stellt Strafanzeige.

IDs/Benutzerkennungen dienen dazu, eine klare Zuordnung der Tätigkeiten/Kompetenzen der einzelnen Mitarbeiter in Systemen zu ermöglichen (bspw. bei der Zuordnung von Genehmigungsstufen für einzelne Mitarbeiter).

Häufig liegt das **Problem** vor, dass einzelnen Mitarbeitern keine eindeutigen IDs/Benutzerkennungen zugeordnet werden. Dies kann dazu führen, dass Mitarbeiter über mehrere Accounts mit unterschiedlichem Berechtigungsumfang verfügen oder sich schlimmstenfalls diese sogar teilen. Im Mittelstand finden sich immer wieder Mitarbeiter mit mehreren Benutzeraccounts mit unterschiedlichen Berechtigungen aus unterschiedlichen Bereichen (bspw. MMüller, Müller, Müllertest etc.). Es besteht das **Risiko**, dass der Mitarbeiter bei seiner täglichen Arbeit nicht auf eine strikte Trennung der einzelnen Zugänge achtet und/oder diese missbraucht.

Auf der anderen Seite ist es auch möglich, dass sich mehrere Personen einen gemeinsamen Account teilen. Es handelt sich hierbei um sog. **Funktionalaccounts/Sammelnutzer** (bspw. Test, Admin1, Azubi6, Extern etc.). Im Mittelstand findet man diese Berechtigungen häufig bei Produktionsmitarbeitern, jedoch vereinzelt auch für Mitarbeiter in Fachbereichen sowie der IT. Wenn es sich dann bei den vergebenen Berechtigungen auch noch um kritische Berechtigungen handelt, ergibt sich ein erhebliches **Risiko** auch für die Rechnungslegung, da nicht mehr nachvollzogen werden kann, wer welche Tätigkeiten vorgenommen hat.

Beispiel
Änderungen an Stammdaten mit Funktionalaccounts

Ein mittelständisches Bauunternehmen verfügt über umfangreiche Lieferantenbeziehungen. Bestellungen, Lieferabwicklungen und Bezahlungen von Baumaterialien sowie Dienstleistungen von Subunternehmen werden IT-gestützt abgewickelt.

Um Fehler und Manipulationen auszuschließen, dürfen Änderungen an Stammdaten (bspw. Zahlungsverbindungen) nur von ausgewählten Kollegen durchgeführt werden. Zur vereinfachten Umsetzung in den IT-Systemen werden derartige Änderungen über einen Sammeluser („Änderung_Stammdaten") durchgeführt.

Aufgrund wiederholter Rückfragen der Lieferanten zum Verbleib von Zahlungen erfolgt eine Untersuchung der Transaktionen im System. Es wird festgestellt, dass umfangreiche Manipulationen der Zahlungsverkehr-Stammdaten der Lieferanten stattgefunden haben. Nicht nur ist aufgrund der Nutzung von Sammelusern keine klare Zuordnung der Manipulationen auf einen konkreten Mitarbeiter möglich. Auch führt die gegenseitige Verdächtigung der Nutzer des Sammeluser-Accounts zu einer Vergiftung des Arbeitsklimas.

Regelmäßige Kontrollen der Benutzerberechtigungsverwaltung (User Review/Rezertifizierung) dienen der Überprüfung der korrekten Benutzervergabe/-änderung/-löschung. Dies sollte sämtliche fachliche und IT-Berechtigungen, aber auch spezifische Accounts, wie bspw. Administratoren, technische User, externe Mitarbeiter, Zeitarbeitskräfte, Praktikanten etc. umfassen.

Häufig liegt in der Praxis das **Problem** vor, dass keine oder nur eine partielle Kontrolle der Benutzerverwaltung vorgenommen wird. Auch erfolgen die Kontrollen oft nicht in einem regelmäßigen Turnus (bspw. halb-/jährlich).

Bei einer fehlenden Kontrolle der Benutzerverwaltung führt das zu dem **Risiko**, dass fälschlicherweise vergebene Rechte nicht identifiziert werden. Die Folge sind mögliche (gewollte/ungewollte) Manipulationen, Datenverluste bzw. eine Verletzung von Vertraulichkeit und Integrität. Bestimmte Prozesse und Freigabestufen könnten somit umgangen werden und zugleich Funktionstrennungs-Konflikte vorliegen.

Hinweis:
Regelmäßige User Reviews/Rezertifizierungen sind essentiell, um eine angemessene Berechtigungsvergabe sicherzustellen, das Minimalprinzip der Rechtevergabe einzuhalten und Funktionstrennungs-Konflikte auszuschließen. Eine Sensibilisierung der Führungskräfte hierzu ist sehr wichtig, auch um die Risiken transparent zu machen.

Die Festlegung geeigneter **Passwortregelungen** ist eine wesentliche Grundvoraussetzung für eine effektive Benutzerberechtigungsverwaltung. Hierunter fallen Länge und Komplexität von Passwörtern sowie deren Gültigkeitsdauer, technisch in dem System hinterlegt.

Folgende **Probleme** hinsichtlich Passwörter können bei Unternehmen in der Praxis auftreten:

- Es gibt keine oder unzureichende schriftliche Passwortregelungen bzw. keine Verbindung zum IT-Sicherheitskonzept.
- Die Passwortlänge liegt unter 8 Zeichen.
- Eine Passwortkomplexität ist nicht gefordert.
- Übertrieben hohe Anforderungen an Länge/Komplexität erhöht die Sicherheit nicht und führt in der Praxis oft zum Aufschreiben der Passwörter.
- Es gibt keinen systemseitigen Zwang, Passwörter regelmäßig zu ändern bzw. bei Änderungszwang können alte Passwörter wiederverwendet werden.
- Das Initialpasswort ist innerhalb des Unternehmens öffentlich zugänglich.

Es bestehen folgende **Risiken:**

- Unberechtigte Personen können sich Zugriff verschaffen.
- Wenn zusätzlich ein Single-Sign-On zu zentralen Systemen vorliegt, können erhebliche Datenmanipulationen und -löschungen erfolgen.

Beispiel

Datendiebstahl durch unzureichenden Passwortschutz

Ein mittelständisches Unternehmen der Chemiebranche hat seit seiner Gründung keine Passwortregelungen im Unternehmen etabliert. Das Initialpasswort wurde bei Einrichtung der Systeme durch die IT festgelegt und dem Mitarbeiter mit seinen Arbeitsunterlagen bei Eintritt in das Unternehmen überreicht. Eine schriftliche Anweisung zur Änderung des Initialpassworts gibt es nicht und es erfolgt auch kein systemseitiger Zwang dazu; die Mitarbeiter werden lediglich informell zum Wechsel des Passworts aufgefordert. Die Passwortlänge soll dabei jeder Mitarbeiter selbst festlegen, Komplexitätsvoraussetzungen sind systemseitig ebenfalls nicht hinterlegt.

Nach einer Meinungsverschiedenheit nutzt ein Mitarbeiter den Account des Geschäftsführers und meldet sich mit dessen Login an. Der Geschäftsführer hatte als Passwort den Namen seiner Tochter gewählt, was der Mitarbeiter nach wenigen Versuchen herausfinden konnte. Er zieht umfangreiche Geschäftsgeheimnisse sowie Kundendaten ab, die er auf dessen Laufwerken finden konnte. Wenig später verlässt er das Unternehmen, um zur Konkurrenz zu wechseln.

Eine 2-Faktor-Authentifizierung ist in der Praxis im Mittelstand leider nur selten zu finden. Mehrstufige Verfahren sind weitgehend noch wenig verbreitet (bspw. USB-Token, Smart-Cards, biometrische Verfahren). Dadurch wird Angreifern der Zugang zu Systemen deutlich erleichtert.

Beispiel
Fehlende Abfrage der Identität führt zu Sicherheitslücken

Bei einem mittelständischen Automobilzulieferer erfolgt der First-Level-Support durch Mitarbeiter einer IT-Tochter des Unternehmens. Auch unterstützen diese Mitarbeiter bei Fragen zu Passwortvergabe und Passwortänderungen.

Sensibilisiert durch IT-Sicherheitsvorfälle bei Geschäftspartnern werden von dem Unternehmen Sicherheitsspezialisten beauftragt, die IT-Sicherheit zu überprüfen. Ein Bestandteil der Prüfung ist auch der First-Level-Support bei der eigenen IT-Tochter. Die IT-Sicherheitsspezialisten rufen über eine Telefonnummer des Unternehmens bei der Supporthotline an und geben an, ein Mitarbeiter des Unternehmens zu sein, der sein Passwort leider vergessen hat.

Daraufhin setzen die Supportmitarbeiter ohne Rückfrage zur Identität des Anrufers, den Account des betroffenen Mitarbeiters zurück. Sie ermöglichen ferner den Sicherheitsspezialisten mittels unternehmensweit bekannter Benutzerkennung des Mitarbeiters das Passwort neu zu vergeben und auf alle vertraulichen Daten und Anwendungen zuzugreifen.

Bei näherer Betrachtung der Ursache dieser Sicherheitslücke wurde deutlich, dass die Supportmitarbeiter keine Regelungen zur Identitätsüberprüfung des Anrufers bekommen hatten und auch die

Mitarbeiter keine Möglichkeit hatten sich in irgendeiner Form zu authentifizieren.

Von dieser signifikanten Sicherheitslücke alarmiert, erfolgt ein Abgleich aller Urlaubsdaten der Mitarbeiter mit der Protokolldatei der Passwortrücksetzungen. Dabei werden zwei Fälle identifiziert, bei denen Mitarbeiter im Urlaub waren und zur gleichen Zeit ihre Passwörter zurückgesetzt wurden. Es ist weder nachvollziehbar, welche Mitarbeiter den Identitätsdiebstahl damals begangen haben, noch welchen Schaden sie mit den gestohlenen Zugangsdaten verursacht haben.

Hinweis:
Im Internet existieren Dienste/Webseiten, auf denen man die Sicherheit von Passwörtern testen kann. Dies kann man als Grundlage nehmen, um die Passwortpolitik einzelner Unternehmen in Frage zu stellen und transparent zu machen, wie schnell das Hacking dieser Passwörter über Brute-Force-Attacken ablaufen kann. Selbstverständlich sollte man niemals echte Passwörter testen lassen, da diese so abgegriffen und gespeichert werden könnten.

Für den Wirtschaftsprüfer stellen fehlende Regelungen und Kontrollen in der Benutzerberechtigungsverwaltung eine durchwegs schwierige Ausgangslage für die IT-Prüfung dar. Es kann nicht nachvollzogen werden, wer welche Tätigkeiten auf welcher Genehmigungsgrundlage durchgeführt hat (bspw. auch betreffend den Buchungsstoff). Durch den Wirtschaftsprüfer sind bei nicht nachvollziehbarer Berechtigungsverwaltung ggf. umfangreiche weitere Prüfungshandlungen vorzunehmen.

Praxistipp:
Dem Wirtschaftsprüfer muss bewusst sein, dass das Thema Berechtigungsverwaltung sehr vielschichtig ist. Sowohl der Prozess der Verwaltung (Anlage, Änderung, Löschung) als auch die einzelnen Profile und die Kombination dieser Profile für die einzelnen Mitarbeiter hinsichtlich Funktionstrennung sind entscheidend bei der Überprüfung der Berechtigungen. Grundlage für die Betrachtung ist, dass sich das Unternehmen darüber bewusst ist, welche Daten und/oder

Bereiche im Unternehmen, in welcher Form schützenswert sind. Ausgehend davon, bieten sich folgende Prüfungshandlungen an:

- Einsichtnahme in die Dokumentationen zum Benutzerverwaltungsprozess (Berechtigungsvergabe, -änderung und -löschung von Berechtigungen),
- Einsichtnahme in die systemseitigen Rollen- und Berechtigungsprofile und Abgleich mit Organigrammen/Stellenbeschreibungen und dahingehend auch Durchsicht hinsichtlich Funktionstrennungskonflikten,
- Durchführung einer Stichprobe über die eingerichteten Berechtigungen insbesondere in rechnungslegungsrelevanten Systemen und für zentrale Personen,
- Durchführung einer Stichprobe über Berechtigungslöschungen insb. bei Austritt,
- Durchführung einer Stichprobe über Berechtigungsänderungen insb. beim Wechsel von Mitarbeitern zwischen den Abteilungen,
- Nachvollzug des Freigabeprozesses anhand der Stichproben bzw. im System,
- Auswertung vergebener Berechtigungen auf Vorhandensein von Funktionalaccounts/Sammeluser,
- Einsichtnahme in die Vorgaben zu Passwörtern (Länge, Komplexität, Gültigkeitsdauer) sowie Überprüfung der Vorgaben in Systemen,
- Einsichtnahme in durchgeführte User Reviews/ Rezertifizierungen,
- ggf. Durchführung eines Walkthroughs am System.

4.2.10 Ungenügende Kontrolle von Zugriff durch mobile Endgeräte

Mobile Endgeräte sind im heutigen Unternehmensalltag allgegenwärtig. Sie unterstützen, verbessern und beschleunigen oftmals Unternehmensprozesse und tragen damit zunehmend zur Wertschöpfung der Unternehmen bei. Mobile Endgeräte umfassen hierbei Geräte, welche im Rahmen ihrer normalen Nutzung transportiert oder bewegt werden, wie bspw. Tablets, Smartphones, Laptops, USB Sicherungsgeräte, Kameras.

Anwendungsgebiete für mobile Endgeräte:

- zum Empfang und Versand von E-Mails,
- als Dokumenten-Austauschplattform,

- für prozessspezifische Anwendungen vor Ort bei Kunden,
- als vollständiges Arbeitsgerät,
- als Sicherungsmedium.

Durch die intensive Verwendung dieser Geräte hinsichtlich sensibler Daten und die Einbindung in geschäftskritischen Prozessen sowie den zunehmenden Funktionsumfang, stellen sie jedoch vermehrt Angriffsziele dar. Die Mobilität dieser Geräte macht die Implementierung von physischen Zutrittssicherungen auf das Gerät selbst und logischen Zugriffssicherungen auf darauf befindliche Daten mitunter schwierig. Zugleich sind mobile Geräte besonders leicht durch unterschiedliche Angriffspunkte bedroht.

Folgende **Probleme** sind bei Unternehmen häufig anzutreffen, da sich diese Geräte gerade durch ihre Mobilität häufig den unternehmenseigenen Sicherheitskontrollen entziehen (physisch und logisch):

- kein aktives Managen der betroffenen Geräte im Unternehmen (fehlende Kontrolle),
- keine klaren Regelungen zur Verwendung unternehmenseigener mobiler Geräte,
- keine klaren Regelungen zur Verwendung von unternehmensfremden mobilen Geräten (BYODM),
- keine angemessene Dateiverschlüsselung,
- geringfügige Authentifizierungskontrolle,
- Zulassung von Drittsoftware, Nutzung unsicherer Kommunikationskanäle,
- Erlaubnis des Zugriffs auf verschiedene unbekannte und unsichere Netzwerke (WLAN).

Daraus entstehen folgende **Risiken** für die Unternehmen:

- Zugriffsmöglichkeiten durch Unberechtigte auf die Geräte und damit auf sensible Daten (bspw. Diebstahl, fake URL, durch manipulierte Apps, WLAN-Man-in-the-Middle-Angriffe, SSLStrip),
- Unberechtigte Zugriffsmöglichkeiten auf unternehmensinterne Geräte und Netzwerke (bspw. durch das Akkuladen von privaten Smartphones am Unternehmenslaptop und dadurch Installation von Malware, Verwendung als Spionagewerkzeug),
- Gefährdung des Datenschutzes.

IT-Sicherheitsbedrohungen durch mobile Endgeräte werden häufig erst spät erkannt. Nach einer aktuellen Studie sind bei mehr als 70 % der mittelständischen Unternehmen mobile Endgeräte nicht angemessen geschützt[104].

> **Beispiel**
> **App veröffentlicht strategische Unternehmensgeheimnisse**
>
> Ein mittelständisches Unternehmen besitzt nur eine kleine IT-Abteilung. Der Geschäftsführer benutzt hier sein Smartphone zu privaten, aber auch dienstlichen Zwecken. Er erhält hierüber etwa Zugang zu seinen Geschäftsmails. Über seinen E-Mail-Account werden u. a. Preislisten und wichtige strategische Anweisungen versandt.
>
> Der Geschäftsführer möchte zum Ausgleich zu seiner stressigen Arbeit, ab und zu eine Meditations-App nutzen. Er sucht sich eine kostenlose App heraus. Vor der Installation wird angezeigt, welche Zugriffsberechtigungen die App auf dem Smartphone benötigt, darunter sind auch Gruppenzugriffe wie Kontakte, Bilder, Internetzugriff, SMS, E-Mails. Diese Meldung akzeptiert er in üblicher Manier ungeprüft und installiert die App. Seine Apps werden alle immer automatisch geupdatet, das ist für die tägliche Handhabung einfacher, außerdem werden dadurch stets die neusten Funktionen installiert.
>
> Es handelt sich bei dieser App um eine unseriöse App, welche aufgrund der erteilten Berechtigungen alle Daten auslesen kann. Mit den zusätzlichen Updates werden zudem noch erweiterte Berechtigungen erteilt.
>
> Es kommt nun dazu, dass der Konkurrent als erster wichtige strategische Schritte vornimmt, die der Geschäftsführer eigentlich für sein Unternehmen vorgesehen hatte. Wichtige Informationen müssen nach außen gedrungen sein. Dass hierfür die App verantwortlich war, kommt erst nach langwieriger Analyse durch Hinzuziehen eines IT-Security-Spezialisten heraus. Seitdem sind bereits wichtige Marktanteile an den Konkurrenten verloren gegangen.

---

[104] techconsult.de (2019)

Für den Wirtschaftsprüfer ergibt sich aus dem fehlenden Schutz von mobilen Endgeräten das Problem, nicht nachvollziehen zu können, ob unberechtigte Zugriffe, Manipulationen oder Datenverluste vorgekommen bzw. zukünftig möglich sind.

> **Praxistipp:**
> Der Wirtschaftsprüfer sollte sich eine Übersicht aller genutzten mobilen Geräte vom Mandanten geben lassen, um einschätzen zu können, wo sensible Daten unberechtigt benutzt bzw. verloren gehen könnten. Zudem sind im Unternehmen vorhandene und genutzte IT-Sicherheitsdokumente eine hilfreiche Grundlage für die Prüfung.
>
> Auf dieser Grundlage kann der Wirtschaftsprüfer folgende Prüfungshandlungen vornehmen:
>
> - Einsichtnahme in die Regelungen zum Mobile Device Management (MDM) bzw. Sicherheitsrichtlinie inkl. Regelung zur Verwendung im Unternehmen und außerhalb sowie Vorgehen im Schadensfall und Festlegung von Verantwortlichkeiten,
> - Einsichtnahme in die Registrierung von mobilen Geräten (Datenbank),
> - Einsichtnahme in die Verschlüsselung von mobilen Geräten und den verschlüsselten Zugang zum Firmennetz und weiteren sicherheitsrelevanten Gerätekonfigurationen,
> - ggf. Einsichtnahme in Datensicherungen von Daten auf mobilen Geräten (bspw. Containerlösungen),
> - Einsichtnahme in die Authentifizierungsmöglichkeiten auf den Geräten,
> - Einsichtnahme in die Möglichkeit des externen Zugriffs (bspw. bei Diebstahl oder Verlust),
> - Einsichtnahme in den Virenschutz von mobilen Geräten,
> - Einsichtnahme in die Durchführung von Sicherheitsupdates,
> - ggf. Einsichtnahme in die Regelungen zur Nutzung privater Geräte (BYOD),
> - Begehung der Räumlichkeiten, um die Verwendung von mobilen Geräten einzusehen,
> - ggf. Einsichtnahme in Schulungen und Sensibilisierungsmaßnahmen,
> - Einbindung mobiler Geräte in die Datensicherung, das Notfallmanagement und ggf. Wiederherstellung.

> Häufig ist zentralen Personen in mittelständischen Unternehmen gar nicht bewusst, welche Risiken die Nutzung von mobilen Endgeräten, insbesondere auch von unternehmensfremden mobilen Geräten, bei fehlenden Sicherheitsmaßnahmen haben kann. An dieser Stelle sollte der Wirtschaftsprüfer sensibilisieren.

4.2.11 Unsystematische Datensicherung und Archivierung

„Kontrollen zur Sicherstellung, dass Backups von Rechnungslegungsdaten wie geplant stattfinden und dass diese Daten verfügbar sind und auf diese für eine zeitgerechte Wiederherstellung im Falle eines Ausfalls oder Angriffs zugegriffen werden kann."[105]

Gemäß § 257 HGB ist jeder Kaufmann dazu verpflichtet, Handelsbücher, Inventare, Eröffnungsbilanzen, Jahresabschlüsse, Einzelabschlüsse, Lageberichte, Konzernabschlüsse, Konzernlageberichte sowie die zu ihrem Verständnis erforderlichen Arbeitsanweisungen und sonstigen Organisationsunterlagen, empfangene Handelsbriefe, Wiedergaben der abgesandten Handelsbriefe, Belege für Buchungen (Buchungsbelege) für Dritte nachweislich aufzubewahren[106]. In der Abgabenordnung § 147 AO werden zudem konkrete Angaben zum Umfang und Zeitrahmen der Aufbewahrungspflichten des Unternehmens gestellt.[107]

Bei der Aufbewahrung besteht eine freie Wahl des Datenträgers (§§ 238 Abs. 2, 257 Abs. 3 HGB), soweit die gewählte Aufbewahrungsform den Grundsätzen ordnungsgemäßer Buchführung entspricht. Die Archivierung kann insofern auch auf elektronischen Medien erfolgen. „Datensicherungs- und Archivierungsverfahren müssen so ausgestaltet sein, dass die jederzeitige Verfügbarkeit und Lesbarkeit der Daten sichergestellt ist. Geeignete Verfahren sind hinreichend gestaffelte Tages-, Monats- und Jahressicherungen, die Inventarisierung aller Sicherungsmedien einschließlich der Führung von Datenträgerverzeichnissen sowie die Auslagerung wichtiger Sicherungsbestände außerhalb des Rechnerbereichs. Ein nachvollziehbar dokumentiertes Datensicherungssystem setzt voraus, dass über die gesicherten Daten und Programme systema-

---

[105] ISA 315 (Revised 2019) Anlage 6 Sachverhalt 2(c)
[106] Vgl. § 257 Abs. 1 HGB
[107] Vgl. § 147 AO

tische Verzeichnisse geführt werden, die eine geordnete Aufbewahrung und Auffindbarkeit sicherstellen."[108]

Auch wurde gemäß der DS-GVO datenschutzrechtlich im Sinne der Zweckbindung und Datenminimierung/Datensparsamkeit hervorgehoben, dass der Umfang und die Dauer einer Speicherung kritisch zu hinterfragen sind. Anforderungen an den Datenschutz müssen auch bei Archivierungen berücksichtig werden.

Die Grundlage für eine angemessene Datensicherung ist ein **Datensicherungskonzept**. Dieses beinhaltet die Beschreibung der vorzunehmenden Sicherungen und die verbundenen Kontrollen (wie bspw. Datensicherungstests und angemessene Sicherung der Speichermedien) auf Grundlage unterschiedlicher Datenkategorien.

In der Praxis finden sich hinsichtlich des Datensicherungskonzepts folgende **Probleme**:

- Immer wieder trifft man auf fehlende oder unzureichende Datensicherungskonzepte. Die Beschreibungen über die vorzunehmenden Datensicherungen sind nicht angemessen, obwohl grundsätzliche ein organisatorisches Vorgehen vorgesehen ist.
- Es liegen keine klaren Verantwortlichkeiten zur Durchführung der Datensicherung vor (bspw. Jobüberwachung, Tapewechsel); gerade beim Einsatz eines Dienstleisters kann dies kritisch sein.

Dies kann zu folgenden **Risiken** führen:

- Es gibt kein einheitliches Datensicherungsverfahren, welches sowohl eine zuverlässige Datensicherung, als auch Kontrolle dieser sicherstellt.
- Es werden eventuell Sicherungen unregelmäßig durchgeführt; wodurch bestimmte Daten nach Ausfällen u. U. nicht mehr hergestellt werden können.
- Gleichzeitig könnten womöglich unberechtigte Personen auf Sicherungen zugreifen.

Es sind Archivierungsprozesse im Hinblick auf archivierungspflichtige und archivierte Daten und Dokumente sowie Löschkonzepte zu regeln.

---

[108] IDW RS FAIT 1, Tz. 85

Archivierungsprozesse und Löschkonzepte sind hierbei in Einklang mit den bestehenden handels- und steuerrechtlichen Aufbewahrungsfristen (AO, HGB) sowie etwa den datenschutzrechtlichen Grundsätzen von Erforderlichkeit, Speicherbegrenzung und Datenminimierung (vgl. Art. 5 Abs. 1 DS-GVO) zu bringen. Ferner gilt es gleichermaßen handels- und datenschutzrechtliche Sicherheitsvorschriften hinreichend zu berücksichtigen. Zu achten ist insbesondere auf hinreichende technische und organisatorische Sicherheitsmaßnahmen, die mitunter die Integrität, Wiederherstellbarkeit (insbesondere nach Migration) und Vermeidung von Verlusten gewährleisten. In rechtlicher Hinsicht ist ferner nicht unbedingt klar, inwieweit private Nachrichten aus dem betrieblichen E-Mail-System eines Unternehmens überhaupt archiviert werden dürfen. Die Archivierung wirft alles in allem eine Vielzahl unterschiedlicher Rechtsfragen auf, die gleichsam im Wege der IT-Compliance zu beantworten wären. Bei etwaigen Zuwiderhandlungen gegen die vorgenannten Vorschriften drohen unterschiedliche Haftungsszenarien. So können bei Zuwiderhandlungen gegen Datenschutzbestimmungen empfindliche Bußgelder und Schadensersatzforderungen drohen. Die Aufbewahrungspflichten sind ferner Bestandteil der Grundsätze einer ordnungsgemäßen Buchführung, so dass ein gravierender Verstoß Folgen für den Bestätigungsvermerk des Abschlussprüfers haben kann. Es kommt darüber hinaus etwa einer Vernichtung von Handelsbüchern vor Ablauf der Aufbewahrungspflichten eine Strafbarkeit im Rahmen der Insolvenztatbestände oder wegen Urkundenunterdrückung in Betracht. Steuerrechtlich droht bei Verletzung der Aufbewahrungspflicht u.a. die Schätzung der Besteuerungsgrundlage.

Beispiel
Vergessene Back-up-Jobs

Ein Mittelständler übernimmt einen kleineren Konkurrenten. Ziel ist es, das kleinere Unternehmen vollständig mit allen Bereichen zu integrieren. Hierzu muss auch die IT vollständig zusammengeführt werden. Ein Teilbereich hiervon ist die Datensicherung über das gesamte neue Unternehmen.

Das kleinere Unternehmen hat die Datensicherung bisher mittels einer selbstentwickelten Anwendung manuell angestoßen und durch IT-Mitarbeiter mehr oder weniger regelmäßig vornehmen lassen.

> Ziel ist es zukünftig die Sicherungen aller Anwendungen und Daten im übergeordneten Unternehmen mittels einer vollautomatischen Standard-Datensicherungssoftware durchzuführen. Hierzu werden die bisher manuell durchgeführten Jobs auf die Standardanwendung übertragen.
>
> Im Rahmen der nächsten Jahresabschlussprüfung wird auch die Datensicherung überprüft. Hierbei fällt auf, dass wichtige Sicherungen, die im kleinen Unternehmen immer persönlich durch den damaligen IT-Leiter durchgeführt wurden, nicht in der Backup-Jobliste der neuen Sicherungssoftware enthalten waren und daher nicht vorgenommen wurden. Offensichtlich hatten die IT-Mitarbeiter des kleineren Unternehmens in regelmäßigen Abständen weitere manuelle Datensicherungen vorgenommen, die bei der Überführung übersehen wurden.
>
> Das Unternehmen hat noch einmal Glück gehabt und alle relevanten Daten sind in den produktiven Systemen verfügbar. Wäre es jedoch zu einem Datenverlust gekommen, hätten wichtige Geschäftsdaten nicht mehr hergestellt werden können.

Jede Datensicherung sollte in einem **Datensicherungsprotokoll** nachvollziehbar dokumentiert werden, damit sie sowohl für die internen Mitarbeiter als auch durch Externe wie bspw. den Wirtschaftsprüfer, hinsichtlich ihrer korrekten Durchführung der Sicherungsjobs überprüft werden können.

Dabei treten immer wieder folgende **Probleme** hinsichtlich der Protokollierung der Datensicherungsjobs auf:

- Häufig reichen diese Datensicherungsprotokolle nur wenige Wochen zurück und werden dann überschrieben (bspw. weil maximale Protokollgrößen auf deutlich zu geringe Größen, bspw. nur 1 Megabyte, gesetzt wurden).
- Genauso werden Rückmeldungen von Datensicherungssystemen über die erfolgreiche/nicht erfolgreiche Sicherung bspw. in Form von E-Mail-Meldungen des IT-Dienstleisters nach Erhalt direkt gelöscht. Man vertraut der Datensicherung blind.
- Fehlermeldungen über nicht erfolgreiche Jobs treten immer wieder auf und werden darum ignoriert, anstatt das Problem zu analysieren.

> **Beispiel**
> **Fehlende Datensicherungsprotokolle**
>
> Ein größeres Familienunternehmen setzt für die Datensicherung ein modernes, am Markt etabliertes Standardsystem ein. Es führt die Datensicherung nach definierten Jobs durch und speichert die Datensicherungsprotokolle als Nachweis über die Durchführung der Datensicherung für 60 Tage automatisch. Nach 60 Tagen werden die Protokolle dann automatisch überschrieben. Außerdem sendet das System täglich Bestätigungen bzw. Fehlermeldungen über die Sicherungsjobs. Diese E-Mails werden durch die Mitarbeiter aufgrund guter Erfahrungen mit der Datensicherung mittlerweile routinemäßig gelöscht und fallen nicht mehr unter die tägliche E-Mail-Sichtung.
>
> Der Wirtschaftsprüfer möchte nun gerne zum Jahresende nachvollziehen, ob die Datensicherung regelmäßig erfolgreich vollzogen wurde und fordert eine stichprobenhafte Einsichtnahme der Datensicherungsprotokolle und Sicherungs-E-Mails auch vom Anfang des Jahres an.
>
> Diese Nachweise kann das Unternehmen nicht liefern, da alle Protokolle bereits mehrfach überschrieben wurden und nur noch vereinzelte, nicht routinemäßig gelöschte Sicherungs-E-Mails auffindbar bzw. wiederherstellbar sind. Zum Nachweis der erfolgreichen Sicherung bietet das Unternehmen an, stichprobenartig aufgezeichnete Sicherungen auf Tape vorzuzeigen. Diese Überprüfung zeigt, dass an mehreren Tagen die Datensicherung tatsächlich aufgrund von Datenbankfehlern nicht erfolgreich durchgeführt werden konnte. Das Unternehmen ist für den Hinweis des Wirtschaftsprüfers sehr dankbar und hatte Glück, dass kein Datenverlust erlitten wurde.

Ein regelmäßiger **Test der Datensicherungen** ist notwendig, um zu überprüfen, dass die Datensicherungen zuverlässig ablaufen. Auch wird dabei geprüft, ob Datensicherungen zu unterschiedlichen Zeitpunkten noch funktionsfähig sind oder die Datenträger ggf. ausgetauscht werden müssen.

In der Praxis herrschen häufig folgende **Probleme**:

- Tests der Datensicherung erfolgen gar nicht. Teilweise erfolgt kein Test nach Fertigstellung einer Sicherung, teilweise wird aber auch kein Test der Sicherung vergangener Jahre vorgenommen.
- Vorgenommene Tests werden nicht dokumentiert und sind daher nicht nachvollziehbar.

> **Beispiel**
> **Fehlerhafte Datensicherung aufgrund eines defekten Bandlaufwerks**
>
> Ein mittelständischer Maschinenbauer ist marktführend in der Herstellung von innovativen Getrieben. Die Erkenntnisse und Auswertungen der Forschungsabteilung werden daher auch täglich gesichert und mittels Bandlaufwerk auf Tape aufgezeichnet. Wöchentlich gibt es zudem eine Vollsicherung auf Tape. Die Vollsicherungen werden verschlüsselt durch einen Mitarbeiter der IT in den Banksafe gebracht. Die Tagessicherungen werden regelmäßig überschrieben.
>
> Eines Tages kommt es zu einem Defekt des Servers, auf dem die Forschungsabteilungen alle Daten über neue Innovationen abgespeichert hat. Die Forschungsabteilung macht sich keine allzu großen Sorgen, da man ja ein ausgeklügeltes Datensicherungsvorgehen für genau diesen Fall hat und beauftragt die IT, die Daten des aktuellsten Backup Tapes einspielen zu lassen. Es stellt sich dabei jedoch heraus, dass bereits seit längerem das Bandlaufwerk defekt war und keine lesbaren Daten mehr auf die Sicherungsbänder geschrieben wurden. Das letzte funktionsfähige Sicherungsband ist mehrere Monate alt und Forschungsarbeiten und Innovationen der letzten Monate weitgehend verloren. Der Maschinenbauer verliert innerhalb kürzester Zeit seine Marktführerschaft.

Die **Verwendung von angemessener Sicherungshardware** ist in mittelständischen Unternehmen häufig problematisch, da:

- Sicherungshardware sehr lange, auch über den vom Hersteller empfohlenen Zeitraum hinaus verwendet wird,
- Sicherungshardware hinsichtlich der physischen Sicherheit nicht angemessen abgesichert wird (siehe Kapitel 4.2.8).

> **Beispiel**
> **Überschriebene Kassendaten**
>
> Ein Elektronikhändler setzt für sein Kassensystem eine handelsübliche Kasse ein, die mit einer SD-Karte ausgestattet ist, um den Vorgaben der Einzelaufzeichnungspflicht nachzukommen. Das Kassensystem wurde vor einigen Jahren durch einen Kassenhersteller

installiert, Handbücher über die ordnungsgemäße Nutzung aller Kassenkomponenten wurden dem Geschäftsführer übergeben. Die Kasse funktioniert scheinbar ohne Probleme.

Im Rahmen einer Kassenprüfung sollen nun alle Kassendaten des letzten Jahres ausgelesen werden. Bei der Überprüfung fällt auf, dass die Daten auf der SD-Karte alle 3 Monate automatisch überschrieben werden. Für die Kassenprüfung sind nun nur noch die letzten 3 Monate nachweisbar. Aufgrund dieses gravierenden Mangels in der Aufzeichnung, ist die Finanzbehörde zur Hinzuschätzung befugt.

Die **revisionssichere Archivierung** wird durch Vorgaben des Datenschutzrechts, Handels-, Steuerrecht sowie durch die GoBD-Verwaltungsvorschrift konkretisiert. So muss etwa u. a. handelsrechtlich alles archiviert werden, was einen geschäftlichen Hintergrund hat (wie Handelsbriefe, Verträge). Steuerrechtlich muss alles, was mit der Leistungserbringung und der Abrechnung im Unternehmen zu tun hat, ebenfalls entsprechend archiviert werden. Jedoch wird durch den Gesetzgeber nicht klar vorgeschrieben, wie genau eine revisionssichere Archivierung auszusehen hat. Nach § 257 Abs. 3 HGB können die zu archivierenden Unterlagen zur Wiedergabe auf einem Bildträger oder auf anderen Datenträgern aufbewahrt werden, wenn es den GoB entspricht. Dabei sollen die elektronischen Unterlagen bzw. Daten originär elektronisch archiviert werden, das bedeutet eine Aufbewahrung als Ausdruck ist nicht ausreichend.

Es gelten folgende grundlegende Vorgaben für die revisionssichere Archivierung:

- Verfügbarkeit der archivierten Unterlagen und Daten innerhalb der Aufbewahrungsfrist,
- Lesbarkeit der archivierten Unterlagen und Daten innerhalb angemessener Frist,
- Möglichkeit der maschinellen Auswertung.

Die GoB und GoBD, die teilweise aus dem HGB und der AO hergeleitet wurden und primär durch Rechtsprechungen und Empfehlungen der Wirtschaftsverbände geprägt sind, geben darüber hinaus Folgendes vor:

- Grundsatz der Nachvollziehbarkeit und Nachprüfbarkeit (§ 145 Abs.1 AO, § 238 Abs. 1 S. 2 und S. 3 HGB) (Beweissicherheit),

- Vollständigkeit (§ 146 Abs. 1 AO, § 239 Abs. 2 HGB),
- Richtigkeit (§ 146 Abs. 1 AO, § 239 Abs. 2 HGB) (keine Buchung ohne Beleg),
- zeitgerechte Buchungen und Aufzeichnungen (§ 146 Abs. 1 AO, § 239 Abs. 2 HGB) (Erfassung zeitnah und periodengerecht zum Geschäftsvorfall),
- Ordnung (§ 146 Abs. 1 AO, § 239 Abs. 2 HGB) (formalisiertes und standardisiertes System zur Erfassung der Geschäftsvorfälle),
- Unveränderbarkeit (§ 146 Abs. 4 AO, § 239 Abs. 3 HGB) (Verhinderung von Manipulationen).

Die Vorteile bei einer korrekten Archivierung sind:

- Rechtskonformität,
- Schutz vor Datenverlust,
- Schutz vor Überlastung von Servern und damit Hardwareschonung,
- Manipulationssicherheit,
- Vereinfachung von Backup und Restore (durch Reduzierung des Volumens auf den Servern, Verfügbarkeit im Schadensfall, schnelle Wiederherstellung durch klare Ordnung im Archiv),
- Erleichterung der Nutzung von Daten und Unterlagen in Gerichtsverfahren (Beweiskraft mit Archiv stärker),
- Zentralisierung wichtiger Daten und Unterlagen.

In der Praxis treten häufig folgende **Probleme** hinsichtlich der revisionssicheren Archivierung auf:

- Oft existiert keine oder lediglich eine rudimentäre Archivierungsstrategie – oder aber das Konzept entspricht nicht den rechtlichen Anforderungen.
- Immer wieder sieht man so Archivierungen, die frei zugänglich für alle Mitarbeiter auf Laufwerken oder anderen Datenträgern vorgenommen werden.
- Gleichzeitig werden nicht alle vom Gesetzgeber vorgeschriebenen Daten im Unternehmen gleichwertig archiviert. Das bedeutet, dass bewusst oder unbewusst Daten nicht archiviert werden, die jedoch unter die archivierungspflichtigen Daten fallen. Ein Beispiel dafür sind E-Mails. Wenn diese geschäftlichen Inhalt umfassen, müssen sie nach den geltenden Vorgaben archiviert werden.

Risiken für das steuerpflichtige Unternehmen können sein:

- Hinzuschätzung durch das Finanzamt und Zwangsgeld zum Erzwingen der ordnungsgemäßen Aufbewahrung,
- Einschränkung oder Sperren der Vorsteuerabzugsfähigkeit,
- nach § 378 AO bei einer Steuerverkürzung mit Geldbußen von bis zu 50.000 €,
- nach § 283 StGB bei deliktischem Handeln mit Geld- und Freiheitsstrafe,
- nach § 370 AO bei Verdacht auf Steuerhinterziehung mit einer Freiheitsstrafe von bis zu 10 Jahren,
- nach § 93 Abs. 2 KonTraG bei ungenügenden Risikomanagement mit privater Haftung der Geschäftsführung und weiterer Beteiligten.

Beispiel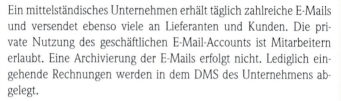
Vernachlässigte E-Mail-Archivierung

Ein mittelständisches Unternehmen erhält täglich zahlreiche E-Mails und versendet ebenso viele an Lieferanten und Kunden. Die private Nutzung des geschäftlichen E-Mail-Accounts ist Mitarbeitern erlaubt. Eine Archivierung der E-Mails erfolgt nicht. Lediglich eingehende Rechnungen werden in dem DMS des Unternehmens abgelegt.

Nach Hinweisen des Abschlussprüfers implementiert das Unternehmen eine Lösung zur E-Mail-Archivierung. Aufgrund der Flut an E-Mails, die gemäß den Anforderungen nach HGB, AO und GoBD nicht gespeichert werden müssen (bspw. private E-Mails), erlaubt das Unternehmen seinen Mitarbeitern auch diese E-Mails aus dem Archiv zu löschen bzw. redundante E-Mails von Geschäftskunden über Reklamationen etc. zu kürzen.

Aufgrund dessen, dass einige private E-Mails von Mitarbeitern nicht gelöscht und insofern unzulässig weiter verarbeitet wurden, drohen dem Unternehmen Geldbußen sowie u. U. Schadensersatzforderungen.

Datensicherungsbänder sollten auch **physisch sicher aufbewahrt** werden, damit diese nicht von Unbefugten entwendet bzw. Daten auf diesen manipuliert oder gelöscht werden können. Zudem sollten sie vor externen Faktoren geschützt werden (siehe Kapitel 4.2.8).

> **Beispiel**
> **Feuer zerstört Datensicherungsbänder**
>
> Ein kleines mittelständisches Unternehmen führt tägliche Datensicherungen durch. Wöchentlich erfolgen zudem Vollsicherungen aller Daten. Die Daten werden auf Sicherungs-CDs geschrieben und die CDs in einem Schrank in der Buchhaltung aufbewahrt. Die Buchhaltungsabteilung ist gegen fremden Zugang sehr gut geschützt, es gibt Zugangstüren, die nur mit einem entsprechenden Token geöffnet werden können und es gibt einen 24h Wachdienst. Aufgrund eines Kabeldefekts fängt es in der Nacht an zu brennen. Trotz des schnellen Eingreifens des Wachdienstes zerstört das Feuer die Räumlichkeiten der Buchhaltung. Die Datensicherungen sind nicht wiederherstellbar.

Für das Unternehmen können sich aus der unangemessenen Datensicherung und fehlenden revisionssicheren Archivierung folgende **Risiken** ergeben:

- Daten können ggf. nicht mehr wieder vollständig und korrekt hergestellt werden,
- Manipulation von archivierten Daten durch Zugriff Unbefugter,
- Daten werden und wurden nicht korrekt und vollständig gespeichert, Daten sind deswegen verloren gegangen oder können zukünftig verloren gehen,
- Datensicherungshardware ist veraltete/defekt, Daten können nicht mehr angemessen gesichert werden und ggf. verloren gehen,
- die Datensicherung kann im Nachgang nicht mehr vollständig nachvollzogen werden,
- Daten werden nicht gesichert, da Fehlermeldungen ignoriert werden.

Der Wirtschaftsprüfer kann bei Fehlen eines Datensicherungskonzeptes, fehlenden Protokollen der Datensicherung und ggf. auch fehlenden Tests der Datensicherungen nicht nachvollziehen, ob Datensicherungen von allen relevanten Bereichen auf einer regelmäßigen Basis vorgenommen wurden und diese daher auch im Rahmen eines Notfalls wiederhergestellt werden können. Dies kann für Unternehmen im Ernstfall geschäftsgefährdend sein.

> **Praxistipp:**
> Für die Prüfung der Datensicherung ist es für den Wirtschaftsprüfer essentiell, die wichtigsten Daten, Datenkategorien und Datenaufbewahrungsorte zu identifizieren, um die vorhandenen Risiken abschätzen zu können. Ggf. liegen Datenklassifizierungen vor, welche in das Vorgehen zur Datensicherung einfließen und zur Bewertung genutzt werden können.
>
> Folgende Prüfungshandlungen sind für den Wirtschaftsprüfer denkbar:
>
> - Einsichtnahme in ein Datensicherungskonzepte bzw. falls diese nicht vorhanden sind, Besprechung des Datensicherungsvorgehens mit den verantwortlichen Mitarbeitern,
> - Abgleich von Medienverzeichnissen mit den im Archiv gelagerten Sicherungsmedien,
> - Einsichtnahme in die Sicherungsläufe und die Art der Sicherungen,
> - Einsichtnahme in die Datensicherungsprotokolle oder E-Mails zur Bestätigung der Sicherungen, Datensicherungskataloge,
> - Durchsicht von Datensicherungstests,
> - Durchsicht von Wiederherstellungstests,
> - ggf. Prüfung von Datensicherungen verschiedener Jahre,
> - Einsichtnahme in die Bescheinigung für die Ordnungsmäßigkeit des Archivsystems (IDW PS 880 n. F.),
> - stichprobenhafte Überprüfung der Revisionssicherheit des Archivsystems,
> - Begehung des zur Auslagerung verwendeten Archivs mit Inaugenscheinnahme der Zugangskontroll- und Brandschutzeinrichtungen.

4.2.12 Unzureichende IT-Betriebsüberwachung

Ziel der IT-Betriebsüberwachung ist es, sicherzustellen, dass ein ordnungsgemäßer und stabiler Betrieb der Hard- und Software mittels stetiger Überwachung gewährleistet werden kann und die Verfügbarkeit der Hard- und Software im Unternehmen gegeben ist.

Unter die IT-Betriebsüberwachung können fallen:

- Überwachung von kritischen Verarbeitungen (Batch-Jobs) und Schnittstellenverarbeitungen,

- die Funktionsfähigkeit und Auslastung von Servern und wesentlichen Systemen (bspw. ERP-Systeme),
- Netzwerkauslastungen,
- Erreichbarkeit von Firmenportalen (bspw. Online-Handel).

Die IT-Betriebsüberwachung soll frühe Hinweise auf Störungen und Probleme der Unternehmens-IT geben. Dies kann mit Hilfe von **Monitoring-Tools** erfolgen, die die Verfügbarkeit und Auslastung anhand von festgelegten Kennzahlen überprüfen und dann ggf. automatisiert Gegenmaßnahmen einleiten oder eine Benachrichtigungskette initiieren.

Sowohl basierend auf Monitoring-Tool Events als auch durch Zumeldung von Benutzer werden Störungen, in Form sogenannter „Incidents", systematisch aufgenommen und verarbeitet. Das **Incidentmanagement** regelt den Umgang mit Störungen (Identifikation, Klassifizierung, Behandlung, Schließen einer Störung). Das **Problemmanagement** in einem nachgelagerten Schritt analysiert eingetretene Störungen und leitet aus systematischen Störungen Probleme (sogenannter „Problems") ab. Probleme werden je nach Schweregrad und Verbreitung behoben oder in Form von Workarounds mitigiert. Die Ergebnisse des Problemmanagements sollten dann wieder dem Incidentmanagement für die Bearbeitung weiterer Störungen zurückgespielt werden.

Beispiel
Workaround anstatt Lösung

Im Unternehmen wird ein umfangreiches Ticketsystem eingesetzt, in das die IT-Mitarbeiter auch Fehlermeldungen eintragen und die Abarbeitung notieren können. Nach erfolgreicher Abarbeitung erhält der Melder der Störung eine Mitteilung. Die IT-Mitarbeiter nutzen das Ticketsystem jedoch nicht einheitlich und für die unterschiedlichen Störungsmeldungen gibt es keine Kategorisierungsmöglichkeiten.

Bei einer Prüfung des Wirtschaftsprüfers fällt bei der Durchsicht der Störungsmeldungen ein Text in einer Störungsmeldung auf: „heute hat 4-Augen-Prinzip mal wieder nicht funktioniert". In dem Ticketsystem sind keine weiteren Aufzeichnungen dieser Art vorhanden. Nach Rückfrage durch den Wirtschaftsprüfer stellt sich heraus, dass es immer wieder diese Störung gibt und durch die einzelnen Mitarbeiter der IT immer mittels deren Administratorenrechte gelöst wurde. Ein weiteres Aufnehmen dieser Störungen im Ticketsystem sahen die IT-Mitarbeiter als unnötig an, zumal bereits ein Workaround vorhanden war und das Umgehen des 4-Augen-Prinzips vorsah.

Die Prüfung des Wirtschaftsprüfers ergab, dass in erheblichem Umfang das 4-Augen-Prinzip in der Buchhaltung umgangen wurde. Die stichprobenartige Überprüfung der Freigaben deckte darüber hinaus fehlerhafte manuelle Buchungen auf, die aufgrund des Workarounds nicht aufgefallen sind.

Die **Schnittstellenüberwachung** verdient einen besonderen Stellenwert innerhalb der IT-Betriebsüberwachung. An Schnittstellen werden nicht nur umfangreiche Informationen und Datenmengen zwischen Systemen (intern und/oder extern) ausgetauscht, sondern oft auch verändert (bspw. Transformationen). Schnittstellen tragen wesentlich zur Datenkonsistenz innerhalb der gesamten IT-Landschaft bei.

Beispiel
Schnittstelle ohne korrekte Verarbeitung

Ein mittelständisches Unternehmen mit ausländischen Töchtern betreibt eine IT-Umgebung von 150 Anwendungen mit zahlreichen Schnittstellen zwischen den Systemen. Darin sind ca. 20 rechnungslegungsrelevante Schnittstellen zwischen den Anwendungen durch den Prüfer identifiziert wurden.

Bei der Prüfung dieser Schnittstellen wird festgestellt, dass bei mehreren Schnittstellen keine korrekte Verarbeitung erfolgte und es zu Verarbeitungsabbrüchen kam. Schnittstellenübertragungen brachen regelmäßig aufgrund von Fehlern in Transformationsregeln ab. Dies führte dazu, dass signifikante Dateninkonsistenzen zwischen den Systemen existierten und erst nach mehrwöchigen Beschwerden der Fachbereiche Maßnahmen dagegen ergriffen wurden. Die Notwendigkeit umfangreicher manueller Datenkorrekturen führte zu mehrtägigem Stillstand der IT-Systeme.

Bei einer etablierten Schnittstellenüberwachung hätten die Verarbeitungsabbrüche unmittelbar identifiziert werden können. Es wäre weder zu Ausfällen noch zu Folgekosten gekommen.

In der Praxis treten bei der IT-Betriebsüberwachung zum Teil folgende **Probleme** für Unternehmen auf:

- unentdeckter Abbruch von Verarbeitungen (Job-Ketten),
- Überlastung von Systemen und Netzwerken,
- unangemessene Einbindung von Systemen und fehlerhafte Konfiguration von Monitoring-Tools,
- keine angemessenen Prozesse zum Incident- und Problemmanagement (keine zeitnahe Reaktion auf Störungen, keine nachvollziehbare Dokumentation, keine Weiterverfolgung von systematischen Störungen),
- keine vorhandene Dokumentation von Schnittstellen,
- fehlende Protokollierung und Einbindung von Schnittstellen in das Monitoring.

Dies kann zu folgenden **Risiken** führen:

- Nichtverfügbarkeit der IT-Systeme,
- Integritätsverletzung von geschäftsprozessrelevanten Daten bis hin zu Datenverlust.

Für den Wirtschaftsprüfer bedeutet eine unzureichende IT-Betriebsüberwachung nicht nur, dass er sich nicht auf die Funktionsweise der IT-Systeme verlassen kann. Auch können aufgrund von Verarbeitungsfehlern rechnungslegungsrelevante Daten fehlerhaft sein. Bei signifikanten Störungen und Ausfällen kann letztlich auch die Unternehmensfortführung gefährdet sein.

Praxistipp:
Der Wirtschaftsprüfer sollte die IT-Betriebsüberwachung dahingehend hinterfragen, ob sie den angemessenen und stabilen IT-Betrieb sicherstellen kann (Hard- und Software). Umfangreiche und systematische Auffälligkeiten in Form von Störungen und Problemen deuten meist auf grundlegende Probleme im IT-Betrieb hin.

Mögliche Prüfungshandlungen zur **IT-Betriebsüberwachung**:

- Einsichtnahme in Konzepte zum IT-Betrieb sowie zur IT-Betriebsüberwachung,
- Einsichtnahme in Reports zur Betriebsüberwachung,

- Nachweis zur Einbindung wesentlicher Systeme in das IT-Monitoring,
- Interview zu vorgefallenen Betriebsausfällen,
- ggf. Einsichtnahme in die Batch-Verarbeitung.

Mögliche Prüfungshandlungen bei der Prüfung des **Incident- und Problemmanagements**:

- Einsichtnahme in die Dokumentation des Incident- und Problemmanagement,
- Einsichtnahme in die Übersicht aller Incidents und Problems,
- stichprobenartige Überprüfung ausgewählter Incidents und Problems,
- Interview zu besonders kritischen Vorfällen.

Mögliche Prüfungshandlungen für die Prüfung von **Schnittstellen**:

- Einsichtnahme in Schnittstellendokumentation,
- ggf. stichprobenartige Überprüfung der korrekten Datenübertragung,
- Durchsicht von Verarbeitungsprotokollen und Fehlerprotokollen.

4.2.13 Fehlende Überwachung von Anwendungskontrollen

Zu den anwendungsbezogenen IT-Kontrollen zählen insbesondere die Eingabe-, Verarbeitungs- und Ausgabekontrollen. Sie dienen der Korrektheit der Bearbeitung einzelner finanzieller oder nichtfinanzieller Transaktionen und werden innerhalb der Anwendungen durchgeführt (z. B. Eingabe- oder Berechtigungskontrollen, Berechnungen, verlässliche Plausibilitätskontrollen bei der Belegerfassung, wirksame Kontroll- und Abstimmverfahren zwischen Teilprozessen).

Formen der Anwendungskontrollen:

- „**Eingabekontrollen** sollen bereits zum Zeitpunkt der Erfassung die Richtigkeit und Vollständigkeit der in IT-Anwendungen übernommenen Daten sicherstellen. Sie reichen von feldbezogenen Kontrollen (z. B. Datumskontrollen, Muss-/Kann-Feldsteuerung) bis zu komplexen Kontrollstrukturen unter Einbezug von Stammdaten (z. B. bei der Kontrolle der Zulässigkeit bestimmter Soll-/Haben-Kontenkombinationen).

- **Verarbeitungskontrollen** sollen gewährleisten, dass die Daten den Verarbeitungsprozess vollständig und richtig durchlaufen. Beispiele hierfür sind Abstimmkontrollen wie Kontrollnummern und Satzzähler in Batchprozeduren. Darüber hinaus sollen mit Verarbeitungskontrollen Fehler im Ablauf erkannt und geeignete Korrekturmaßnahmen ausgelöst werden. Dies betrifft etwa Wiederherstellungsmaßnahmen nach Abbruch einer Verarbeitung aufgrund fehlerhafter oder fehlender Dateien.
- **Ausgabekontrollen** sollen die vollständige und richtige Erstellung und Verteilung von Verarbeitungsergebnissen in lesbarer Form sichern und betreffen z. B. die sachgerechte Ausgabe von Reports aus Datenbanken oder Schnittstellen für die Übergabe von Dateien an andere IT-Anwendungen."[109]

Anwendungskontrollen können je nach Anwendungsgebiet und System unterschiedlich ausgestaltet sein. Häufig können folgende **Probleme** auftreten:

- Regelmäßig sind Anwendungskontrollen in zugehörigen Verfahrensdokumentationen nicht angemessen dokumentiert.
- Eine weitere Problematik bei der Verwendung von Anwendungskontrollen im Unternehmen besteht darin, dass sie nicht korrekt implementiert wurden, die Kontrolle demzufolge nicht angemessen ausführen oder zu Verarbeitungsabbrüchen oder Problemen in nachgelagerten Prozessen führen können.
- Weiterhin geben Anwendungskontrollen immer wieder Fehlermeldungen aus oder schreiben Fehler in zugehörige Logsysteme. Problematisch ist, wenn es möglich ist, diese Fehler und damit die Kontrolle zu umgehen bzw. die Fehler einfach zu ignorieren.

Es können folgende **Risiken** für die Unternehmen entstehen:

- Die für den Prozess wichtigen Kontrollen erfolgen nicht und dadurch sind die Ergebnisse des Prozesses fehlerhaft.
- Ggf. Fehler in nachgelagerten Prozessen und möglicherweise Inkonsistenzen im Datenbestand.

---

[109] IDW RS FAIT 1, Tz. 95

> **Beispiel**
> **Umgehung von Anwendungskontrollen**
>
> Ein Unternehmen hat über einen längeren Zeitraum eine Eigenentwicklung programmiert, welche die Daten von Kunden und Lieferanten strukturiert verwaltet und auch über eine Schnittstelle zum ERP-System verfügt. Die Anwendung wird von Sachbearbeitern im In- und Ausland genutzt und mit Daten gepflegt.
>
> An mehreren Stellen haben die eigenen Entwickler Anwendungskontrollen, wie bspw. Freigaben und Plausibilitätskontrollen vorgesehen, um einen möglichst guten Datenstand im System sicherzustellen. Falls bspw. im Feld „Postleitzahl" fälschlicherweise Buchstaben eingetragen werden, erfolgt eine Fehlermeldung und Aufforderung zur Korrektur. Die Fehlermeldung kann jedoch auch einfach weggeklickt werden, bspw. für die Eingabe von Postleitzahlen im Ausland. Mittlerweile hat sich die Routine entwickelt, dass Fehlermeldungen der Sachbearbeiter ungelesen weggeklickt werden, zumal das Lesen dieser nur unnötig Zeit in Anspruch nimmt und die Mitarbeiter schon wissen, was sie tun.
>
> Nach einem viermonatigen Pilotbetrieb mit der neuen Anwendung wird deutlich, dass annähernd alle implementierten Kontrollen durch die Sachbearbeiter umgangen wurden. Die Dateneingabe ist zum Großteil inkonsistent und für weitere Auswertungen sowie die Anbindung an das ERP-System unbrauchbar, besonders bei ausländischen Adresseingaben. Zudem haben die Sachbearbeiter in Felder Sonderzeichen eingebaut, welche bei Übertragung in das ERP-System zu einem Verarbeitungsfehler führen und aufwändige manuelle Datenkorrekturen und Neustarts des ERP-Systems mit sich bringen. Effektive Anwendungskontrollen, die zudem nicht umgangen werden können, hätten Folgekosten vermeiden können.

Viele Anwendungskontrollen sind Grundlage für die Prüfung rechnungslegungsrelevanter Prozesse. Wenn Anwendungskontrollen unangemessen aufgebaut sind bzw. umgangen werden können, dann stellt dies auch für den Wirtschaftsprüfer in seiner Prüfung Risiken dar, da die Möglichkeit besteht, dass weiterführende, auf diesen Kontrollen aufbauende, rechnungslegungsrelevante Ergebnisse fehlerhaft oder sogar manipuliert sein können.

> **Praxistipp:**
> Der Wirtschaftsprüfer sollte die Anwendungskontrollen nicht als gegeben hinnehmen, sondern deren Funktionsweise hinterfragen und die Risiken von möglichen Fehlfunktionen bewerten.
>
> Der Wirtschaftsprüfer benötigt zur Prüfung eine Übersicht aller Anwendungen, aus denen er die rechnungslegungsrelevanten Anwendungen (mit rechnungslegungsrelevanten Prozessen) auswählt. Für besonders relevante Anwendungen liegt eine Prüfung der Anwendungskontrollen nahe.
>
> Mögliche Prüfungshandlungen des Wirtschaftsprüfers:
>
> – Einsichtnahme in die Verfahrensdokumentation und Identifikation der vorhandenen Anwendungskontrollen,
> – systemseitige Einsichtnahme zur Überprüfung der Anwendungskontrollen (ggf. Stichproben),
> – Einsichtnahme in Fehlerprotokolle von Anwendungskontrollen,
> – Durchführung selbstständiger Tests: Einsichtnahme in Fehleranzeigen (Möglichkeit zum Ignorieren/Löschen von Fehlern).

4.2.14 Selbstgemachte Handlungsunfähigkeit bei Notfällen/Systemausfällen

Die Notfallplanung dient der Verfügbarkeit und der Wiederherstellbarkeit von kritischen Prozessen und IT-Services im Falle von Notfällen. Ziel ist es, Kontrollen/Maßnahmen zu implementieren, um Ausfälle zu vermeiden und IT-Kapazitäten wiederherzustellen. Entscheidend dafür ist die vorgelagerte Business Impact Analyse (BIA) von Geschäftsprozessen und angehängten IT-Services und damit einhergehend die Festlegung geeigneter Wiederherstellungspunkte (RPO) und Wiederherstellungszeiten (RTO) durch die jeweils Verantwortlichen. Geeignete Eskalationsverfahren sollten im Rahmen der Notfallplanung festgelegt werden und die Wirksamkeit der Maßnahmen in Tests der unterschiedlichen Wiederanlauf- und Notfallszenarien zu validieren. [110]

---

[110] IDW RS FAIT 1, Tz. 91

Notfälle unterscheiden sich von anderen Störungen gemäß dem BSI-Standard 100-4 darin, dass sie einen längeren andauernden Ausfall von Prozessen oder Ressourcen mit hohem oder sehr hohem Schaden verursachen können. Die Krise als Steigerung zum Notfall, stellt den Fortbestand des Unternehmens in Frage und bedroht ein Unternehmen erheblich. Eine weitere Steigerung ist die Katastrophe, als räumlich und zeitlich nicht begrenztes Großschadensereignis. [111] Alle Formen müssen im Rahmen eines Notfallplans adressiert werden und geeignete Maßnahmen definiert werden (Notfallszenarienplanung).

Kommt es im Falle von Notfällen zudem zur Verletzung des Schutzes von personenbezogenen Daten gelten ferner externe Meldepflichten, Art. 33, 34 DS-GVO. Datenschutzrechtlich besteht eine Informationspflicht gegenüber der zuständigen Aufsichtsbehörde und grundsätzlich auch gegenüber den Betroffenen, etwa im Falle von Datenverlusten oder unrechtmäßigen Datenverarbeitungen. Das Unternehmen muss ferner im Sinne einer internen Datenschutz-Compliance nachweislich geeignete interne Maßnahmen treffen, um künftige Verletzungshandlungen möglichst auszuschließen oder zumindest Risiken diesbezüglich zu minimieren. Entsprechende Maßnahmen sind zu dokumentieren.

Beispiel

Notfallbeispiele:

- aufgrund von Hardwarefehlern sind Anwendungen nicht mehr erreichbar,
- Hackerangriffe mit Folge von Systemausfällen oder bspw. der Verschlüsselung von Daten auf Laufwerken,
- Brände zerstören wichtige Geschäftsbereiche,
- Entscheidungsträger im Unternehmen sind nicht mehr verfügbar oder Krankheiten/Unfällen führen zu erheblichem Personalausfall,
- Insolvenz von Dienstleistern und Lieferanten.

Damit im Notfall angemessene Maßnahmen ergriffen werden, müssen Pläne und Prozesse etabliert werden, diese werden grundsätzlich in **Notfallkonzepten** dokumentiert.

---

[111] Bundesamt für Sicherheit in der Informationstechnik (2019)

In der Praxis trifft man hinsichtlich der Notfalldokumentationen immer wieder auf folgende **Probleme**:

- Es liegt keine vollumfängliche Notfalldokumentation vor.
- Die Notfalldokumentation ist veraltet und zielt auf längst nicht mehr genutzte Systeme ab, deckt jedoch nicht die aktuellen Gegebenheiten ab.
- Oft findet man auch Notfallpläne, welche zu allgemein beschrieben sind und im Notfall kaum hilfreiche Handlungsweisungen geben.
- In Notfallplänen sind zwar fachliche Maßnahmen, jedoch keine technischen Maßnahmen dokumentiert bzw. fachliche und technische Maßnahmen sind nicht miteinander abgestimmt.
- Häufig fehlt die konkrete Adressierung von Prozessen und Systemen sowie deren RPO und RTO Anforderungen.
- Auch werden Dienstleister zwar benannt, aber konkrete Telefonnummern im Notfall sind nicht vorhanden bzw. in einem Dokument zusammengetragen.
- Notfallmaßnahmen sind nicht mit relevanten externen Parteien (bspw. externer IT-Betrieb) abgestimmt.
- Die Verknüpfung des Notfallplans zu anderen Plänen, wie der Datensicherung, Wiederanlauf oder ganz banal dem Vertretungsplan ist häufig nicht vorgenommen.
- Technische Details zum Wiederanlauf sind nicht geregelt.

Beispiel
Notfallhandbuch im Notfall nicht verfügbar

Ein Fertigungsunternehmen hat ein unternehmensweites Notfallmanagement etabliert, die Bereiche der IT sind vollständig im Notfallhandbuch abgebildet. Notfalltests konnten für einzelne Teilbereiche bereits durchgeführt werden. Das Notfallhandbuch liegt digital auf den Laufwerken für die Mitarbeiter leicht zugänglich ab.

Es kommt aufgrund eines Stromausfalls und unglücklichem Versagen der USV-Anlage zum Totalausfall der IT-Systeme, auch wichtige Fileserver können nicht mehr erreicht werden. Um die IT-Systeme wieder zum Laufen zu bringen, ist es notwendig, die Server neu zu starten und Einstellungen vorzunehmen. Die Informationen zum Hochfahren der Server und zur Wiederherstellung der IT-Landschaft sind detailliert im Notfallhandbuch zusammengetragen. Leider hat kein IT-Mitarbeiter das Notfallhandbuch lokal abgespeichert oder ausgedruckt. Anstatt der erwarteten maximal vierstündigen Wiederanlaufzeit benötigt das Unternehmen zwei Tage. Der Fertigungsprozess kam dadurch erheblich ins Stocken und Lieferaufträge konnten nicht rechtzeitig erfüllt werden; erhebliche Vertragsstrafen kamen hinzu.

> **Hinweis:**
> Auch Notfallplanungen sind nicht vollumfänglich auslagerungsfähig. Die sich ergebenden Pflichten können nicht vollumfänglich auf externe Dienstleister übertragen werden. Unternehmen müssen sich bei Auslagerung bestimmter Bereiche selbst mit der Notfallplanung auseinandersetzen und ggf. die Notfallplanung des Dienstleisters überprüfen. Notfallpläne von externen Dienstleistern müssen mit den eigenen Notfallplänen abgestimmt sein und gemeinsam funktionieren. Genauso müssen ausgelagerte Notfallmaßnahmen auf ihre Wirksamkeit hin überprüft werden.

Um die Funktionsfähigkeit eines Notfallkonzepts sicherzustellen, ist die Durchführung eines **Notfalltests** essenziell. Vorhandene Pläne müssen getestet, regelmäßig aktualisiert und verantwortliche Mitarbeiter für den Ernstfall geschult werden.

In der Praxis treten hinsichtlich des Notfalltests folgende **Probleme** auf:

- Nicht jedes mittelständische Unternehmen kann im Ernstfall auf einen Notfallplan zurückgreifen, der wenigstens mit der aktuell vorhandenen IT-Infrastruktur zumindest einmal in Form eines Notfalltests durchgespielt wurde.
- Der Notfalltest umfasst nicht alle relevanten Daten/Systeme/Lokationen des Unternehmens.
- Die Notfalltests der Dienstleister werden nicht angefordert bzw. geprüft oder der Dienstleister wird in den Notfalltest nicht mit einbezogen.
- Die Dokumentation des Notfalls ist nicht ausreichend, um Anpassungen des Notfallplans vorzunehmen.

> **Beispiel**
> **Kein Notfalltest trotz Veränderungen der IT-Landschaft**
>
> Vor fünf Jahren hat ein Bauunternehmer mit einem Dienstleister ein umfassendes Notfallhandbuch auf Basis der damals vorhandenen IT-Landschaft zusammengestellt. Mehr als einmal konnte bewiesen werden, dass im Notfall das definierte Vorgehen zur schnellen Wiederherstellung des Betriebs geeignet ist. Seitdem hat sich einiges verändert. Die IT-Landschaft ist deutlich komplexer geworden und die IT-Abteilung zählt mittlerweile 15 Personen, inklusive Mitarbeitern in einer Auslandslokation. Ein Notfalltest wurde das letzte Mal vor mehreren Jahren durchgeführt.
>
> Es kommt erneut zu einem Notfall, von dem auch die Auslandslokation betroffen ist, in der Maßnahmen für einen Notfall nur partiell durch die einzelnen IT-Mitarbeiter zusammengestellt wurden. Das bestehende Notfallkonzept kann nicht verwendet werden, da es sowohl nur die alte IT-Infrastruktur adressiert als auch das neue Szenario mit der Auslandsniederlassung nicht berücksichtigt.
>
> Der Ausfall forderte das vollständige Abschalten mehrerer Anwendungen, die Fehlerbehebung und Wiederherstellung dauert mehrere Tage. Besonders schlimm betroffen ist die Auslandsniederlassung, die aufgrund mehrtägiger Nichtverfügbarkeit der Systeme u. a. für mehrere entscheidende Ausschreibungen nicht mitbieten konnte.

Die **Festlegung und Abstimmung von Wiederanlaufzeiten** ist im Rahmen der Konzeption der Notfallmaßnahmen wichtig, um die Verfügbarkeit der Anwendungen für die Mitarbeiter und auch für die Kunden zu gewährleisten. Häufig kommt es jedoch zu folgenden **Problemen**:

- Eine Abstimmung zwischen den einzelnen Wiederanlaufzeiten liegt häufig nicht vor. Grundlage hierfür stellt die Vielzahl an Prozessen und Systemen im Unternehmen dar, die miteinander zusammenhängen und sich im Notfall beeinflussen können.
- Andere Systeme wiederum werden ggf. durch externe Dritte betreut und haben daher eine vertragliche Wiederanlaufzeit, die mit den vorhandenen Systemen und Prozessen nicht einhergeht.

– Des Weiteren müssen Wiederanlaufvereinbarungen mit Lieferanten und Kunden vereinbart und kommuniziert werden. Ohne eine genaue Abstimmung können hier leicht Konstellationen entstehen, die eine Notfallsituation gravierend verlängern.

Das Funktionieren der IT-Systeme, auch nach Notfällen, ist für einen Großteil der Unternehmen entscheidend, um weiterhin Produkte und Dienstleistungen zu entwickeln, zu produzieren/bereitzustellen und vertreiben zu können. Für den Wirtschaftsprüfer und das Unternehmen stellt ein fehlerhaftes, ungetestetes und gleichzeitig nicht mit dritten Parteien abgestimmtes Notfallkonzept ein Existenz bedrohendes Risiko dar.

Praxistipp:
Aufbauend auf der IT-Strategie, dem IT-Sicherheitskonzept und dem IT-Risikomanagement sollte der Wirtschaftsprüfer die Dokumentationen und die Maßnahmen zum IT-Notfallkonzept analysieren und kritisch hinterfragen. Grundsätzlich sollte sich der Wirtschaftsprüfer ausgehend von den Unternehmenszielen damit auseinandersetzen, welche Produkte oder Dienstleistungen des Unternehmens zentral sind und welche IT-Infrastrukturen und -Systeme mit diesen in unmittelbarer Verbindung stehen.

Hierbei bieten sich folgende Prüfungshandlungen an:

– Einsichtnahme in das Notfallkonzept und den Wiederanlaufplan, Abgleich mit abhängigen Plänen (bspw. Vertretungsplan, Datensicherungsplan), Durchsicht der geplanten Maßnahmen;
– falls kein Notfallplan vorhanden ist, sollte sich der Wirtschaftsprüfer anhand von Gesprächen mit den Mitarbeitern kritischer Bereiche auseinandersetzten, um herauszufinden, ob diese Mitarbeiter auch ohne Vorgaben angemessen in Notfallsituationen reagieren könnten;
– Einsichtnahme in die Dokumentation zum Notfalltest;
– falls kein Notfalltest durchgeführt wurde, muss der Wirtschaftsprüfer auf eigene Tests der Notfallmaßnahmen zurückgreifen, um die Wirksamkeit der Notfallmaßnahmen beurteilen zu können;
– Durchsicht von Ausfällen im zu betrachtenden Geschäftsjahr und deren Auswirkungen auf den weiteren Geschäftsbetrieb sowie Durchsicht der Folgen für die Notfallkonzeption.

> Bei Fehlen einer Konzeption für den Notfall sollte der Wirtschaftsprüfer den Mandanten über die Notwendigkeit einer solchen Konzeption unbedingt sensibilisieren.

4.2.15 Belassen von Standard-Grundeinstellungen

Hard- und Software wird in vielen Fällen mit Basis-/Grundeinstellungen an Unternehmen ausgeliefert, was nur selten zu einem angemessenem Sicherheitsniveau für Unternehmen führt (wie bspw. Switch, Router, Drucker, Webcam, ERP-Systeme). Nur selten erfolgen durch den Hersteller oder Vertreiber unternehmensspezifische Anpassungen, falls hierfür nicht gesonderte Anforderungen des Kunden gestellt und bezahlt werden.

Folgende **Probleme** treten in der Praxis immer wieder auf:

- Immer wieder gehen Unternehmen davon aus, dass neue Hard- und Software direkt nach Lieferung eingesetzt werden kann, ohne dass weitere Anpassungen notwendig sind.
- Meistens werden Standardeinstellungen in Hard- und Software nicht angemessen angepasst oder darauf vertraut, dass neue Technologien auch sicher sind.

Beispiel
Sicherheitslücken durch unveränderte Grundeinstellungen

Eine mittelständische Agentur möchte durch einen Dienstleister einen Penetrationstest durchführen lassen, um zu testen, wie sicher die im Einsatz befindliche IT-Infrastruktur ist.

Der mit dem Test beauftragte IT-Sicherheitsexperte schaffte es mit einfachsten Mitteln in die Systeme einzudringen. Die Agentur verfügte zwar über mehrere Firewalls, deren Grundeinstellungen jedoch keinen angemessenen Schutz bieten konnten. Einmal im Netzwerk eingedrungen war es für die „Hacker" zudem eine leichte Übung, auf weitere Systeme und Laufwerke zuzugreifen. Auf Serverbetriebssystemen waren die meisten Sicherheitsfunktionen standardmäßig deaktiviert. Sowohl Kennungen als auch Kennwörter für Administratoren entsprachen dem Auslieferungszustand, der Sachkundigen bekannt ist und zwingend geändert werden sollte. Sogar der für die Agentur so wichtige Internetauftritt war nur rudimentär geschützt. Alle Sicherheitslücken konnten mit geringstem Aufwand und alleinig durch Änderung der Grundeinstellungen geschlossen werden. Das Unternehmen hatte unglaubliches Glück, keine Angriffe und damit verbundenen Imageschaden zu erleiden.

Folgende **Risiken** können auf das Unternehmen zukommen:

- Sicherheitslücken aufgrund von unveränderten Grundeinstellungen können unterschiedlicher Schadsoftware Angriffsfläche bieten,
- Fehlfunktionen und Ausfall von Systemen,
- Überlastung von Systemen,
- Ineffizienz von Prozessen,
- Datenverlust (insbesondere von sensiblen und personenbezogenen Daten),
- Wirtschaftsspionage,
- feindliche Übernahme von Systemen.

Für den Wirtschaftsprüfer bedeutet das, dass Compliance-Anforderungen im Unternehmen bewusst oder unbewusst umgangen werden können und IT-Sicherheitslücken entstehen können, die potenzielle oder bereits ausgenutzte Schwachstellen darstellen.

Praxistipp:
Der Wirtschaftsprüfer sollte sich eine Liste aller relevanter Hard- und Software geben lassen und ggf. eine risikobasierte Auswahl treffen. Bei dieser ausgewählten Hard- und Software sollte er sich ggf. stichprobenartig zur Anpassung von Basis-/Grundeinstellungen erkundigen.

Mögliche Prüfungshandlungen des Wirtschaftsprüfers:

- Einsichtnahme in Prüfungen von IT-Sicherheitsexperten, bspw. Penetrationstests,
- Systemeinsicht und Überprüfung der Grundeinstellungen im Vergleich zu den externen und internen Vorgaben, ggf. Nachvollzug mit den zuständigen Mitarbeitern,
- Einsichtnahme in Sicherheitskonzepte, in denen Grundeinstellungen beschrieben sind,

> – Einsichtnahme in Hard- und Softwaredokumentationen, ob ggf. Grundeinstellungen für Unbefugte einsehbar und verwendbar sind.
>
> Falls Abweichungen auftreten, müssen die Risiken für das Unternehmen identifiziert und ggf. vorgelagerte Sicherheitseinrichtungen betrachtet werden.
>
> Alternativ bieten sich weitere Penetrationstests durch IT-Sicherheits-Spezialisten an, welche die Einstellungen von Hard- und Software detailliert prüfen können.

4.2.16 Intransparenter Umgang mit Anwendungsänderungen (Changes)

Eine Anwendungsänderung (sog. Change) ist die Zugabe, Modifikation oder Wegnahme von Softwarekomponenten/-funktionen, welche einen Einfluss auf die Rechnungslegung haben. Größere Anwendungsänderungen erfolgen häufig im Rahmen von Anwendungsentwicklungen. Die freigegebenen und im Unternehmensbetrieb genutzten Programme müssen gegen unautorisierte, ungetestete und undokumentierte Änderungen geschützt sein[112]. „Unternehmensspezifische Einstellungen und Anpassungen, Parametrisierungen und Änderungen in Tabellen und Stammdaten, die für die Verarbeitung aufzeichnungspflichtiger Geschäftsvorfälle erforderlich sind, zählen zu den zum Verständnis der Buchführung erforderlichen Unterlagen und unterliegen daher ebenfalls der Aufbewahrungsfrist von 10 Jahren."[113] „Bei der Auslagerung von IT-Systemen und -Anwendungen muss der Servicegeber vertraglich verpflichtet werden, die für die Erfüllung der Buchführungspflichten des Servicenehmers erforderlichen Unterlagen aufzubewahren und auf Verlangen auszuhändigen. Hierzu zählen u. a. die Dokumentation der Programmablaufsteuerung (Job-Prozeduren) und die Dokumentation von Änderungen."[114]

---

[112] Vgl. IDW RS FAIT 1, Tz. 40
[113] IDW RS FAIT 1, Tz. 64
[114] IDW RS FAIT 1, Tz. 66

> **Beispiel**
>
> Beispiele für Anwendungsänderungen:
>
> - Modifikationen von Customizing- oder Konfigurationseinstellungen,
> - funktionale Updates und Modulerweiterungen Bug Fixes, Sicherheitspatches oder Service Packs für Programme,
> - Modifikation der Berechnungsmethodik einer Finanzbuchhaltungskomponente,
> - Entfernen oder Widerruf von vorherigen Updates, Patches etc.

Im Mittelstand findet sich immer wieder das Problem, dass Entwicklungen und Änderungen einfach durchgeführt werden, ohne dass es hierfür einen definierten Prozess gibt, der bestimmte Maßnahmen und Kontrollhandlungen einschließt.

Ein **Änderungsmanagementkonzept** (Change Management Konzept) stellt üblicherweise die Grundlage für die Durchführung von Änderungen dar. Es beschreibt das Vorgehen bei unterschiedlichen Änderungen (Test und Freigabe) sowie jeweilige Verantwortlichkeiten. Häufig treten in der Praxis folgende **Probleme** auf:

- Es gibt keine klare Definition darüber, was eine Änderung ist und wie man unterschiedliche Änderungen klassifiziert (bspw. Unterscheidung allgemeine Änderungen und Notfalländerungen).
- Änderungen werden unsystematisch durchgeführt, es gibt keine Struktur des Vorgehens für jede Änderung (wie werden Änderungen aufgenommen, vorgenommen, getestet, abgenommen, dokumentiert und kontrolliert).
- Häufig gibt es keine formellen Formulare oder Anwendungen, in denen Änderungen dokumentiert und nachgehalten werden.

> **Beispiel**
>
> **Fehlende Nachvollziehbarkeit bei Softwareänderungen**
>
> Bei einem mittelständischen Anlagenbauer sind drei Entwickler für die Anpassung und Weiterentwicklung sowie den Betrieb der 30 selbstentwickelten oder aus Standardsoftware weiterentwickelten Anwendungen zuständig. Neben diesen Entwicklern gibt es noch einen IT-Leiter, der neben der IT-Leitung, auch für die Logistik und

das Marketing im Unternehmen zuständig ist. Er genehmigt zentral Neuanschaffungen für die Entwicklung und vertritt die IT gegenüber der Geschäftsführung.

Bei der Prüfung des Wirtschaftsprüfers werden Unstimmigkeiten im Anlagenspiegel deutlich. Nach langer Recherche wird ersichtlich, dass Maschinen, die über zehn Jahre abgeschrieben werden sollten, nun nach unterschiedlichen Zeiträumen automatisch aus dem System entfernt werden und nicht mehr im Anlagenspiegel aufgeführt sind. Aufgrund fehlender Dokumentation der Entwicklungen und Änderungen an den Systemen ist nicht nachvollziehbar, auf welcher Grundlage diese automatische Ausmusterung erfolgt und in der Vergangenheit bereits erfolgt ist.

Die Entwickler benötigten viel Zeit, um im Quellcode die vorgenommenen und nicht dokumentierten Änderungen nachzuvollziehen und zu korrigieren. Zusätzlich erfolgte eine umfangreiche Erweiterung der Prüfung durch den Abschlussprüfer, inkl. ergänzender Inventur aller Maschinen.

Die regelmäßige Aktualisierung von Betriebssystemen und Anwendungen in Form von **Patches und Updates** ist essentiell, um Sicherheitslücken im Unternehmen zu schließen, Fehlfunktionen zu korrigieren und zukunftsfähig zu bleiben.

Im Mittelstand trifft man immer wieder auf ungepatchte Betriebssysteme und (sicherheitsrelevante) Software. Folgende **Probleme** können in der Praxis auftreten:

- Es liegt ein mitunter verbreitetes Unverständnis vor, warum Patches und Updates wichtig sind.
- Es existiert die Angst davor, Funktionalitäten und Daten können bei einem Update verloren gehen.
- Eine Wartung von Software, welche nicht mehr aktiv verwendet wird, jedoch aufgrund der Aufbewahrungspflichten vorgehalten werden muss, erfolgt nicht.
- Mit Updates verbundener Zeitaufwand und Kosten sind sehr hoch.
- Es existiert die Unwissenheit, dass überhaupt regelmäßige Updates angeboten werden und notwendig sind.

- Die verwendete IT-Landschaft verfügt über eine zu hohe Komplexität (Unübersichtlichkeit), es besteht die Angst, durch Patches und Updates Fehlfunktionen zu erhalten.
- Im Rahmen der Auslagerung von Funktionen und Dienstleistungen werden häufig auch Updates durch die Dienstleister ohne Abstimmung mit dem Kunden, ohne Durchführung von Tests und Einholung von Freigaben eingeführt.
- In anderen Fällen versuchen Dienstleister durch Verzicht auf Patches und Updates, den Betrieb so kostengünstig wie möglich durchzuführen. Beides kann gravierende Folgen für das auslagernde Unternehmen haben.

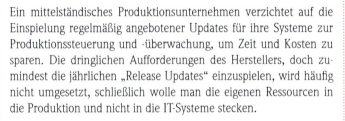

Beispiel
Verzicht auf Updates führt zu hohen Folgekosten

Ein mittelständisches Produktionsunternehmen verzichtet auf die Einspielung regelmäßig angebotener Updates für ihre Systeme zur Produktionssteuerung und -überwachung, um Zeit und Kosten zu sparen. Die dringlichen Aufforderungen des Herstellers, doch zumindest die jährlichen „Release Updates" einzuspielen, wird häufig nicht umgesetzt, schließlich wolle man die eigenen Ressourcen in die Produktion und nicht in die IT-Systeme stecken.

Nach mehreren Jahren beschließt die neue Geschäftsleitung, auf den neuesten Stand der Produktionssteuerungssoftware zu wechseln. Diese ermöglicht neben deutlichen Verbesserungen in der Steuerung der Produktionsstraße eine automatisierte Anbindung an das ERP-System. Hinzu kommt, dass der alte Softwarestand vom Hersteller nicht mehr unterstützt wird und auch in Sachen IT-Sicherheit gravierende Mängel vorweist.

Nachdem das Unternehmen jahrelang auf ein Einspielen der „Release Updates" und damit einhergehender Anpassungen der Systeme verzichtet hat, ist ein einfacher Wechsel auf die neueste Softwareversion nicht ohne weiteres möglich. Das Unternehmen vollzieht die Migration im Rahmen eines mehrere 100 T€ teuren Projekts und muss im Rahmen dessen die Produktion mehrfach stilllegen. Konkurrenten, die der Updateempfehlung des Herstellers gefolgt sind, konnten den Versionswechsel innerhalb eines Wochenendes und unter Einsatz geringer Ressourcen durchführen.

Jede **Änderung sollte durch technische und fachliche Spezialisten getestet** werden, um mögliche Fehlfunktionen und Ausfälle zu vermeiden. In einigen Unternehmen kommt es immer wieder zu folgenden **Problemen**:

- Nicht für alle Änderungen werden Tests durchgeführt.
- Teilweise werden Tests auch erst in der Produktivumgebung durchgeführt. Ein Grund dafür ist häufig, dass die Unternehmen keine Testumgebungen besitzen. Dies bedeutet, dass Änderungen einfach im Produktivsystem vorgenommen werden, ohne vorher in einem Testsystem überprüft worden zu sein.
- Es erfolgen keine Dokumentationen zu den Tests.

Beispiel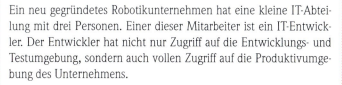
Änderungen ohne Tests

Ein neu gegründetes Robotikunternehmen hat eine kleine IT-Abteilung mit drei Personen. Einer dieser Mitarbeiter ist ein IT-Entwickler. Der Entwickler hat nicht nur Zugriff auf die Entwicklungs- und Testumgebung, sondern auch vollen Zugriff auf die Produktivumgebung des Unternehmens.

Für die Entwicklung von Änderungen nutzt der Entwickler grundsätzlich die Entwicklungsumgebung. Da besonders in der Zeit nach der Gründung des Unternehmens viele Änderungen an den Systemen nötig sind, transportiert er auch viele Änderungen direkt in die Produktivumgebung, ohne dass Tests in der Testumgebung durchgeführt werden. Auch führt er kleine Änderungen direkt in der Produktivumgebung durch, er weiß ja, was seine fachlichen Kollegen von ihm wollen.

Bei der letzten – aus seiner Sicht harmlosen – Änderung direkt in der Produktivumgebung und ohne vorherigen Test passiert ihm ein folgenschwerer Fehler. Eine fehlerhaft programmierte Routine führt dazu, dass vom Fachbereich geänderte Datensätze (inkl. Bestell- und Lieferaufträgen) fehlerhaft gespeichert werden und Änderungen zu gravierenden Inkonsistenzen in den Daten führen. Der Fehler wird erst nach mehreren Wochen bemerkt und hat sich zwischenzeitlich über Schnittstellen auch auf andere Systeme, wie bspw. dem Buchhaltungssystem, ausgewirkt. Die hohe Anzahl der fehlerhaften

Bestellungen und Lieferungen schadet zudem dem Unternehmensimage und stellt das junge Unternehmen vor große Herausforderungen.

Die **Freigabe von Änderungen** ist die Bestätigung von fachlichen und technischen Vertretern, dass jeweilige Änderung in dieser Form von der Testumgebung in die Produktivumgebung übernommen werden können.

Häufig treten folgende **Probleme** im Unternehmen auf:

- Freigaben werden gar nicht erteilt, nichtsdestotrotz wird die Änderung in die Produktivumgebung übernommen.
- Freigaben erfolgen nur vom entweder fachlichen oder technischen Vertreter.
- Freigaben werden nicht dokumentiert und sind nicht nachvollziehbar.

Beispiel

Fehlender Test und Freigabe durch den Fachbereich

Ein mittelständisches Unternehmen hat eine IT-Abteilung von sieben Personen. Wenn Fachbereichsmitarbeiter Änderungen an bestehenden Systemen benötigen, erfolgt eine Meldung an die IT-Abteilung. Diese setzen auf Basis der Anforderungen die Änderung um. Hierbei benutzen sie für Tests die Testumgebung. Erst nach erfolgreichem Test erfolgen die Abnahme durch den IT-Leiter und der Transport in die Produktivumgebung.

Die von der Änderung betroffenen Fachbereichsverantwortlichen nehmen weder Tests noch Freigaben vor und überlassen dies alleinig den IT-Mitarbeitern. Eine Änderungsanforderung folgt auf die nächste, meist um Missverständnisse aus vorherigen Änderungsanforderungen wieder korrigieren zu lassen. Für die Fachbereichsmitarbeiter wächst ein IT-System heran, welches nur noch mit umfangreichen Workarounds ihre eigentlichen Anforderungen erfüllen kann. Die Unzufriedenheit der Mitarbeiter steigt und Schuldzuweisungen zwischen Fachbereich und IT stehen auf der Tagesordnung.

Notfalländerungen sind Änderungen, die aufgrund eines Notfalls vorgenommen werden müssen, um weitere Schäden zu vermeiden und den IT-Betrieb sicherzustellen bzw. den Wiederanlauf zu ermöglichen. Bei einer Notfalländerung können Test und Dokumentation der Änderungen auch im Nachgang vorgenommen werden, um an Geschwindigkeit zu gewinnen.

Es kommt immer wieder zu folgenden **Problemen**:

- Der Umgang mit Notfalländerungen ist häufig nicht gesondert geregelt. Oft laufen auch bei diesen Änderungen normale Prozesse ab, was eine schnelle Umsetzung im Ernstfall verhindert.
- Andererseits werden regelmäßig Änderungen als Notfalländerungen bezeichnet, obwohl es sich nicht um solche handelt, nur um Test und Dokumentation der Änderungen nachgelagert oder gar nicht vornehmen zu müssen.

Beispiel
Missbrauch des Notfallusers

In einem Unternehmen ist für den Fall eines Notfalls vorgesehen, dass die IT-Mitarbeiter einen Notfalluser benutzen können. Für diesen haben alle IT-Mitarbeiter und auch der Geschäftsführer und dessen Vertreter, der Leiter Finanzen, Zugriff.

Eine Benutzung des Notfallusers in anderen Fällen als dem Notfall ist den IT-Mitarbeitern untersagt, da er über die höchsten Berechtigungen im Unternehmen verfügt und auch Löschungen von Protokollen vornehmen kann. Ihre normalen Tätigkeiten führen sie mit ihren gewöhnlichen Administrationszugängen durch.

Der Leiter Finanzen steht kurz vor seinem Urlaub, es stehen allerdings noch zahlreiche größere Transaktionen an, die nur er freigeben darf. Da er seiner langjährigen Mitarbeiterin sehr vertraut, gibt er ihr die Kennung und das Passwort des Notfallusers, um ihr auch im Buchhaltungssystem erweiterte Rechte zur Freigabe zu erteilen. Er weiß, dass weder der IT-Leiter, noch der Geschäftsführer es gerne sehen, wenn der Notfalluser eingesetzt wird und da ein großer Dokumentationsaufwand damit verbunden ist, verzichtet er auf die geforderte Meldung an seine Kollegen, dass er den Notfalluser eingesetzt hat.

Während seines Urlaubs führte die Mitarbeiterin versehentlich die Freigabe einer hohen Zahlungsfreigabe durch, die fälschlicherweise doppelt angewiesen wurde und nicht hätte freigegeben werden dürfen. In der Hoffnung, ihren Fehler rückgängig machen zu können, griff sie unter Nutzung des Notfallusers in die Batchsteuerung des Buchungssystems ein und löschte manuell mehrere Batch-Input-Mappen. Ihr war zu diesem Zeitpunkt nicht bewusst, dass es sich hierbei auch um Mappen handelte, die von Vorsystemen angeliefert wurden und deren Löschen zu Inkonsistenzen zwischen Systemen und im Buchungsstoff führte.

Diese Unregelmäßigkeit fand zum Jahresende der Wirtschaftsprüfer im Rahmen eines Journal Entry Tests heraus. Auch konnten die undokumentierten Eingriffe in die Batchsteuerung durch den Notfalluser nachgewiesen werden.

Für Unternehmen ergeben sich bei intransparentem Umgang mit Anwendungsänderungen (inkl. fehlendem Test, Freigabe, und falschem Umgang mit Notfalländerungen) folgende **Risiken**:

- Es existiert keine Steuerung und Kontrolle von Änderungen.
- Ungetestete und nicht freigegebene Änderungen können die Ordnungsmäßigkeit eingesetzter IT-Systeme gefährden.
- Keine Zuordnung der Verantwortlichkeit für Änderungen, wenn diese nicht klar zugewiesen werden.

Für den Wirtschaftsprüfer macht diese Intransparenz das Nachvollziehen von Änderungen und deren Auswirkungen auf die rechnungslegungsrelevanten Systeme und Prozesse schwierig bis unmöglich.

Praxistipp:
Der Wirtschaftsprüfer sollte sich einen Überblick über die wesentlichen Änderungen des Geschäftsjahres für rechnungslegungsrelevante Systeme geben lassen, um einen Eindruck über die möglichen Risiken zu erhalten.

Folgende Prüfungshandlungen können vorgenommen werden:

- Einsichtnahme in den Prozess bzw. die Konzeption zum Änderungsmanagement. Sollte diese Dokumentation nicht vorhanden

sein, empfiehlt sich ein Interview mit den verantwortlichen Mitarbeitern über die übliche Vorgehensweise der Änderungsdurchführung;
- Einsichtnahme in das Formular/System zur Dokumentation von Änderungen;
- ggf. Einsichtnahme in die Trennung von (Entwicklung-), Test- und Produktivumgebung und Systemprüfung, ob eine getrennte Test- und Produktivumgebung existiert;
- stichprobenhafte Prüfung von durchgeführten Änderungen anhand einer systemgenerierten Liste (bspw. Ticketsystem) bzw. Liste erstellt durch den IT-Verantwortlichen und Beurteilung, ob die Änderungen angemessen dokumentiert sind und der formale Prozess eingehalten wurde (inkl. Nachweis Test und Freigabe);
- wenn kein Nachvollzug der Änderungen im Geschäftsjahr möglich ist, da keine Tests und Freigaben dokumentiert wurden, kann nach einer Verantwortungsübernahme gefragt werden, so dass das insoweit vertretungsberechtigte Organ die volle Verantwortung für mögliche Risiken aus Änderungen zu übernehmen hat und ggf. nachgelagert Änderungen genehmigen müsste;
- Einsichtnahme in den Prozess zur Notfalländerung und stichprobenartige Prüfung von durchgeführten Notfalländerungen.

Für den Wirtschaftsprüfer ist es wichtig, seine Mandanten dahingehend zu sensibilisieren, dass Änderungen und Entwicklungen nachvollziehbar bleiben und stets Test- und Freigabeprozesse etabliert werden.

4.2.17 Nicht nachvollziehbare Migrationen

Auch bedingt durch den Zwang zur Digitalisierung sowie aus Gründen der IT-Sicherheit, besteht mitunter der Bedarf, Software und Hardware zu erneuern. Zum Teil sind neue Technologien notwendig, um Prozesse angemessen unterstützen zu können oder die Menge an Daten auf bestimmter Hardware überhaupt angemessen verarbeiten zu können.

Um Daten, Anwendungen und Hardware in neue Umgebungen zu übertragen, werden Migrationen durchgeführt.

Dabei gibt es unterschiedliche Formen der Migration:

- Medienmigration (Vorgang, bei dem das physische Datenträgermedium eines Datenobjekts ausgetauscht wird),

> **Beispiel**
> Ein Unternehmen durchsucht sein physisches Archiv. Hierbei werden alte Disketten gefunden. Nachdem ersichtlich wird, dass es sich um alte Forschungsarbeiten handelt, die für einen aktuellen Schadensersatzprozess helfen können, werden die Daten von den Disketten auf den Fileserver des Unternehmens übertragen.

- Umgebungsmigration (Umstellung von einer bisherigen zu einer neuen technologischen Umgebung),

> **Beispiel**
> Ein Unternehmen möchte seine bisher im eigenen Rechenzentrum betriebenen Systeme zukünftig in der von einem IT-Dienstleister gestellten Umgebung betreiben. Der IT-Dienstleister ist zukünftig für Wartung und Betrieb der Umgebung verantwortlich, in der die Systeme laufen.

- Datenmigration (Übertragung von Daten mit ggf. notwendiger Datentransformation),
- Anwendungsmigration (eine Anwendung durch eine neue ersetzt unter Verwendung von Software- und Datenmigration),

> **Beispiel**
> Ein Unternehmen verwendet seit vielen Jahren ein durch den früheren IT-Leiter entwickeltes ERP-System. Aufgrund des Ausscheidens des IT-Leiters als einzigen Know-how-Träger für dieses System, entscheidet sich das Unternehmen zukünftig ein Standard-ERP-System einzusetzen (Anwendungsmigration). Hierzu ist zugleich eine Übertragung aller Daten (d. h. Kundendaten, Konten und Kontostände etc.) aus dem alten in das neue ERP-System notwendig (Datenmigration). Zumal sich das Standard-ERP-System stark von dem Altsystem unterscheidet, sind zusätzlich umfangreiche Datentransformationen notwendig (bspw. Risikokategorien „gering/hoch" im Altsystem und „grün/gelb/rot" im Neusystem).

- Hardware-Migration (Migration bestehender Daten/Systeme auf neue Hardware).

> **Beispiel**
> Ein Unternehmen kauft im Rahmen eines M&A Deals ein kleines Unternehmen auf. Bereits in der Due Diligence Prüfung wurde ersichtlich, dass das Unternehmen über eine sehr veraltete Hardware verfügt, die nicht weiter betrieben werden soll. Daher erfolgt nach dem Kauf des Unternehmens die Übertragung der Systemlandschaft auf die neuen Server im Rechenzentrum des Unternehmens.

Immer wieder werden Migrationen ohne ein vollständiges **Migrationskonzept** durchgeführt. Bei einem Migrationskonzept handelt es sich um eine Verfahrensanweisung, bei der alle notwendigen Schritte der Migration inkl. der Durchführung von Qualitätssicherungsmaßnahmen nachvollziehbar dargestellt werden.

In der Praxis können folgende **Probleme** auftreten:

- Es liegt kein nachvollziehbares Migrationskonzept vor, weil nicht klar ist, dass es sich um eine Migration handelt (bspw. Digitalisierung von Altdaten).
- Der Dienstleister, der für die Migration zuständig ist, nimmt keine Dokumentation vor.

Das Fehlen eines Migrationskonzepts hat folgende mögliche **Risiken** für Unternehmen:

- Die Migration läuft nicht strukturiert ab.
- Schritte der Migration könnten übergangen werden.
- Es erfolgt keine nachvollziehbare Dokumentation der Migration.
- Die Übertragung läuft ggf. nicht korrekt ab oder muss abgebrochen werden, was zu Datenverlust, Fehlern im Betrieb und zu gravierenden Ausfällen führen kann.

> **Beispiel**
> **Fehlende Einbindung des Wirtschaftsprüfers**
>
> Ein Unternehmen möchte ein neues ERP- und Rechnungswesen-System einführen. Hierzu soll zum Stichtag 01.06. eine Migration der Daten vom alten auf das neue ERP-System vorgenommen werden. Die Migration wird durch die IT-Abteilung in Zusammenarbeit mit den Fachbereichen durchgeführt. Eine Dokumentation der Migration wurde nur partiell über E-Mails und einem rudimentären Zeitplan abgebildet. Der Wirtschaftsprüfer wurde zu diesem Zeitpunkt noch nicht hinzugezogen. Zum GoLive am 01.06. wurden Salden und die Bewegungsdaten vom alten in das neue System übertragen. Die Migration scheint erfolgreich abgelaufen zu sein. Eine fachliche und technische Abnahme erfolgte mittels E-Mails durch die jeweiligen Führungskräfte.
>
> Der Wirtschaftsprüfer möchte nun nachgelagert die Migration zum Jahresende im Rahmen der Jahresabschlussprüfung nachvollziehen. Dokumentationen können nur partiell übermittelt werden und nur anhand von Gesprächen mit den verantwortlichen Mitarbeitern bekommt der Wirtschaftsprüfer einen Eindruck über die Tätigkeiten während der Migration. Beim Abgleich der Salden ergeben sich erste Fehler. Im Rahmen der Überprüfung wird bald deutlich, dass bereits vor dem eigentlichen GoLive am 01.06. Buchungen im neuen System erfolgten. Zudem erfolgten nach GoLive noch Buchungsänderungen im alten System. Auch führte ein systematischer Fehler dazu, dass Buchungen im neuen System auf den falschen Konten ankamen. Mangels einer systematischen Konzeption und Dokumentation der Migration verlief diese nicht nur fehlerhaft, sondern für den Wirtschaftsprüfer auch nicht nachvollziehbar.
>
> Nach langer Analyse gemeinsam mit dem Wirtschaftsprüfer müssen umfangreiche Korrekturen und Umbuchungen vorgenommen werden. Nicht alle Abstimmdifferenzen konnten aufgrund intransparenter Transformationsregeln final geklärt werden.

Aufbauend auf dem Migrationskonzept muss ein **Migrationstestkonzept** erstellt werden (ggf. auch als Bestandteil des Migrationskonzepts). Das Testkonzept beschreibt, was, wann, durch wen und wie im Rahmen der Migration getestet werden soll.

Folgende **Probleme** treten häufig in der Praxis auf:

- Es liegt kein dokumentiertes und nachvollziehbares Testkonzept vor.
- Zu einem fehlenden Testkonzept kommt häufig auch eine fehlende Dokumentation der Testdurchführung hinzu, da Fachbereiche häufig lediglich rudimentär dazu aufgefordert werden, fachliche Tests durchzuführen und keine systematische Dokumentationsvorlage nutzen, um die Tests angemessen zu dokumentieren.
- Es erfolgt keine Abstimmung des Testkonzepts, wenn zusammen mit einem Dienstleister die Tests zur Migration erfolgen.

Es besteht folgendes **Risiko**:

- Für einen sachverständigen Dritten ist im Nachgang nicht nachvollziehbar, wie und ob die Tests durchgeführt wurden, die ggf. in einer Testkonzeption geplant wurden.
- Fehler in der Migration werden nicht identifiziert (Vollständigkeit, Richtigkeit).

Hinzu kommt, dass Tests nicht immer erfolgreich verlaufen und Ergebnisse auch häufig anzeigen, dass Daten fehlerhaft übertragen wurden oder Altdaten in der neuen Systemumgebung nicht mehr dem Prozess angemessen funktionieren, daher Fehler bei der Verarbeitung auftreten. Hier ist es notwendig, dass zusammen mit dem Migrationskonzept ein **Fehlerhandlingverfahren** eingerichtet wurde, welches den Umgang mit den unterschiedlichen Fehlerstufen beschreibt. Auf Basis dieses Verfahrens sollte es **Retests** geben, die ebenfalls dokumentiert werden. Häufig gibt es aber diese Verfahren nicht in einer strukturierten Form, was die Nachvollziehbarkeit erschwert und die Annahme unterstellt, dass einige Fehler nie behoben wurden. Der Umgang, bei während der Migration aufgetretenen Problemen und Abstimmdifferenzen, ist oft nicht dokumentiert.

Die **fachliche und technische Abnahme** ist ein wesentlicher Schritt bei einer Migration und mündet in der Freigabe, den ordentlichen Geschäftsbetrieb nach erfolgreicher Migration wieder aufzunehmen.

Folgende **Probleme** treten in der Praxis auf:

- Häufig ist der Inhalt der Abnahme nur ungenügend dokumentiert (bspw. in einer E-Mail „passt so").

- Es liegen keine technischen/fachlichen Abnahmen vor.
- Die Abnahme wird durch unberechtigte Personen durchgeführt (keine Verantwortungsübernahme vorhanden).

Das **Risiko** ist dabei Folgendes:

- Es ist nicht nachvollziehbar, auf welcher Basis die Abnahme erfolgte und zu einem Normalbetrieb übergegangen wurde.
- Es besteht das Risiko, dass keine Verantwortlichkeit für die Funktionsfähigkeit der Systeme nach der Migration übernommen wurde.

Eine weitere Schwierigkeit sehen viele mittelständische Unternehmen beim **Umgang mit Altdaten**. Häufig werden diese Daten identifiziert, weil sie nicht mehr unter dem Archivierungsgebot fallen oder aktuell nicht mehr benötigt werden. Viele Unternehmen belassen diese Daten auf der alten Hardware oder löschen diese.

In der Praxis treten häufig folgende **Probleme** auf:

- Es liegt keine Regelung zum Umgang mit Altdaten vor.
- Altdaten werden nicht in die neue Umgebung übertragen, obwohl sie doch noch für die einzelnen Prozesse relevant sind.

Das folgende **Risiko** besteht:

- Für den Geschäftsbetrieb benötigte Daten sind nach der Migration nicht mehr verfügbar.
- Archivierungsfristen können nicht eingehalten werden.
- Daten, die durch den Betriebsprüfer benötigt werden, können nicht mehr lesbar gemacht werden; Strafen durch die Finanzverwaltung sind möglich.

Häufig wird auch vernachlässigt, dass mit der Einführung eines neuen Systems/einer neuen Hardware auch **Betriebsanpassungen** vorgenommen werden müssen. Das bedeutet, dass bestimmte Prozesse überarbeitet werden müssen (bspw. Notfallmanagement, Datensicherung, Betriebsüberwachung, Jobverwaltung etc.).

Die **Probleme,** die auftreten könnten, umfassen die folgenden:

- Die Betriebsanpassungen werden nicht oder nicht in angemessener Weise vorgenommen.
- Änderungen der Verantwortlichkeiten werden nicht geregelt.

Es besteht folgendes **Risiko**:

- Wenn Betriebsanpassungen nicht in angemessener Weise vorgenommen werden, kann ein angemessener Betrieb von Systemen nicht sichergestellt werden.
- Fehler im Betrieb sowie die Verfügbarkeit von Systemen ist ggf. gefährdet.

Für den Wirtschaftsprüfer ist der direkte Nachvollzug von Migrationen sowie die Anregung zu zusätzlicher Migrationsdokumentation bei einer früheren Einbindung in das Projekt essenziell. Je später seine Einbindung erfolgt, umso schwieriger wird es bei fragmentierter Dokumentation die Risiken für die Prüfung abzuschätzen.

> **Praxistipp:**
> „Die projektbegleitenden Prüfung ist eine bereits während der Durchführung des Projekts vorgenommene prüferische Beurteilung der Entwicklung, Einführung, Änderung oder Erweiterung IT-gestützter Rechnungslegungssysteme. Aufgrund seiner unabhängigen Stellung, seiner fachlichen Qualifikation und seines Verständnisses des Unternehmens, kann eine Einbindung des Abschlussprüfers als projektbegleitender Prüfer dazu beitragen, frühzeitig Risiken aus dem Projekt zu erkennen und diesen rechtzeitig entgegenzusteuern."[115] Falls dies durch den Mandanten nicht gewünscht bzw. nicht möglich ist, kann der Wirtschaftsprüfer mittels einer Prüfung gemäß IDW PS 860 nach der Migration immer noch auf Basis der vorliegenden Dokumentationen eine Überprüfung durchführen.
>
> Bereits während der Migration bieten sich folgende Prüfungshandlungen an:
>
> - Durchsicht von Projektdokumentationen,
> - Teilnahme an Projektbesprechungen, Lenkungsausschüssen,
> - parallele Durchsicht von Datenübertragungen und -transformationen,
> - Teilnahme bei Tests, Fehlerhandlingprozessen, Retests.

---

[115] IDW PS 850 n. F., Tz. 1

Häufig jedoch wird der Wirtschaftsprüfer zu spät zu Migrationen hinzugezogen oder erst nach Projektende informiert bzw. dann, wenn das neue System bereits seit mehreren Monaten aktiv im Einsatz ist. Auch wenn vom Mandanten keine Probleme gemeldet werden, liegt eine Prüfung des Sachverhalts nahe. So kann festgestellt werden, ob die Daten korrekt übertragen wurden (Vollständigkeit/Richtigkeit) und ob weitere Risiken vorliegen, die weitere Prüfungshandlungen des Wirtschaftsprüfers im Rahmen der Jahresabschlussprüfung benötigen.

Folgende Prüfungshandlungen bieten sich grundsätzlich zu Migrationen an[116]:

- Einsichtnahme in das Migrationskonzept und den Migrationsplan,
- Einsicht in notwendige Datentransformationsregeln,
- Einsichtnahme in das Migrationstestkonzept,
- Einsichtnahme in die einzelnen durchgeführten Tests (ggf. auch direkt parallel zur Durchführung der Migration),
- Einsichtnahme in den Prozess zur Fehlerbereinigung,
- Einsichtnahme in die Retests (beim Auftreten von Fehlern),
- ggf. eigene Stichproben, ob die Daten aus dem alten System korrekt ins neue System übertragen wurden,
- Nachweis zur Erstellung von Anpassungsdokumentationen (bspw. Aktualisierung Notfallkonzept, Datensicherungskonzept etc.), neue Verfahrensdokumentation.

Häufig liegen in der Praxis bei Migrationen nur Dokumentationsfragmente vor (in Form von E-Mails, Mitschriften etc.), die dem Prüfer zur Einsicht bereitgestellt werden. Wichtig ist dabei, sich auch bei fehlender Dokumentation genau erklären zu lassen, welche Tätigkeiten vorgenommen wurden (bspw. wurde nur die Hardware ausgetauscht oder auch Daten umgewandelt, damit sie in einer neuen Systemumgebung lesbar sind).

Zusätzliche weitere Prüfungshandlungen können sein:

- Erklärungen von Differenzen und Abweichungen,
- eigene Konsistenzchecks zwischen Vor- und Nachsystemen,
- Einsichtnahme in offene Punkte Listen aus Migrationen.

---

[116] Vgl. IDW PS 850 n. F.

4.2.18 Technische Probleme bei der Erstellung von Datenextrakten

Nach § 147 Abs. 6 AO hat die Finanzbehörde das Recht, die mit Hilfe eines DV-Systems erstellten und nach § 147 Abs. 1 AO aufbewahrungspflichtigen Unterlagen durch Datenzugriff zu prüfen. Das Recht auf Datenzugriff steht der Finanzbehörde „nur" im Rahmen steuerlicher Außenprüfungen zu. Durch die Regelungen zum Datenzugriff durch die Finanzverwaltung wird der sachliche Umfang der Außenprüfung (§ 194 AO) nicht erweitert; er wird durch die Prüfungsanordnung (§ 196 AO, § 5 BpO) bestimmt.[117] „Gegenstand der Prüfung sind die nach außersteuerlichen und steuerlichen Vorschriften aufzeichnungspflichtigen und die nach § 147 Absatz 1 AO aufbewahrungspflichtigen Unterlagen. Hierfür sind insbesondere die Daten der Finanzbuchhaltung, der Anlagenbuchhaltung, der Lohnbuchhaltung und aller Vor- und Nebensysteme, die aufzeichnungs- und aufbewahrungspflichtigen Unterlagen enthalten (vgl. Rzn. 3 bis 5), für den Datenzugriff bereitzustellen."[118] Der Datenzugriff kann dabei auf drei Weisen erfolgen: unmittelbarer Zugriff (nur Lesezugriff der Finanzverwaltung auf das DV-System), mittelbarer Zugriff (Auswertungen erfolgen durch Steuerpflichtigen oder Dritten nach den Vorgaben der Finanzverwaltung) und Datenträgerüberlassung (Daten auf auswertbaren Datenträger der Finanzverwaltung zur Verfügung stellen).

Letzter Möglichkeit wird am häufigsten genutzt und bringen häufig **Probleme** in der Praxis mit sich:

- Im Mittelstand wird häufig auf selbstentwickelte IT-Lösungen oder weiterentwickelte Standardlösungen zurückgegriffen, da das Geschäft häufig sehr speziell ist und spezifische Ansprüche mit sich bringt. Diese zusammengestellten Lösungen bergen aber die Gefahr, dass bspw. für externe Prüfungen die rechnungslegungsrelevanten Daten nicht in einer geforderten Form oder fehlerhaft extrahiert werden.
- Mitunter haben Unternehmen keine ausreichende Erfahrung mit der Nutzung von Exportfunktionen aus Standardsoftware (bspw. wenn hierfür Parametrisierungen vorgenommen werden können).
- Häufig wurden die geforderten Exportmöglichkeiten nicht angemessen implementiert und getestet.

---

[117] Vgl. GoBD (2019), Tz. 158
[118] GoBD (2019), Tz. 159

- Mitunter haben Dienstleister bei ausgelagertem Betrieb von Systemen geringe Erfahrung mit der Erstellung von geforderten Extrakten.
- Immer wieder trifft man auch auf die Problematik, dass Daten über unterschiedliche Systeme hinweg zur Verfügung gestellt werden müssen. Das bedeutet, dass innerhalb des Aufbewahrungszeitraums bspw. unterschiedliche ERP-Systeme im Einsatz waren. Die Bedeutung der Aufbewahrung auch der Auswertungsmöglichkeit der Daten wird häufig vernachlässigt.

> **Beispiel**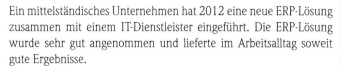
> **Probleme beim Datenexport für die Finanzbehörde**
>
> Ein mittelständisches Unternehmen hat 2012 eine neue ERP-Lösung zusammen mit einem IT-Dienstleister eingeführt. Die ERP-Lösung wurde sehr gut angenommen und lieferte im Arbeitsalltag soweit gute Ergebnisse.
>
> Mittlerweile gibt es den Dienstleister, der die ERP-Lösung 2012 beim Unternehmen eingeführt hat, nicht mehr. Im Rahmen einer Betriebsprüfung sind Datenextrakte von 2013 bis 2016 angefordert. Der Anleitung des Dienstleisters aus 2012 folgend versucht nun die Buchhaltungsmitarbeiterin den Datenextrakt vorzunehmen. Der Export scheitert mehrfach und die Buchhaltungsmitarbeiterin kann nicht die Extrakte im geforderten Beschreibungsstandard liefern. Zur Lösung des Problems werden IT-Berater hinzugezogen, die einen Export im geforderten Beschreibungsstandard aus dem ERP-System extrahieren können. Aufgrund des Zeitdrucks hat dies höhere Kosten verursacht.

Aus dem fehlenden oder fehlerhaften Datenexport ergeben sich folgende **Risiken**, insbesondere bzgl. Betriebsprüfungen:

- Verzögerungsgeld (wenn die Daten nicht direkt zur Verfügung gestellt werden können),
- Auflagen, Strafen, Hinzuschätzung bei Fehlern in der Datenbasis.

> **Hinweis:**
> Bei einem Wechsel der rechnungslegungsrelevanten Systeme ist zu berücksichtigen, dass weiterhin die Datenzugriffe gemäß GoBD sichergestellt werden können. Das kann für Unternehmen auch be-

deuten, dass bestimmte Hardware zusätzlich aufbewahrt werden muss. Zudem sind regelmäßige Lesbarkeitstests durch die Unternehmen durchzuführen.

Die Funktionsweise des Datenexports betrifft den Wirtschaftsprüfer in der Hinsicht, dass er gemäß ISA 240 „The Auditor's Responsibilities Relating to Fraud in an Audit of Financial Statements" (bzw. IDW PS 210 „Zur Aufdeckung von Unregelmäßigkeiten im Rahmen der Abschlussprüfung") angehalten ist, bei Abschlussprüfungen einen Journal Entry Test durchzuführen. Wenn dieser nicht möglich ist, weil kein Export erfolgen kann, dann kann er die Daten bspw. des Journals nicht überprüfen und es besteht das Risiko, dass Buchungen nicht korrekt durchgeführt wurden oder nicht vollständig sind. Dies wiederum kann zu Fehlern im Jahresabschluss führen.

Praxistipp:
Zur Erhöhung der Prüfungseffizienz, -sicherheit und -qualität empfiehlt es sich für den Wirtschaftsprüfer in Prüfungen Datenanalysen einzusetzen.[119]

Folgende Prüfungshandlungen können vorgenommen werden:

- Durchführung von Vorprüfungen vor einer Betriebsprüfung (auch in Form eines Journal Entry Tests (JET))
- Durchführung eines JET unter Einbezug aller relevanter Vor-, Neben- und Hauptsysteme

Es empfiehlt sich aufgrund der Komplexität und Masse an Daten eine Tool-gestützte Auswertung.

Bei Problemen bei der Extraktion von Daten empfiehlt sich eine detaillierte Analyse und ggf. das Hinzuziehen von IT-Spezialisten bzw. Herstellern/Vertretern der IT-Systeme bereits in einem frühen Stadium und nicht erst bei einer anstehenden Betriebsprüfung.

[119] Vgl. Droste/Tritschler (2018)

4.2.19 Lücken in der Verfahrensdokumentation

„Die Nachprüfbarkeit der Bücher und sonst erforderlichen Aufzeichnungen erfordert eine aussagekräftige und vollständige Verfahrensdokumentation [...], die sowohl die aktuellen als auch die historischen Verfahrensinhalte für die Dauer der Aufbewahrungsfrist nachweist und den in der Praxis eingesetzten Versionen des DV-Systems entspricht"[120]. Gemäß GoBD muss für jedes DV-System eine übersichtlich gegliederte Verfahrensdokumentation vorhanden sein, aus der Inhalt, Aufbau, Ablauf und Ergebnisse des DV-Verfahrens vollständig und schlüssig ersichtlich sind[121]. Aus der Verfahrensdokumentation muss ersichtlich sein, wie die elektronischen Belege erfasst, verarbeitet, ausgegeben und aufbewahrt werden. Das Thema der Verfahrensdokumentation liegt in der Schnittmenge zwischen Tax- und IT-Compliance.

Die geforderte Dokumentation sollte eine sachlogische und technische Beschreibung, sowie eine Anwenderdokumentation und eine Betriebsdokumentation umfassen. Das Ziel ist, die Ordnungsmäßigkeitsanforderungen zu gewährleisten und die Nachvollziehbarkeit für Dritte in angemessener Zeit zu ermöglichen. Die Beschreibung des IKS ist ebenfalls Bestandteil der Verfahrensdokumentation.

„Soweit eine fehlende oder ungenügende Verfahrensdokumentation die Nachvollziehbarkeit und Nachprüfbarkeit nicht beeinträchtigt, liegt kein formeller Mangel mit sachlichem Gewicht vor, der zum Verwerfen der Buchführung führen kann"[122].

Hinweis:
In Betriebsprüfungen und bei Kassennachschauen gewinnt zunehmend das Vorhandensein einer Verfahrensdokumentation für alle wesentlichen DV-gestützten Verfahren an Bedeutung. Der Wirtschaftsprüfer sollte seine Mandanten dahingehend sensibilisieren.

Verfahrensdokumentationen sollten insbesondere für die folgenden Prozesse vorliegen:

- (elektronischer) Belegeingang und -ausgang,
- elektronische Aufbewahrung und Datenzugriff,

---

[120] GoBD (2019), Tz. 34
[121] Vgl. GoBD (2019), Tz. 151; IDW RS FAIT 1, Tz. 53
[122] GoBD (2019), Tz. 155

- weitere rechnungslegungsrelevante Systeme,
- steuerliches IKS, Tax CMS,
- Scannen, bildliche Erfassung.

Viele Dienstleister bieten mittlerweile Tools zur Erstellung der Verfahrensdokumentation an, dies ersetzt jedoch nicht das selbständige Auseinandersetzen mit den einzelnen Verfahren im Unternehmen selbst.

In der Praxis finden sich häufig folgenden **Probleme**:

- Es existiert meist nicht das Bewusstsein für die Notwendigkeit von Verfahrensdokumentation.
- Meistens sind nur partielle Dokumentationen vorhanden, teilweise nur für vereinzelte wesentliche DV-gestützte Prozesse.
- Auch ist der Zusammenhang von Betriebsdokumentationen und Prozessdokumentationen mitunter nicht gegeben.

Dies führt zu folgenden **Risiken**:

- Ein Nachvollzug der Funktionsweise der IT-Systeme bzw. IT-gestützten Prozesse sowohl für sachverständige Dritte als auch für (neue) interne Mitarbeiter ist nicht immer möglich.
- Keine Angemessenheit der Buchführung sowie ggf. Hinzuschätzungen durch die Finanzverwaltung, falls nicht nur die Verfahrensdokumentation nicht vorhanden ist, sondern zusätzliche Fehler und Unstimmigkeiten hinzukommen.

Beispiel

Unerwarteter Ausfall des Administrators

Ein mittelständisches Produktionsunternehmen hat einen langjährig angestellten IT-Administrator, der alle IT-Installationen, -Konfigurationen und -Entwicklungen im Unternehmen selbständig durchführt. Die IT-Anwendungen und Hardware laufen durch seine intensive Betreuung meist fehlerfrei. Durch einen tragischen Unfall verunglückt der IT-Administrator schwer und kann seiner Arbeit über mehrere Monate nicht nachkommen.

Schon nach wenigen Tagen treten immer häufiger Probleme in Form von Fehlermeldungen, Verarbeitungsunterbrechungen und Systemausfälle auf, die durch die weiteren Mitarbeiter eher schlecht bis gar nicht bearbeitet werden können. Nach kurzer Zeit steht ein Großteil der IT-Systeme still, auch durch Neustarts und Wiederanlauf ausgewählter Systeme ist dies nicht mehr zu beheben. Die Ausfälle der IT-Systeme gefährden jetzt auch die Produktion.

Es wird mit Hochdruck ein IT-Dienstleistungsunternehmen hinzugezogen. Um die IT des Unternehmens zu verstehen und angemessene Maßnahmen vorzuschlagen, fordert der Dienstleister alle IT-Dokumentationen (technische Dokumentationen, Anwenderhandbücher, IT-Sicherheitskonzepte, Notfallpasswörter etc.) an. Leider wird festgestellt, dass fast keine Dokumentationen der IT-Landschaft vorhanden sind. Vorhandene Dokumentationen sind veraltet und berücksichtigen nicht mehr die aktuelle Systemlandschaft. Ein Zugriff auf die einzelnen Systeme ist durch vorgenommene Einstellungen des Administrators extrem erschwert. Das IT-Dienstleistungsunternehmen sieht sich dadurch nicht in der Lage, die bestehenden Systeme zum Laufen zu bringen. Es ist notwendig, vorerst eine Analyse vorzunehmen, welche Systeme auf den Servern installiert sind und festzustellen, wo unternehmensrelevante Daten gespeichert werden. Das Dienstleistungsunternehmen stellt fest, dass neben Standardsoftware auch selbstentwickelte Anwendungen auf den Servern vorliegen, die zum Teil produktionsrelevante Daten beinhalten oder erzeugen. Um die Systeme und die damit verbundenen Daten wiederherzustellen, müssen weitere Spezial-Dienstleister hinzugezogen werden, die unter großen Bemühungen und Kostenaufwand die Systeme und Daten wiederherstellen.

Bis alle Systeme wieder funktionsfähig sind und alle Daten wiederhergestellt werden, vergehen mehrere Wochen. In der Zwischenzeit kann die Produktion nur in Teilen wieder aufgenommen werden, da diese mittels selbstentwickelter Software halbautomatisch abläuft und somit bestimmte Arbeitsschritte nicht durchgeführt werden können bzw. für die Produktion wichtige Daten nicht zur Verfügung stehen. Das Unternehmen ist in seinem Fortbestand bedroht.

Hinweis:
Wichtig ist zu beachten, dass es sich bei der Verfahrensdokumentation auch um eine steuerliche Verfahrensdokumentation handelt. Häufig liegen bereits Dokumentationen im Unternehmen vor, wel-

che Verfahrensbeschreibungen enthalten, jedoch nur technische Dokumentationen darstellen. Dies ist im Sinne der GoBD jedoch nicht ausreichend.

Im Vorfeld der Erstellung/Zusammenstellung einer Verfahrensdokumentation im Rahmen bspw. von Beratungsprojekten sollte erörtert werden, welche internen/externen, fachlichen/technischen Dokumentationen für das IT-System/IT-gestützten Prozess bereits vorliegen und für die Verfahrensdokumentation genutzt werden können (bspw. technische Beschreibungen des Herstellers, interne Sicherheitsdokumentationen). Durch Wiederverwendung/Einbindung der vorhandenen Dokumentation wird Mehraufwand vermieden.

Teilbereiche der Verfahrensdokumentation sind[123]:

- allgemeine Beschreibung des DV-gestützten Prozesses,
- Anwenderdokumentation,
- technische Systemdokumentation,
- Betriebsdokumentation.

Häufig mangelt es an der strukturierten Zusammenführung der Vielzahl an vorhandenen Dokumentationen zu einer angemessenen Verfahrensdokumentation. Der Wirtschaftsprüfer kann im Rahmen von Beratungen bei der Zusammenstellung unterstützen.

Für den Wirtschaftsprüfer ist die Verfahrensdokumentation ein wichtiger Bestandteil seiner Prüfung. Anhand von Verfahrensdokumentation generiert er Verständnis zu fachlichen und technischen Abläufen. Auch stellt die Verfahrensdokumentation sicher, dass IT-Prozesse und IT-gestützte Geschäftsprozesse des Mandanten geregelt sind und dokumentiert werden.

---

[123] Vgl. GoBD (2019), Tz. 153

> **Praxistipp:**
> Der Wirtschaftsprüfer sollte sich eine Zusammenstellung der wesentlichen Verfahrensdokumentationen (fachlich und technisch) geben lassen oder diese gemeinsam mit dem Mandanten einsehen.[124]
>
> In der Praxis zeigt sich, dass für Unternehmen mitunter der Begriff „Verfahrensdokumentation" nicht unbedingt geläufig und eindeutig ist. Hier hilft es für Transparenz bezüglich der erwarteten Dokumentation zu sorgen.
>
> Auf dieser Grundlage können dann folgende Prüfungshandlungen erfolgen:
>
> – Einsichtnahme in Verfahrensdokumentationen oder vergleichbare Beschreibungen, Anwenderdokumentationen und technische Beschreibungen für die einzelnen identifizierten rechnungslegungsrelevanten IT-gestützten Prozesse (alle im Prüfungszeitraum vorhandenen Versionen der Verfahrensdokumentation),
> – Einsichtnahme in die Betriebsdokumentation,
> – ggf. Durchführung von Interviews mit verantwortlichen Mitarbeitern zu den jeweiligen Bestandteilen der Verfahrensdokumentation.

4.2.20 Unsachgemäßer Umgang mit Hard- und Software

Ein unsachgemäßer Umgang mit Hard- und Software erfolgt in der Praxis oft, wird jedoch häufig nicht weiter beachtet.

Ein **unsachgemäßer Umgang mit Hardware** zeigt sich durch:

- Verunreinigungen und starker Staub auf wichtigen Hardwarekomponenten,
- extreme Temperaturen, Temperaturschwankungen oder hohe Luftfeuchtigkeit in Räumen mit kritischer Hardware,
- fehlende Wartung von Hardware (u. a. auch hinsichtlich Brandschutz),

---

[124] Hinsichtlich des Aufbaus einer angemessenen Betriebsdokumentation verweisen wir auf Nestler/Fischer (2021): IT-Dokumentation – Leitfaden für die Erstellung, Prüfung und Beratung.

- fehlender physischer Schutz von Komponenten (siehe Kapitel 4.2.8),
- Reinigung mit unsachgemäßen Reinigungsmitteln, die Hardware beschädigen.

Risiken aus dem unsachgemäßen Umgang mit Hardware beeinflussen regelmäßig die Lebenszeit der Hardware sowie:

- Erzeugung von Störungen und Ausfällen,
- negative Beeinflussung der Verfügbarkeit,
- Verlust von Daten.

Beispiel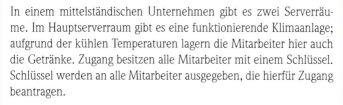
Fehlender Schutz der Hardware

In einem mittelständischen Unternehmen gibt es zwei Serverräume. Im Hauptserverraum gibt es eine funktionierende Klimaanlage; aufgrund der kühlen Temperaturen lagern die Mitarbeiter hier auch die Getränke. Zugang besitzen alle Mitarbeiter mit einem Schlüssel. Schlüssel werden an alle Mitarbeiter ausgegeben, die hierfür Zugang beantragen.

Der Backup-Serverraum ist immer unverschlossen und für alle Mitarbeiter und Besucher frei zugänglich. Eine Klimaanlage ist nicht installiert, da vor einem Jahr die Klimaanlage einen Defekt erlitten hatte. Kühlflüssigkeit ist ausgetreten und wurde vorübergehend über eine Ablaufrinne zum Schutz der Server abgeleitet. Später wurde die Anlage außer Betrieb genommen und abgebaut. Eine Klimaanlage wird nun auch nicht mehr als notwendig erachtet, da im Sommer die Temperatur im Serverraum selten über 35 Grad steigt. Sollte es doch einmal höhere Temperaturen im Serverraum erreichen, werden alternative Kühlungen vorgenommen (offene Fenster und Ventilatoren).

Mangels Regelungen zur Wartung und Reinigung des Backup-Serverraums, wurden die Serverräume das letzte Mal vor mehr als zwei Jahren von Staub befreit.

Der schlechte Wartungszustand des Backup-Serverraums stellt eine signifikante Gefährdung des IT-Betriebs im Falle von Ausfällen dar. Hardwaredefekte an warmen Sommertagen sind zu erwarten, insbesondere auch aufgrund verstopfter Abluftkanäle.

Der **unsachgemäße Umgang mit Software** definiert sich dadurch, dass Software nicht nach den Bestimmungen des Unternehmens benutzt wird oder Risiken für Unternehmen erzeugt.

Formen des unsachgemäßen Umgangs von Software können sein:

- private Nutzung von Software (bspw. private E-Mails mit unerlaubten Datenanhängen) und Einbindung dieser Nutzung in den normalen IT-Betrieb (bspw. Archivierungsprozesse),
- unerlaubtes Laden von Software in der Unternehmensumgebung (siehe hierzu insbesondere Kapitel 4.2.21 „Unkontrollierbarkeit durch Schatten-IT"),
- unvorsichtiges Testen von Funktionen auf Produktivsystemen,
- Abbrechen von Softwareupdates durch Mitarbeiter,
- Ausschalten der Antivirussoftware,
- illegale Überlizenzierung (ohne Lizenzmanagement).

Risiken des unsachgemäßen Umgangs mit Software können sein:

- Verstoß gegen Lizenz-/Nutzungsrechte,
- erhöhte Gefahr für Cyberangriffe,
- Verlust und Manipulation von Daten,
- Gefährdung der Funktionsfähigkeit der IT-Systeme des Unternehmens,
- Verstoß gegen IT-Compliance-Vorgaben.

Für den Wirtschaftsprüfer bedeutet unsachgemäßer Umgang mit Hard- und Software, dass eine angemessene Funktionsweise der IT-Systeme nicht sichergestellt ist. Auch kann nicht sichergestellt werden, dass alle Tätigkeiten der Mitarbeiter im Sinne des Unternehmens erfolgen und mitunter auch Schäden für das Unternehmen erzeugt werden. Zudem besteht die Gefahr, dass auch rechnungslegungsrelevante Daten unbrauchbar, fehlerhaft oder manipuliert sein könnten.

Praxistipp:
Der Wirtschaftsprüfer sollte sich vom sachgemäßen Gebrauch von Hard- und Software beim Mandanten überzeugen. Diese Prüfung kann häufig mit anderen Prüfungshandlungen verbunden werden (bspw. beim Walkthrough am Platz von Mitarbeitern).

> Mögliche Prüfungshandlungen:
>
> - Begehung der Räumlichkeiten inkl. Serverräume/Rechenzentrum sowie zentraler Büroräume, um festzustellen, ob die Hardware ordnungsgemäß verwendet wird (vgl. Kapitel 4.2.8),
> - Einsichtnahme in Sicherheitsrichtlinien, inwieweit Regelungen getroffen wurden, die die private Nutzung von Hard- und Software regeln,
> - Einsichtnahme in die Dokumentation hinsichtlich der Rechte zum Laden von Software für den einzelnen Mitarbeiter,
> - Protokolle über Schulungen zur Sicherheit und Nutzung der Hard- und Software im Unternehmen.

4.2.21 Unkontrollierbarkeit durch Schatten-IT

Als Schatten-IT wird die „autonome Beschaffung und Entwicklung sowie […] [der] eigenständige […] Betrieb von Informationssystemen durch einzelne Mitarbeiter oder einen Fachbereich […] ohne die Einbindung der IT-Abteilung des Unternehmens", bezeichnet. Es handelt sich hierbei um „sämtliche geschäftsprozessunterstützende Systeme […], die weder technisch noch strategisch in das IT-Servicemanagement des Unternehmens eingebunden sind".[125] Eine Schatten-IT entzieht sich dabei meist auch den Vorgaben der IT-Compliance.

Beispiel

In Unternehmen kann Schatten-IT besonders in den folgenden Fällen/Bereichen vorkommen[126]:

- IDV (Individuelle Datenverarbeitung),
- Cloud Computing Lösungen,
- Apps,
- Webmail-Services und sonstige Kommunikationslösungen,
- Filesharing-Lösungen,
- Business Intelligence Lösungen,
- Einsatz von unerlaubter Hardware (USB, Drucker, Router etc.),
- Einbindung privater Geräte,
- IT-Supportstrukturen unabhängig von der IT.

---

[125] Gesellschaft für Informatik, Lexikon (2015)
[126] Beachte: bei Inventarisierung der Lösungen als offizielles IT-System des Unternehmens und Einhaltung der IT-Compliance liegt jedoch keine Schatten-IT vor

Folgende Gründe führen zur Entstehung und Verwendung von Schatten-IT:

- Häufig entscheiden sich die Fachbereiche für die autonome Beschaffung und Entwicklung, weil diese Lösungen schneller und leichter zu realisieren sind (mangelnde Flexibilität oder gezieltes Ablehnen der IT-Abteilungen, bspw. aufgrund des Technologieplans).
- Manchmal kommt hinzu, dass es keine regelmäßigen Abstimmungen zwischen der IT-Abteilung und den Fachbereichen gibt, die eine Einführung durch beide Parteien unterstützen könnte. Die Fachbereiche nehmen die Beschaffung und Entwicklung daher selbst vor.
- Es gibt mitunter definierte und dokumentierte Regelungen, die klar vorschreiben, wie Beschaffungen und Entwicklungen vorzunehmen sind, jedoch nicht klar im Unternehmen kommuniziert sind.
- Aufgrund von Ressourcenengpässen in der IT werden Projektanträge aus dem Fachbereich zurückgestellt.
- IT-affine Fachbereiche suchen selbst nach angemessenen Lösungen, da sie davon überzeugt sind, besseres IT-Know-how als die IT-Abteilung selbst zu haben.

Hinweis:
Dadurch, dass durch die zunehmende Digitalisierung IT-Fragestellungen immer näher auch an die einzelnen Fach-Unternehmensbereiche rücken, wird es immer schwieriger – aber auch umso wichtiger – die verschiedenen Auswüchse der Digitalisierung zentral über die IT-Abteilung zu koordinieren. Die IT-Abteilung auf der anderen Seite muss gemeinsam mit den Fachbereichen zusammenarbeiten, um Schatten-IT zu verhindern.

Folgende **Probleme** hinsichtlich der Entstehung und Verwendung von Schatten-IT liegen in der Praxis häufig vor:

- Es liegen keine Tests und Freigaben von Schatten-IT vor.
- Es erfolgt keine angemessene Einbindung von Schatten-IT in die weiteren IT-Systeme des Unternehmens.
- Ein fehlendes oder mangelhaftes IT-Know-how der Fachbereiche führt zu falschem Umgang mit den Schatten-IT-Komponenten und zu einer fehlenden oder mangelhaften Einhaltung der Vorgaben der IT-Com-

pliance sowohl in der Entwicklung sowie der Beschaffung und dem alltäglichen IT-Betrieb.
- Oftmals sind Schatten-IT-Komponenten technologisch qualitativ schlechter und werden durch die Fachbereiche nicht weiter aufgewertet, dadurch sinkt der Qualitätsstandard der IT-Komponenten und negative Beeinflussungen für andere IT-Komponenten sind die Folgen.
- Oftmals werden potentiellen Budgetentscheidungen untergraben, indem die Funktionsfähigkeit der Schatten-IT über die Anforderungen der allgemeinen IT gestellt wird, dadurch fehlt ggf. Budget für notwendige IT-Komponenten.
- Es erfolgt keine angemessene Planung der IT-Infrastruktur und -kapazitäten, da oftmals die Schatten-IT durch die Fachbereiche schlecht betreut werden, haben sie nicht die gleiche Zukunftsfähigkeit wie andere IT-Infrastrukturen, die durch die IT betreut und geplant werden.
- Andere IT-Komponenten oder IT-Services werden durch die Schatten-IT und dadurch Effizienzverluste beeinflusst.
- Es existiert eine Ineffizienz von Prozessen durch die mangelhafte oder fehlende Betreuung durch die Fachbereiche.
- Ein mögliches Übergehen von Auslagerungsentscheidungen findet statt und ggf. folgen Vertragsstrafen bei Übergehen von ausgewählten Auslagerungs-Partnern.
- Es folgen mögliche negative Auswirkung auf die Arbeitskapazität der Fachbereichsmitarbeiter, da diese mit der Betreuung der Schatten-IT beschäftigt sind.
- Es existieren Probleme bei der Durchführung von Migrationen und im Änderungsmanagement, indem diese durch die Schatten-IT gestört werden können.
- Es entsteht eine negative Beeinflussung der Benutzerzufriedenheit durch fehlende Betreuung der Schatten-IT-Komponenten bzw. negative Beeinflussung der anderen IT-Komponenten und IT-Services.
- Eine einheitliche Verwendung von Referenzmodellen oder Vorgehensmustern liegt nicht vor.
- Möglicherweise erfolgt eine Verletzung des Technologieplans der IT und somit kann ggf. keine Sicherstellung der Betreibbarkeit der Schatten-IT in Zukunft sichergestellt werden.
- Oftmals liegen schlechte Verfahrensdokumentationen der Schatten-IT-Komponenten vor und dadurch entsteht die Gefahr der Unbetreubarkeit bei Verlust von zentralen Know-how-Trägern und Verstoß gegen Vorgaben.

- Redundanzen können auftreten, da neben von der IT implementierten Lösungen für ein Problem auch Lösungen der Fachbereiche existieren.
- Fehlende Nachweisfähigkeit können entstehen, da keine Versionierung oder Logging der Tätigkeiten in den Anwendungen vorhanden ist.

Die Ursprünge und auch das häufigste Auftreten von Schatten-IT finden sich in der individuellen Datenverarbeitung (IDV, End User Computing). Darunter zählen selbstentwickelte Programme in Anwendungen wie bspw. Excel oder Access. Gerade im Mittelstand sind diese Anwendungen sehr beliebt, da sie relativ einfach zu erstellen und bedienen sind und einfach in Prozesse integriert werden können.

> **Beispiel**
> **Fehlende Versionierung und Datensicherung einer IDV-Lösung**
>
> Zur Berechnung von Restwerten in einem mittelständischen Unternehmen wird eine programmierte Exceltabelle verwendet, die mit Werten aus dem ERP-System regelmäßig neu manuell befüllt wird. Dafür wird die alte Version der Exceldatei immer wieder überschrieben. Die berechneten Werte werden dann in das ERP-System manuell zurückgespielt. Für diese einfache Tätigkeit werden Auszubildende eingesetzt.
>
> Es kommt zu einem gravierenden Fehler bei einer weiteren Verarbeitung im ERP-System, die auf einen Fehler in der Restwertberechnung zurückgeführt werden kann. Die Exceltabelle unterlag keiner Versionierung und wurde auch nicht regelmäßig in der Datensicherung miterfasst. Daher ist ein Nachvollzug der Berechnung nicht mehr möglich und umfangreiche Korrekturarbeit nötig.

Bei der Nutzung und Duldung von Schatten-IT im Unternehmen können folgende **Risiken** auftreten, die selten im Unternehmen Beachtung finden:

- Verstoß gegen externe und interne (IT-)Compliance-Vorgaben (u.a. fehlende Einbindung der Schatten-IT in das IKS des Unternehmens oder den Datenschutz),
- Verlust der Kontrolle durch die IT-Abteilung,
- Abhängigkeit von der Schatten-IT (Lock-In-Effekt),

- durch eine oftmals mangelhafte ordnungsgemäße Entwicklung der Schatten-IT-Komponenten können Risiken hinsichtlich der Datensicherheit, -integrität und -schutz auftreten, welche wiederum zu Datenverlust und -manipulation führen können,
- Ausfall kritischer Schatten-IT gefährdet den Fortbestand des Unternehmens,
- Wirtschaftliche Risiken, z.B. Gefährdung der Lizenz-Compliance, wenn die Beschaffung von Softwarelizenzen und Cloud Services dezentral ohne die Einbindung des Software Asset Managements und IT-Einkaufs erfolgt.

Hinweis:
Durch das Software Asset Management soll innerhalb des Unternehmens der legale und effiziente Umgang mit Software sichergestellt werden. Es ist Teil der von jedem Unternehmen zu erbringenden Maßnahmen im Bereich des Risikomanagements und der Risikovorsorge.[127] Es dient in erster Linie dazu, Rechtssicherheit bei der Verwendung von Software zu schaffen und rechtlichen Risiken wie z.B. Unterlassungs- oder Schadensersatzansprüchen vorzubeugen. Außerdem dient es dazu, den tatsächlichen Softwarebedarf des Unternehmens zu ermitteln, um Kosten zu optimieren oder gar zu reduzieren.

Beispiel
Fehlender Einbezug der IT-Abteilung

Die Logistikabteilung eines mittelständischen Unternehmens benötigt für ihre Auswertungen der Kunden und Lieferanten eine CRM-Software. In dieser sollen alle Kunden- und Lieferantendaten gespeichert werden können. Teilweise handelt es sich bei den Daten auch um streng private und geschäftlich-vertrauliche Informationen.

Hierzu führt sie eine Lieferantenauswahl durch, bei dem sie sich für eine bestimmte Softwarelösung entscheidet. Diese Software beinhaltet eine Speicherung der Daten in einer Cloud-Lösung. Die Verträge werden durch die Logistikabteilung selbst abgeschlossen. Der Einbe-

---

[127] DCGK, Ziffer 4.1.4.

zug der IT-Abteilung in das Vorgehen ist durch die Logistikabteilung nicht vorgesehen, insbesondere aufgrund vergangener negativer Erfahrung. Eine juristische Überprüfung des Vertrags durch die Rechtsabteilung erfolgt ebenfalls nicht.

Nach sechs Monaten Einsatz der Lösung gelangten geheime Informationen der Kunden des Unternehmens an die Tagespresse. Nach Untersuchungen der Polizei stellt sich heraus, dass die Informationen von dem mittelständischen Unternehmen stammen müssen. Nach weiteren forensischen Untersuchungen wird erkannt, dass die IT des Unternehmens sicherheitstechnisch keine Mängel aufweist, jedoch die durch die Logistikabteilung angeschaffte Cloud-Lösung über keine angemessenen Sicherheitsvorkehrungen verfügte und gehackt wurde.

Wäre die IT-Abteilung in den Erwerb der Software einbezogen worden, hätte dieser folgenschwere Fehler verhindert werden können.

Für den Wirtschaftsprüfer kann der Einsatz von Schatten-IT für die Prüfung eine größere Herausforderung darstellen. Selten wird der Wirtschaftsprüfer auf das Vorhandensein von Schatten-IT hingewiesen, da sie oftmals als normale Geschäftätigkeit angesehen wird und außerhalb des Zugriffs der IT-Abteilung liegt. Meistens erfährt der Wirtschaftsprüfer erst in Gesprächen mit Fachbereichen (bspw. bei der Prozessaufnahme) vom Vorhandensein von Schatten-IT. Oft sind die verwendeten Anwendungen nicht dokumentiert, getestet und abgenommen. Der Wirtschaftsprüfer kann sich nicht auf die ordnungsgemäße Funktionsweise der identifizierten Schatten-IT verlassen und muss ggf. kompensierende Prüfungshandlungen durchführen.

Praxistipp:
Um Schatten-IT im Unternehmen zu erkennen, ist es wichtig eine genaue Aufnahme der geprüften Geschäftsprozesse durchzuführen.

Die Erstellung einer Auflistung der relevanten verwendeten Systeme der jeweiligen Unternehmensbereiche – gemeinsam mit den Fachbereichsleitern oder zentralen Mitarbeitern – ist bei der Suche nach Schatten-IT oft zielführend. Es gibt zudem Tools, die beim Scannen der Unternehmens-IT nach Schatten-IT helfen können und auch teilweise von IT-Abteilungen im Einsatz sind.

In einem weiteren Schritt sollte diese erstellte Übersicht mit den betreuten Systemen und Prozessen der IT-Abteilung oder des IT-Dienstleisters abgeglichen werden. Es sollte eruiert werden, welchen Einfluss die identifizierte Schatten-IT zum Geschäftsbetrieb hat, welche Risiken sich für die Prüfung ergeben und ob sich ggf. ernstzunehmende IT-Compliance-Verstöße ableiten lassen können (ggf. auch hinsichtlich Datenschutz).

Folgende Prüfungshandlungen können vorgenommen werden, um die Relevanz für die Rechnungslegung zu identifizieren:

- Einsichtnahme in Prozessdokumentationen und Walkthroughs mit Fachbereichsmitarbeitern (Fokus auf eingesetzten IT-Systemen),
- Einsichtnahme in die Funktionsweise der Schatten-IT und ggf. Abschätzung von Beeinflussungen anderer Systeme und Prozesse,
- Interviews mit Mitarbeitern zum Einsatz der Schatten-IT.

Falls die Schatten-IT Einfluss auf die Rechnungslegung hat, empfehlen sich folgende weitere Prüfungshandlungen:

- Einsichtnahme in ggf. vorhandene Richtlinien mit Schatten-IT (bspw. IDW-Richtlinie),
- Nachvollzug der Funktionsweise der Schatten-IT im Detail (ggf. Überprüfung von Formeln, Bewertungen und Darstellungen),
- Einsichtnahme in Test und Freigabe von Schatten-IT,
- Einsichtnahme in die Betriebsüberwachung und weitere vorhandene Kontrollen der Schatten-IT (insbesondere hinsichtlich der IT-Sicherheit),
- Einsichtnahme in die Versionierung der Schatten-IT,
- Einsichtnahme in die Datensicherung der Schatten-IT,
- Einsichtnahme in Vorgehen zu Notfallhandling und die Wiederherstellung dieser Schatten-IT.

Falls all dies nicht vorhanden ist bzw. nicht nachprüfbar ist, dann muss der Wirtschaftsprüfer den materiellen Einfluss von Fehlern aus der Schatten-IT auf das Zahlenwerk bewerten.

Immer wieder trifft man auf IT-Leiter, die über das Problem der Schatten-IT im Unternehmen Bescheid wissen, jedoch relativ handlungsunfähig sind. Hier muss auf allen Ebenen das Bewusstsein geschärft werden, dass das Betreiben von Schatten-IT umfangreiche Risiken mit sich bringt.

Gleichzeitig sollte beachtet werden, dass Schatten-IT nicht unbedingt immer risikobehaftet sein muss oder sogar den Geschäftsbetrieb gefährdet. Vielfach findet man auch kleinere, unterstützende Schatten-IT-Komponenten. Der Wirtschaftsprüfer sollte immer die Umstände des Einsatzes, die Entwicklung und den Betrieb dieser Schatten-IT berücksichtigen. Oft kann auch der Einsatz von Schatten-IT historisch gewachsene, unflexible IT-Prozesse (bspw. Entscheidungsprozesse, Auslagerungsprozesse, Beschaffungsprozesse) aufdecken oder auf mangelhaft ausgestattete IT-Abteilungen hinweisen. Daher ist immer eine genaue Analyse der verwendeten Schatten-IT im Unternehmen zu empfehlen und ggf. Handlungsempfehlungen abzugeben.

4.2.22 Geringe Erfahrung im Umgang mit neuen Vorgaben

Mittelständische Unternehmen sind in zahlreichen Industriezweigen angesiedelt und unterliegen daher unterschiedlichsten externen Vorgaben. Gerade für den IT-Bereich können sich immer wieder neue zusätzliche Anforderungen ergeben, die je nach Branche von einer unterschiedlichen Dynamik geprägt sein kann (bspw. IT-Sicherheitsgesetz für KRITIS, GoBD oder GeschGehG, sowie europäische Regelwerke wie die NIS2-Richtlinie und EU-US Data Privacy Framework). Häufig sind diese neuen Vorgaben sehr allgemein formuliert, um auf die Gegebenheiten verschiedenster Unternehmen mit den unterschiedlichsten Anwendungsbereichen zu passen.

Mittelständische Unternehmen sehen sich daher oft mit den folgenden **Problemen** konfrontiert:

- Das Know-how und die Erfahrung fehlen, festzustellen, welche Anforderungen für das eigene Unternehmen anzuwenden sind.
- Teilweise fehlen die personellen Ressourcen, um die Anwendungen auch auf die richtigen Verantwortlichkeiten verteilen zu können (bspw. für Kontrolltätigkeiten).
- Oft fehlen Zeit und Ressourcen, um festzustellen, in welcher Form, welche Anforderungen, bis wann anzuwenden sind.
- Oftmals fehlt auch das finanzielle Mittel, Anforderungen in dem geforderten Maße mit den vorhandenen Mitteln umzusetzen.

- Neue Standards können Überschneidungen und sogar Widersprüche zu bestehenden Standards haben. Die inhaltliche Klärung und Umsetzung im Unternehmen kann mitunter sehr herausfordernd sein.
- Der Nutzen von Anforderungen wird nicht erkannt und die Anforderungen mitunter so umgesetzt, dass sie zu Problemen in Geschäftsabläufen führen.

Für Unternehmen ergeben sich daraus folgende **Risiken:**

- Neue Vorgaben können nicht oder nicht angemessen im eigenen Unternehmen umgesetzt werden.
- Daraus wiederum ergeben sich mögliche Folgen für das Unternehmen, die so vielfältig wie die Anforderungen selbst sein können (wie bspw. Strafen und Bußgelder, Hinzuschätzungen, Ausschluss aus Vergabeverfahren, Imageschaden etc.).

Für den Wirtschaftsprüfer ist es wichtig, dass das Unternehmen alle anzuwendenden Anforderungen angemessen umsetzt, nur so können alle Risiken, die die einzelnen Anforderungen adressieren, angemessen identifiziert und gesteuert werden.

Praxistipp:
Unternehmen sollten bei der Einführung neuer Standards oder Rahmenwerke diese mit ggf. relevanten Maßnahmen aus bestehenden ähnlichen oder gleichgelagerten Standards und Rahmenwerke abgleichen bzw. abstimmen. Die Überschneidungen bei ähnlichen Anforderungen müssen angemessen identifiziert und sich ergebende Synergieeffekte für das Unternehmen genutzt werden.

Der Wirtschaftsprüfer erhält als Externer einen unvoreingenommenen neutralen Einblick in ein Unternehmen und kennt sich zugleich gut mit neuen Anforderungen zur (IT-)Compliance aus. Er nimmt daher für die von ihm betreuten Unternehmen eine besondere Rolle ein und sollte sie hinsichtlich der zutreffenden Anforderungen sensibilisieren und über bevorstehende Neuerungen informieren. Hierzu gehört auch das Adressieren von Handlungsbedarf beim Management.

In Prüfungen sowie Beratungen sind neue Anforderungen stets zu berücksichtigen.

4.3 Anregungen für die IT-Compliance-Beratung

4.3.1 Beratung beim Beheben von Schwachstellen

Gerade im Mittelstand wächst der Digitalisierungsdruck und damit steigt auch der Beratungsbedarf hinsichtlich der Verwendung neuer Technologien. Wenn hierbei die (IT-)Compliance zu kurz kommt, entstehen oft gravierende Schwachstellen.

Ausgehend von einer IST-Analyse (bspw. in Form einer vergangenen Prüfung) kann der Wirtschaftsprüfer Schwachstellen identifizieren, die er gemeinsam mit dem Mandanten im Rahmen einer Qualitätssicherung reduzieren oder abstellen kann.

Möglichkeiten für die Beratung zum Schwachstellenabbau:

- Beratung bei der Erstellung von Prozessdokumentationen, Arbeitsanweisungen,
- Qualitätssicherung bei der Durchführung von Notfalltests,
- Beratung beim Verdacht auf IT-Sicherheitslücken oder Verstöße,
- Durchführung einer projektbegleitenden Qualitätssicherung bei Software-Implementierungen gemäß IDW PS 850 n. F.,
- Qualitätssicherung beim Aufbau eines (IT-)IKS,
- Quick-Check zur IT-Sicherheit und Einhaltung ausgewählter IT-Compliance-Vorgaben,
- Beratung bei Spezialthemen zu u. a. Cloud Computing, Künstliche Intelligenz, Big Data.

> **Beispiel**
> **Beratung bei der Erstellung von Verfahrensdokumentationen**
>
> In einer Kreisstadt betreibt ein mittelständisches Unternehmen eine Türenproduktion. Als innovatives Familienunternehmen setzt das Unternehmen auf neue Technologien und hat so schon einige Hardware- und Systemwechsel erfolgreich durchgeführt. Bei einer freiwilligen Prüfung durch den Wirtschaftsprüfer ergibt sich jedoch ein erheblicher Mangel in der Dokumentation der Hard- und Softwareumgebung für rechnungslegungsrelevante Systeme. Um für kommende Prüfungen gerüstet zu sein, beauftragt das Unternehmen daraufhin einen anderen Wirtschaftsprüfer einer auf IT spezialisierten Kanzlei zur Beratung bei der Erstellung einer vollständigen

Verfahrensdokumentation über alle rechnungslegungsrelevanten IT-gestützten Prozesse hinweg.

Unter Beratung dieses Wirtschaftsprüfers werden durch das Unternehmen gemäß den IT-Compliance-Anforderungen innerhalb von wenigen Monaten zahlreiche IT-Betriebsdokumentationen erweitert und teilweise auch neu erstellt. Darunter zählten das IT-Sicherheitskonzept, Datensicherungskonzept, Wiederanlaufkonzept, Arbeitsanweisung zum Change Management, Entwicklungsrichtlinie sowie ein Kontrollkonzept für die IT-Leistungserstellung durch einen Dienstleister.

Ziel des Wirtschaftsprüfers ist es, Mandaten beim Abbau von Schwachstellen in der IT-Compliance zu unterstützen und so nachhaltig Risiken abzubauen.

Praxistipp:
Viele Beratungsmöglichkeiten ergeben sich direkt aus festgestellten Schwachstellen in Prüfungen. Der Wirtschaftsprüfer muss dabei jedoch stets seine Unabhängigkeit wahren und darf bspw. keine im Rahmen von Beratungsaufträgen erstellte Konzepte in der Prüfung selbst prüfen. Oft stellen projektbegleitende Prüfungen nach IDW PS 850 n. F. eine gute Lösung dar.

Grundsätzlich bietet es sich an, den Mandanten ganzheitlich zu betreuen. Häufig reicht es den Mandanten nicht aus, lediglich Hinweise/Feststellungen aus einer Prüfung zu erhalten; stattdessen benötigen sie proaktive Begleitung auf ihrem Weg zum Abbau von Schwachstellen in der IT-Compliance. Oft kann nur so sichergestellt werden, dass Schwachstellen nachhaltig abgebaut werden können und nicht ungelöst von einer zur nächsten Jahresabschlussprüfung weitergeschoben werden.

4.3.2 Proaktive IT-Compliance-Beratung außerhalb bestehender Schwachstellen

Nicht nur aufgrund festgestellter Schwachstellen in der IT-Compliance (vgl. Kapitel 4.3.1) können Qualitätssicherungs- und Beratungsansätze sinnvoll sein. Häufig ist auch eine Sensibilisierung/Awareness-Schulung des Managements zu den Mindestbausteinen der IT-Compliance angebracht.

Ferner liegt die proaktive Beratung/Qualitätssicherung hinsichtlich IT-Compliance-Neuerungen/-Veränderungen oder bspw. beim Aufbau eines Compliance Management Systems nahe.

Oft ist der Wirtschaftsprüfer – auch aufgrund seiner Mitgliedschaft in Verbänden, der Einbeziehung in Konsultationsphasen und durch sein Netzwerk – frühzeitig zu Neuerungen/Anpassungen in den IT-Compliance-Vorgaben informiert. Es liegt nahe, dass er seine Mandanten hierzu berät, zu Risiken sensibilisiert und Handlungsbedarf adressiert.

Weiterhin gibt es Möglichkeiten, um bei der Professionalisierung der IT-Compliance zu unterstützen. Hierbei bietet es sich an, dem Mandanten bei der Einrichtung eines IT-Compliance Management Systems (CMS) zu unterstützen. Ein IT-CMS stellt ein Konzept für die Strukturierung und Organisation von Maßnahmen, Prozessen und Regelungen dar, um eine Regelkonformität mit IT-Vorgaben zu erreichen.

Hinweis:
Der BGH hat jüngst in einer Entscheidung[128] erneut die Implementierung eines effizienten CMS in einem Unternehmen bußgeldmildernd berücksichtigt. Für die Praxis zeigt sich daher, dass sich die Einrichtung entsprechender Systeme positiv für Unternehmen auswirken kann.

Weitere Formen der IT-Compliance-Beratung:

- IT-Sicherheitscheck,
- IT-Compliance-Check,
- Sensibilisierung von Führungskräften und Mitarbeitern (bspw. in Form von Workshops und Seminaren) zu IT-Compliance-Fragen,
- Coaching von IT-Compliance-Beauftragten oder IT-Sicherheitsbeauftragten,
- Beratung zur Erstellung von IT-Dokumentation aus Basis von IT-Compliance-Anforderungen oder internen Regelungen,
- Stellen von externen IT-Sicherheitsbeauftragten oder Datenschutzbeauftragten,

---

[128] BGH, Urteil vom 27.04.2022 – Az. 5 StR 278/21; ebenso: BGH, Urteil vom 09.05.2017 – Az. 1 StR 265/16.

- Unterstützung bei der Einführung eines Informationssicherheitsmanagementsystem,
- Unterstützung bei der Auswahl von Anwendungen bzgl. deren Einhaltung von Compliance-Vorgaben,
- Unterstützung bei Projekten bspw. im Rahmen des IDW PS 850 n. F.,
- Beratung zu DS-GVO, GeschGehG etc.

> **Praxistipp:**
> Wichtig für den Wirtschaftsprüfer ist es, die (IT-)Compliance niemals losgelöst von anderen Themen zu sehen, sprich sie nicht nur zu ihrer eigenen Erfüllung umzusetzen. Mit der Umsetzung von IT-Compliance gehen häufig weitere positive Effekte einher. Die IT-Compliance spielt oftmals bei der Umsetzung verschiedener Maßnahmen eine wesentliche Rolle und kann so zusätzlichen Mehrwert schaffen.
>
> Beispiele für Verknüpfungsmöglichkeiten:
>
> - Beratungen zu einem IT-Compliance Thema führt häufig zu weiteren Compliance-Themen (bspw. DS-GVO-Beratung kann auch die Ausgestaltung von technischen und organisatorischen Maßnahmen enthalten);
> - Digitalisierungsberatungen stellen auch immer die Frage nach der Einhaltung von bestehenden und zukünftigen IT-Compliance-Anforderungen (bspw. bei der Einführung von RPA stellt sich die Frage, welche IT-Compliance-Anforderungen beachtet werden müssen);
> - auch bei der Beratung zu fachlichen Fragestellungen kann die jeweils zugehörige IT-Compliance adressiert werden;
> - Begleitung von Unternehmenstransaktionen (M&A) mit IT-Bezug (bspw. die Bewertung der IT-Compliance-Fähigkeit eines anzueignenden Unternehmens ist immer entscheidend);
> - Berücksichtigung von IT-Compliance im Rahmen der Einführung neuer Systeme im Unternehmen;
> - Begleitung von Unternehmensumstrukturierungen;
> - Auslagerung von IT-Dienstleistungen;
> - Insourcing von IT-Dienstleistungen;
> - etc.

4.4 Exkurs: Referenzmodelle in der IT-Compliance

Referenzmodelle stellen ein Modell für eine Gruppe an idealtypischen Sachverhalten dar. Sie definieren sich über ihre Wiederverwendbarkeit, Kostenreduktion und Modifizierbarkeit. Häufig haben bestimmte Referenzmodelle bereits den Status von „De-Facto-Standards" erhalten (wie bspw. COBIT, ITIL siehe **Tab. 3.1**). Daher werden sie oft als externe Regelwerke herangezogen und dienen als Grundlage für intensivere Betrachtungen bestimmter Sachverhalte auch in der IT.

Für den Wirtschaftsprüfer stellen Referenzmodelle hilfreiche Ausgangspunkte dar, die er sowohl in der Prüfung als auch in der Beratung nutzen kann.

In der Prüfung kann das Referenzmodell dazu genutzt werden, um neben den gesetzlichen und regulatorischen Anforderungen detaillierte Prüfungen in bestimmten Bereichen wie der IT-Governance oder dem IT-Risikomanagement durchzuführen (z. B. im Rahmen einer IT-Due Diligence). Bei der Beratung bieten sich Referenzmodelle besonders aufbauend auf einer IST-Aufnahme dazu an, spezifische IT-Prozesse zu modellieren oder zu optimieren.

IT-GRC-Zuordnung	Beispiele für Referenzmodelle
IT-Governance	– COBIT – ITIL – VAL-IT – TOGAF – SOA Governance Framework – BPM-Framework – …
IT-Risiko	– COSO – ERM – Risk-IT – FAIR – OCTAVE – ISO 31000 – …

IT-GRC-Zuordnung	Beispiele für Referenzmodelle
IT-Compliance	– BSI Grundschutzkompendium – ITAF: Rahmenwerk der Berufspraktiken für die IT-Prüfung – CMM – CMMI – PRINCE2 – Softwareentwicklung V-Modell/ Wasserfallmodell – OSI-Referenzmodell – VeriSM – ...

Tab. 4.4: Einschlägige Beispiele für Referenzmodelle im Umfeld des GRC-Modells

Grundlegend kann der Wirtschaftsprüfer aus der Menge der vorliegenden Referenzmodelle das für die Themen der Prüfung oder Beratung passende Modell auswählen. Dabei ist entscheidend, dass der Wirtschaftsprüfer darüber informiert ist, wie ein Referenzmodell für die zugrundeliegende Problemstellung verwendet werden kann. Gegebenenfalls sind für die vorliegenden Unternehmensspezifikationen, angemessene Modifikationen und Integrationen des Referenzmodells sinnvoll.

Ein Referenzmodell, welches besonders viele andere Referenzmodelle/ Rahmenwerke/ Standards vereint, ist das **COBIT-Referenzmodell** (bspw. ISO/IEC 27001, COSO, ITIL und Anforderungen aus dem Datenschutz). COBIT sieht sich nicht als alleinstehendes Rahmenwerk, Inhalte aus anderen Rahmenwerken werden bewusst nicht wiederholt, sondern verweisen auf andere. COBIT stellt einen strukturierten Ansatz für die Governance und Verwaltung von Unternehmensinformationen und -technologien dar. Durch die Vorgaben können IT-Prozesse klarer aufgebaut und IT-Prozesse besser den externen Anforderungen zugeordnet werden. Zudem gibt COBIT Werkzeuge für eine effektivere Steuerung und Überwachung von IT-Prozessen vor. COBIT umfasst ein Prozessmodell mit unterschiedlichen generell anwendbaren Prozesspraktiken. Die Prozesspraktiken sind in COBIT nach einem umfassenden Modell strukturiert, welches alle IT-Funktionen beinhaltet. COBIT lässt sich völlig unabhängig von der vorhandenen Technologie sowie der Branche, in der das Unternehmen agiert, anwenden. Es bietet daher umfangreiche Anwendungsmöglichkeiten für Unternehmen und Prüfer.

Die IT Infrastructure Library (ITIL) stellt eine Sammlung von Prozessen, Funktionen und Rollen für IT-Infrastrukturen und -Services dar, die auf die IT-Organisation in Unternehmen abzielen. Sie beinhaltet vordefinierte Standardverfahren, die praxiserprobt und bewährt sind. Im ITIL-Umfeld spricht man hier auch von sogenannter „Best Practice". Die IT Infrastructure Library soll wirtschaftliches, effizientes, qualitätsbewusstes und sicheres Arbeiten mit der IT ermöglichen. Es werden Komponenten und Abläufe von IT-Services beschrieben und Rollen oder Funktionen zugewiesen. Ergebnis sind Best-Practice-Vorschläge für den Betrieb der IT-Infrastruktur und ihrer Anwendungen in Unternehmen.

5 Zusammenfassung: Ein abschließender Blick auf die IT-Compliance im Mittelstand

IT-Compliance stellt einen Teilbereich der Compliance dar. Sie beschäftigt sich mit der Einhaltung von Anforderungen aus unterschiedlichsten internen und externen Quellen hinsichtlich des unternehmensweiten Einsatzes und der Ausgestaltung von IT.

Im Wesentlichen erfasst die IT-Compliance in rechtlicher Hinsicht einerseits die Sicherstellung von Compliance durch die IT eines Unternehmens. Die IT dient in diesem Sinne der Erfüllung der Anforderungen des Unternehmens an Compliance und hat hier unterstützende Funktionen, insbesondere bei der datenschutzrechtskonformen Gestaltung von Compliance-Systemen des Unternehmens (etwa im Rahmen eines Datenschutz-Management-Systems bzw. Datenschutz- und Datensicherheits-Konzepts), der IT-gestützten Ermittlung von rechtswidrigen unternehmensschädigenden Handlungen oder der Sicherung von Beweisen, ferner bei der rechtskonformen Gestaltung der IT-Systeme, z. B. zur elektronischen Buchführung, zur elektronischen Bilanz (E-Bilanz, siehe § 5b EStG), zur elektronischen Rechnungsstellung (E-Invoicing, siehe § 14 Abs. 3 UStG) und zur digitalen Archivierung von Dokumenten (einschließlich der E-Mail-Archivierung).

Andererseits erfasst die IT-rechtliche Compliance die Sicherstellung einer rechtskonformen Nutzung der IT eines Unternehmens. IT-Compliance beinhaltet aber insoweit auch im Wesentlichen das Management von rechtlichen Risiken der IT. Die IT ist heute wichtiger denn je im Mittelstand. Ihr Ausfall bzw. Schädigungen durch sie kann Existenz bedrohend sein. Die Unternehmensleitung trägt daher die Verantwortung dafür, dass geeignete Maßnahmen getroffen werden, um das Unternehmen vor solchen Risiken zu schützen. Mithin wichtigste Säule im Management von rechtlichen Risiken ist heute ein geeignetes Konzept für die IT-Sicherheit unter Berücksichtigung maßgeblicher rechtlicher, technischer und organisatorischer Vorgaben. Neue Entwicklungen im Bereich der zunehmenden Prozessdigitalisierung und Vernetzung von Maschinen oder etwa im Bereich von KI oder Big Data werden weitere Anforderungen an die IT-Sicherheit herantragen. Da hier viele Rechtsfragen nach Maßgabe der bestehenden Gesetze noch ungeklärt erscheinen, dürfte künftig ein ordnungsgemäßes Konzept der IT-Sicherheit verstärkt durch die Vertragsgestaltung geprägt sein. Das Thema Datenschutz und Datensicherheit prägt heute die IT-Compliance deutlich und wird die Unternehmensleitung auch künftig vor neue Herausforderungen stellen. IT-Compliance ist insofern zwingende Aufgabe der Unternehmensleitung. Sie hat bei Geschäftsführung in Bezug auf die IT die Sorgfalt eines ordentlichen und gewissenhaften Geschäftsleiters anzuwenden. Wird sie diesen Anforderungen nicht gerecht, steht sie im Fokus der Haftung.

In der Praxis findet die IT-Compliance im Mittelstand leider nicht immer ausreichend Beachtung. Mit zunehmender Digitalisierung wird es jedoch unmöglich sein, sich als Unternehmen nicht mit dem spezifischen Themenkomplex IT-relevanter Schwachstellen und Risiken auseinander zu setzen.

Aufgrund der rasanten technischen Entwicklungen wird der Umfang maßgeblicher Vorschriften und Verhaltensregeln im IT-Umfeld künftig weiter zunehmen und deren Beachtung weiter an Bedeutung gewinnen. Den wachsenden Anforderungen standzuhalten, wird für jede Form und Größe von Unternehmen nur möglich sein, wenn diese sich jeweils intensiv und multidisziplinär mit der Implementierung eines angemessenen IT-Compliance-Managementsystems befassen. IT wird zugleich zur Compliance-Pflicht der Geschäftsleitung. Wer sie nicht erfüllt, ist empfindlichen straf-, ordnungs- sowie zivilrechtlichen Haftungsrisiken ausgesetzt. IT-Compliance ist weit mehr als eine bloße Formalie. Richtig implementiert, gesteuert und überwacht, kann sie umfangreiche Schäden vermeiden. Gleichzeitig kann sie IT-Prozesse und IT-gestützte Prozesse verbessern und so den Wert eines Unternehmens nachhaltig steigern. IT-Compliance erfüllt insofern keinen Selbstzweck.

Außerdem können im Rahmen der IT-Compliance nicht nur Datenschutzverstöße verhindert, sondern zugleich auch ein Know-how-Schutz der Unternehmen unterstützt werden.

Die Einhaltung gesetzlicher Vorschriften muss für Unternehmen nicht unbedingt mühsam und kostspielig sein. Mit den richtigen Maßnahmen und Kontrollen, die automatisiert, unabhängig, kontinuierlich, überprüfbar und end-to-end implementiert sind, kann IT-Compliance einen deutlichen Mehrwert für ein Unternehmen liefern. Kontrollen können erkennen und verhindern, dass Schwachstellen und Fehler unbemerkt bleiben und Schäden verursachen. Transaktionen werden richtig durchgeführt, Abrechnungen sind korrekt, Berichte zuverlässig, und die Unternehmensführung hat Vertrauen in die Integrität von Geschäftsprozessen und Informationen.[129]

Für den Wirtschaftsprüfer ergibt sich die Bedeutung der IT-Compliance und deren Betrachtung im Rahmen von Prüfungen bereits aus gesetzlicher und berufsrechtlicher Pflicht heraus. Nichtsdestotrotz bietet die IT-Compliance neue Potenziale sowohl in der Prüfungspraxis als auch in einem neuen und gleichzeitig erweiterten Beratungsportfolio.

Daher ist es essentiell für den Wirtschaftsprüfer, IT-Prüfungen nach den unterschiedlichen Prüfungsstandards vornehmen zu können. Dabei muss er im Stande sein, vielfältigste Konstellationen innerhalb der IT des Unternehmens bewerten und entsprechende Empfehlungen im Rahmen von Beratungseinsätzen abgeben zu können.

Hierfür sollten ihm häufig auftretende IT-Schwachstellen in mittelständischen Unternehmen mit ihren jeweiligen Problemen und Risiken bekannt sein.

Zusammenfassend stellt IT-Compliance in der Praxis für den Mittelstand oft eine große Herausforderung dar. Deren Kenntnis und korrekte Anwendung kann jedoch vielfach eine Chance darstellen, sowohl für das Unternehmen als auch für den Wirtschaftsprüfer selbst. Dieser Leitfaden liefert das Handwerkszeug für den Wirtschaftsprüfer, Schwachstellen zu kennen, Risiken zu bewerten und diese für den Mandanten beherrschbar zu machen.

---

[129] Vgl. Sollis (2010), S. 3

6 Verzeichnisse

6.1 Glossar

Begriff	Begriffserklärung
Abschlussprüfer	Ein Berufsangehöriger, der den Abschluss eines Unternehmens prüft.[130]
Authentifizierung	Der Prozess des Nachweises der eigenen Identität und der Nachweis dieser Identität. In der Regel erfordert die Authentifizierung eine Benutzer-ID (die Zusicherung) und ein Kennwort (den Beweis). Für die Authentifizierung können jedoch auch strengere Nachweise erforderlich sein, z. B. ein digitales Zertifikat, ein Token, eine Smartcard oder eine biometrische Angabe.
Backdoor (Hintertür)	Es handelt sich um einen Codeabschnitt, mit dem jemand die Zugriffskontrollen umgehen und auf Daten oder Funktionen zugreifen kann.
Bankaufsichtliche Anforderungen an die IT (BAIT)	Anforderungen an Kreditinstitute, welche vorgibt, wie die sichere Ausgestaltung der IT-Systeme sowie zugehörige Prozesse und die IT-Governance vorgenommen werden sollte.[131]
Black Box Logging	Protokollierung in einer Blackbox (System bei dem die inneren Strukturen unbekannt sind). Sie dient der Prüfungsdokumentation und soll vor Manipulation sowohl des Prüfers als auch des Unternehmens schützen. Es ist ein Teilbereich des Continuous Auditing.
Bring Your Own Device (Management) (BYOD(M))	Die Möglichkeit private mobile Geräte im Unternehmen zu nutzen und mit diesen auf geschützte Bereiche (wie Netzlaufwerke) zugreifen zu können. Das Management hierzu beschreibt die Maßnahmen, die durch das Unternehmen getroffen werden, um die Daten von geschützten Bereichen zu schützen.[132]
Brute Force Attacke	Versuch eines Hackers, über eine schnelle Abfrage an verschiedenen Zeichenkombinationen ein Passwort zu knacken.
Computer Assistent Audit Tools (CAATs)	Technik, bei der Computer zur Automatisierung oder Vereinfachung des Prüfprozesses verwendet werden.
Continuous and Intermittent Simulation (CIS)	Eine kontinuierliche Prüfungstechnik, bei der gekennzeichnete Transaktionen in einer parallelen Simulation verarbeitet und die Ergebnisse mit den Ergebnissen der Produktionsverarbeitung verglichen werden.

---

[130] IDW PS 331 n. F.
[131] Vgl. Bafin (2017)
[132] Vgl. Siepermann (2019)

Begriff	Begriffserklärung
(IT-)Compliance	IT-Compliance stellt einen Teilbereich der Compliance dar. Sie beschäftigt sich mit der Einhaltung von Anforderungen aus unterschiedlichsten internen und externen Quellen hinsichtlich des unternehmensweiten Einsatzes und der Ausgestaltung von IT. Dabei spielt es keine Rolle, ob IT-Dienste unternehmensintern oder durch externe Dienstleister erbracht werden.
Compliance Manangement System (CMS)	Bezeichnung für die Gesamtheit der in einem Unternehmen eingerichteten Maßnahmen, Strukturen und Prozesse, um Regelkonformität sicherzustellen.
Continuous Data Assurance (CDA)	Einsatz von Software, um Daten aus IT-Systemen für die Analyse auf Transaktionsebene zu extrahieren und eine detailliertere Sicherung zu gewährleisten. Sie dient der Integrität.
Continuous Controls Monitoring (CCM)	Kontinuierliche Überwachung von Kontrollen, bestehend aus einer Reihe von Verfahren zur Überwachung der Funktionalität interner Kontrollen.
Continuous Risk Monitoring and Assessment (CRMA)	Integrierter Risikobewertungsansatz basierend auf der Echtzeit, bei dem Daten über verschiedene funktionale Aufgaben aggregiert werden, um die Risikopositionen zu bewerten und eine angemessene Sicherheit für die Risikobewertungen der Unternehmen zu bieten. Sie wird dazu verwendet, um das Risiko dynamisch zu messen und Input für die Prüfungsplanung zu liefern.
Continuous Reporting	Veröffentlichung von Informationen in Echtzeit. Der Zweck besteht darin, externen Parteien den Zugriff auf Informationen zu ermöglichen, wenn zugrunde liegende Ereignisse eintreten, anstatt Berichte zum Ende des Berichtszeitraums zu Verfügung zu stellen.
Control-Self Assessment (CSA) Selbsteinschätzung	Eine Methode, die von einer Organisation zur Überprüfung der wichtigsten Geschäftsziele, -risiken und -kontrollen verwendet wird. Selbsteinschätzung ist eine Selbstregulierungsaktivität.
Cyberangriffe	„[E]ine Einwirkung auf ein oder mehrere andere informationstechnische Systeme in oder durch den Cyber-Raum, die zum Ziel hat, deren IT-Sicherheit durch informationstechnische Mittel ganz oder teilweise zu beeinträchtigen".[133]
Debugging and Scanning Software	Software, welche Fehler im Computerprogrammcode lokalisiert und ggf. behebt bzw. das Engineering von Hardwaregeräten.
Denial of Service (DoS)	Ein Angriff auf einen Computer oder ein Netzwerk mit der Absicht, das Ziel zu stören oder eine Fehlfunktion zu verursachen.
Distributed Denial of Service (DDoS)	Ein Denial-of-Service-Angriff (DoS), der von vielen Computern gleichzeitig ausgeht.

---

[133] BSI (2019b)

Begriff	Begriffserklärung
Embedded Audit Modul (EAM)	Eine kontinuierliche Prüfungstechnik, die aus einem speziellen Softwaremodul besteht, das in ein System eingebettet ist, das zur Erkennung von Verarbeitungsfehlern entwickelt wurde.
European Banking Authority (EBA) – Europäische Bankenaufsichtsbehörde	„Die EBA ist eine EU-Agentur, die durch die Annahme verbindlicher technischer Standards das Bankwesen in allen EU-Ländern regulieren und überwachen soll. Ziel ist es, einen effizienten, transparenten und stabilen Binnenmarkt für EU-Bankprodukte zu gestalten."[134]
Firewall	Eine Firewall stellt ein Sicherungssystem dar, welches ein Rechnernetz oder eine einzelne Netzwerkkomponente vor unerwünschten Netzwerkzugriffen schützt.
Generalized Audit Software (GAS)	Es handelt es sich um Software, die auf verschiedenen Rechnern während der Prüfung vor Ort zum Lesen von Computerdateien, Auswählen von Informationen, Durchführen von Berechnungen, Erstellen von Datendateien und Drucken von Berichten in einem vom Prüfer festgelegten Format verwendet werden kann.
Hacker	Jemand, der ohne Autorisierung in einen Computer eingreift oder darauf zugreift.
Hardware	Physische Komponenten eines Systems.
Individuelle Datenverarbeitung (IDV)	Von Fachabteilungen selbstentwickelte und betriebene Anwendungen außerhalb des Einflusses der IT-Abteilung, bspw. in Excel oder Access.
IT-Due Diligence	Systematische Aufnahme und Beurteilung der IT eines Unternehmens, bspw. im Vorfeld von M&A Transaktionen.
IT-Forensik-Systeme	Systeme, welche bei einer Datenanalyse auf Datenträgern und in Computernetzen zur Aufklärung von Auffälligkeiten und Verstößen dienen soll.
IT-gestützte Geschäftsprozesse	Fachliche Geschäftsprozesse, die durch IT-Systeme unterstützt werden (bspw. Finanzbuchhaltung).
IT-Governance	„Unter IT-Governance werden Grundsätze, Verfahren und Maßnahmen zusammengefasst, die sicherstellen, dass mit Hilfe der eingesetzten IT die Geschäftsziele abgedeckt, Ressourcen verantwortungsvoll eingesetzt und Risiken angemessen überwacht werden."[135]
IT-Prozess	Prozesse der IT-Leistungserstellung (bspw. IT-Berechtigungsmanagement). Abfolge von Tätigkeiten, Ereignissen und Funktionen bzw. Gesamtheit von aufeinander einwirkenden Vorgängen in einem System.
IT-System	Systeme zu elektronischen Datenverarbeitungen.

[134] Europa.eu (2019)
[135] Meyer/Zarnekow/Kolbe (2003), S. 445

Glossar

Begriff	Begriffserklärung
MaRisk	Mindestanforderungen an das Risikomanagement der Banken.
Patch	Korrekturauslieferung für eine Software.
Phishing	Ein Social-Engineering-Angriff auf ahnungslose Personen, bei denen E-Mail-Nachrichten, die oft einer offiziellen Kommunikation ähneln, Opfer dazu verleiten, Betrüger-Websites zu besuchen, die Malware enthalten oder Anmeldeinformationen für sensible oder wertvolle Vermögenswerte anfordern.
Robotic Process Automation (RPA)	Robotergesteuerte Prozessautomatisierung mit Hilfe von künstlicher Intelligenz.
Router	Ein Gerät, welches dazu verwendet wird ein oder mehrere Netzwerke zu verbinden.
Recovery Point Objective (RPO)	Die Zeit, in der die jüngsten Daten bei einer Katastrophe unwiederbringlich verloren gehen. RPO wird in der Regel in Stunden oder Tagen gemessen.
Recovery Time Objective (RTO)	Der Zeitraum vom Beginn eines Ausfalls bis zur Wiederaufnahme des Dienstes. RTO wird in der Regel in Stunden oder Tagen gemessen.
Source Code (Quelltext)	In einer Programmiersprache verfasste und von Menschen lesbare Programmierung eines Computerprogramms.
Switch	Ein Gerät, das zum Verbinden von Computern und anderen Geräten mit einem Netzwerk verwendet wird. Im Gegensatz zum Hub, der alle Netzwerkpakete an alle Stationen im Netzwerk sendet, sendet ein Switch Pakete nur an beabsichtigte Zielstationen im Netzwerk.
Systemhärtung	Die Technik der Konfiguration eines Systems, so dass nur wesentliche Dienste und Funktionen aktiv sind und alle anderen deaktiviert sind. Dies trägt dazu bei, die „Angriffsfläche" eines Systems auf wesentliche Komponenten zu reduzieren.
Verschlüsselungstrojaner	Computerprogramm, das als nützliche Anwendung getarnt ist, im Hintergrund aber Systeme und Daten ungewollt verschlüsselt.

6.2 Abkürzungsverzeichnis

AktG	Aktiengesetz
AO	Abgabenordnung
ASP	Application Service Providing
AVV	Auftragsdatenverarbeitungsvertrag
BAIT	Bankenaufsichtsrechtliche Anforderung an die IT
BDSG	Bundesdatenschutzgesetz
BetrVG	Betriebsverfassungsgesetz
BGB	Bürgerliches Gesetzbuch
BilMoG	Bilanzrechtsmodernisierungsgesetz
BITV 2.0	Barrierefreie-Informationstechnik-Verordnung 2.0
BSI-KritisV	Verordnung zur Bestimmung Kritischer Infrastrukturen nach dem BSI-Gesetz
BSIG	Gesetz über das Bundesamt für Sicherheit in der Informationstechnik
BYOD(M)	Bring Your Own Device (Management)
CAATs	Computer Assisted Audit Tools
CIS	Continuous and Intermittent Simulation
CMS	Compliance Management System
COBIT	Control Objective for Information and Related Technology
CSA	Control Self Assessment
DDoS	Distributed Denial of Service
DoS	Denial of Service
DS-GVO	Datenschutz-Grundverordnung
EAM	Embedded Audit Modul
EHUG	Gesetz über elektronische Handelsregister und Genossenschaftsregister sowie das Unternehmensregister
EStG	Einkommensteuergesetz
EVB-IT	Ergänzende Vertragsbedingungen für die Beschaffung von IT-Leistungen
GAS	Generalized Audit Software
GeschGehG	Geschäftsgeheimnisgesetz

GewStG	Gewerbesteuergesetz
GmbHG	Gesetz betreffend die Gesellschaften mit beschränkter Haftung
GoBD	Grundsätze zur ordnungsmäßigen Führung und Aufbewahrung von Büchern, Aufzeichnungen und Unterlagen in elektronischer Form sowie zum Datenzugriff
GWB	Gesetz gegen Wettbewerbsbeschränkungen
HGB	Handelsgesetzbuch
IDV	Individuelle Datenverarbeitung
IAS	International Accounting Standards Verordnung
IFRS	International Financial Reporting Standard
IKS	Internes Kontrollsystem
ISACA	Information Systems Audit and Control Association
ISO	International Organization for Standardization
IT	Informationstechnologie
IT-NetzG	Gesetz über die Verbindung der Informationstechnischen Netze des Bundes und der Länder
ITAF	Information Technology Assurance Standard
ITIL	Information Technology Infrastructure Library
IWG	Gesetz über die Weiterverwendung von Informationen öffentlicher Stellen
Konsens-G	Gesetz über die Koordinierung der Entwicklung und des Einsatzes neuer Software der Steuerverwaltung
KonTraG	Gesetz zur Kontrolle und Transparenz im Unternehmensbereich
KStG	Körperschaftssteuergesetz
MaRisk	Mindestanforderungen an das Risikomanagement
MDM	Mobile Device Management
NDA	Non-Disclosure Agreement
NIS-RL	Gesetz zur Umsetzung der europäischen Richtlinie zur Gewährleistung einer hohen Netzwerk- und Informationssicherheit
NIST	National Institut of Standards and Technology

OECD	Organisation for Economic Cooperation and Development
OLA	Operational Level Agreement
OWiG	Ordnungswidrigkeitengesetz
RPA	Robotic Process Automation
RPO	Recovery Point Objective
RTO	Recovery Time Objective
SGB	Sozialgesetzbuch
SLA	Service Level Agreement
SoD	Separation of Duties
SOX	Sarbanes-Oxley Act
SRVwV	Allgemeine Verwaltungsvorschrift über das Rechnungswesen in der Sozialversicherung
StGB	Strafgesetzbuch
TKG	Telekommunikationsgesetz
TMG	Telemediengesetz
TRIPS	Trade-Related Aspects of Intellectual Property Rights
TT-GVO	Gruppenfreistellungsverordnung für Technologietransfer-Vereinbarungen
UMAG	Gesetz zur Unternehmensintegrität und Modernisierung des Anfechtungsrechts
UStG	Umsatzsteuergesetz
UWG	Gesetz gegen den unlauteren Wettbewerb
VwVfG	Verwaltungsverfahrensgesetz
WpHG	Wertpapierhandelsgesetz

6.3 Abbildungsverzeichnis

Abb. 3.1: Quellen der IT-Compliance 21
Abb. 3.2: Zwiebelmodell der IT-Compliance-Anforderungen 22
Abb. 3.3: IT-Governance, IT-Risikomanagement und IT-Compliance Management 29
Abb. 3.4: Prozessreifegradmodell nach CMMI 40
Abb. 4.1: Prüfungshandlungen eingeteilt nach Zweck und Vorgehensweise 63

6.4 Tabellenverzeichnis

Tab. 3.1: Nationale und internationale Vorgaben im Umfeld der IT-Compliance 24
Tab. 3.2: Beschreibung der Teilbereiche des IT-GRC-Modells 28
Tab. 3.3: Pflichtenrahmen und Haftung (Beispiele) 37
Tab. 3.4: Beispiele IT-Sicherheitsziele in IT-Compliance-Anforderungen 48
Tab. 4.1: Beispielhafte Prüfungshandlungen in den einzelnen Prüfungsgebieten für die Abschlussprüfung 65
Tab. 4.2: Vorgehensweisen für Prüfungshandlungen 66
Tab. 4.3: Aufbau und Inhalte eines IT-Prüfungsberichts 72
Tab. 4.4: Einschlägige Beispiele für Referenzmodelle im Umfeld des GRC-Modells 199

6.5 Literatur

Bafin (2017): Bankaufsichtliche Anforderungen an die IT (BAIT), https://www.bafin.de/SharedDocs/Downloads/DE/Konsultation/2020/dl_kon_13_20_BAIT.html (abgerufen am 13.03.2024)

Bitkom (2019): Der IT-Mittelstand in Deutschland, IT-Mittelstandsbericht 2019, Fokus Künstliche Intelligenz, https://www.bitkom.org/sites/default/files/2019-07/190716_mittelstandsbericht_2019.pdf (abgerufen am 12.03.2024)

Bitkom (2017): Zwischen Tradition und Innovation: Das Handwerk wird digital, 02.03.2017, https://www.bitkom.org/Presse/Presseinformation/Zwischen-Tradition-und-Innovation-brDas-Handwerk-wird-digital.html (abgerufen am 12.03.2024)

Bundesamt für Sicherheit in der Informationstechnik (2023): IT-Grundschutz-Kompendium – Werkzeug für Informationssicherheit, https://www.bsi.bund.de/DE/Themen/Unternehmen-und-Organisationen/Standards-und-Zertifizierung/IT-Grundschutz/IT-Grundschutz-Kompendium/IT-Grundschutz-Bausteine/Bausteine_Download_Edition_node.html (abgerufen am 12.03.2024)

Bundesamt für Sicherheit in der Informationstechnik (2017), Leitfaden zur Basis-Absicherung nach IT-Grundschutz, https://www.bsi.bund.de/SharedDocs/Downloads/DE/BSI/Publikationen/Broschueren/Leitfaden_zur_Basis-Absicherung.html?nn=128634 (abgerufen am 12.03.2024)

Bundesamt für Sicherheit in der Informationstechnik (2019): 1.5 Definitionen: Störungen, Notfälle, Krisen und Katastrophen, Welche Zwischenfälle erfordern ein besonderes Notfallmanagement?, https://www.bsi.bund.de/DE/Themen/Unternehmen-und-Organisationen/Standards-und-Zertifizierung/IT-Grundschutz/Zertifizierte-Informationssicherheit/IT-Grundschutzschulung/Online-Kurs-Notfallmanagement/1_Einfuehrung/4_Definitionen/Definitionen_node.html (abgerufen am 13.03.2024)

Bundesministerium für Wirtschaft und Energie (2018): Monitoring-Report, Wirtschaft DIGITAL 2018, Juli 2018, https://www.bmwk.de/Redaktion/DE/Publikationen/Digitale-Welt/monitoring-report-wirtschaft-digital-2018-langfassung.html (abgerufen am 13.03.2024)

Chandola, Tony (2017): Compliant, Yet Breached Compliance vs. Security, in ISACA Journal, Enabling the Speed of Business, Volume 5, 2017, S.1–5

Conrad, Isabell; Streitz, Siegfried (2019) in Auer-Reinsdorff / Conrad, Handbuch IT- und Datenschutzrecht, 3. Auflage

Datenschutzkonferenz (2019): Konzept der unabhängigen Datenschutzaufsichtsbehörden des Bundes und der Länder zur Bußgeldzumessung in Verfahren gegen Unternehmen, https://www.datenschutzkonferenz-online.de/media/ah/20191016_bu%C3%9Fgeldkonzept.pdf (abgerufen am 13.03.2024).

Daghles, Natalie (2018): Cybersecurity-Compliance: Pflichten und Haftungsrisiken für Geschäftsleiter in Zeiten fortschreitender Digitalisierung, Der Betrieb 71(2018), 38, S. 2289–2294

Deutscher Corporate Governance Kodex (2022), https://www.dcgk.de//files/dcgk/usercontent/de/download/kodex/220627_Deutscher_Corporate_Governance_Kodex_2022.pdf (abgerufen am 13.03.2024)

Droste, Kersten Christian; Tritschler, Jonas (2024): Journal Entry Testing Praxistipps IT, Auflage 2, IDW Verlag

Erichsen, Sven (2015): Cyber-Risiken und Cyber-Versicherung: Abgrenzung und/oder Ergänzung zu anderen Versicherungssparten, CCZ 2015, S. 247 ff.

Ernst & Young GmbH (2022): Mittelstandsbarometer 2022: Digitalisierung, https://www.ey.com/de_de/forms/download-forms/2022/06/mittelstandsbarometer-2022-digitalisierung (abgerufen am 13.03.2024)

Europa.eu (2019): Europäische Bankenaufsichtsbehörde (EBA), https://europa.eu/european-union/about-eu/agencies/eba_de (abgerufen am 13.03.2024)

Fissenewert, Peter (2018): Compliance für den Mittelstand, Auflage 2, C.H.Beck Verlag

Gaulke, Markus (2019): IT-Governance bedeutet die IT wertbringend einzusetzen und zu steuern, http://markus-gaulke.de/index.php/cobit-anwenden (abgerufen am 13.03.2024)

Gesellschaft für Informatik, Lexikon (2015): Schatten-IT, https://gi.de/informatiklexikon/schatten-it/ (abgerufen am 13.03.2024)

Jacobs, Stephan (2019): CMMI (Capability Maturity Model Integration), https://wi-lex.de/index.php/lexikon/entwicklung-und-management-von-informationssystemen/systementwicklung/reifegradmodelle/cmmi-capability-maturity-model-integration/ (abgerufen am 13.03.2024)

Jung, Alexander (2018): Datenschutz-(Compliance-)Management-Systeme, Nachweis- und Rechenschaftspflichten nach der DS-GVO, ZD, Zeitschrift für Datenschutz 2018, S. 208 ff.

KfW Research (2019): KfW-Digitalisierungsbericht Mittelstand 2018, Digitalisierung erfasst breite Teile des Mittelstands – Digitalisierungsausgaben bleiben niedrig, April 2019, https://www.kfw.de/PDF/Download-Center/Konzernthemen/Research/PDF-Dokumente-Digitalisierungsbericht-Mittelstand/KfW-Digitalisierungsbericht-2018.pdf (abgerufen am 13.03.2024)

Klotz, Michael (2020): „Handbuch IT-Management – Konzepte, Methoden, Lösungen und Arbeitshilfen für die Praxis", Auflage 7, Kapitel 19, S. 841–884.

Klotz, Michael (2009):IT-Compliance Ein Überblick, S. 2-30, Auflage 1, dpunkt Verlag, https://www.researchgate.net/publication/333023584_IT-Compliance_-_Ein_Uberblick (abgerufen am 13.03.2024)

Klotz, Michael; Dietrich-W., Dorn (2008): „IT-Compliance – Begriff, Umfang und relevante Regelwerke", in HMD Praxis der Wirtschaftsinformatik 269, Volume 45, Thema 5, S. 5–14

Kneuper, Ralf (2011): Was ist eigentlich Prozessqualität? In INFORMATIK 2011 - Informatik schafft Communities, 41. Jahrestagung der Gesellschaft für Informatik, 4.–7.10.2011, Berlin https://www.user.tu-berlin.de/komm/CD/paper/090712.pdf (abgerufen am 13.03.2024)

Knoll, Matthias (2013): Sicherstellung einer ordnungsgemäßen IT, in: IT-Prüfung und IT-Revision, Praxis der Wirtschaftsinformatik, Heft 289, Februar 2013, dpunkt-Verlang

Knorr, Julian; Bredendiek, Markus; Knoche, Inga (2023): Transformation und Zukunftskompetenzen im deutschen Mittelstand, https://digitalzentrum-berlin.de/wp-content/uploads/2023/11/Studie-Transformation-und-Zukunftskompetenzen-im-Mittelstand.pdf?x59078 (abgerufen am 13.03.2024)

Lensdorf, Lars (2007): IT-Compliance – Maßnahmen zur Reduzierung von Handlungsrisiken von IT-Verantwortlichen, cr Computer und Recht

Meyer, Matthias; Zarnekow, Rüdiger; Kolbe, Lutz M. (2003): IT-Governance; Begriff, Status quo und Bedeutung; WIRTSCHAFTSINFORMATIK 45 (2003) 4, S. 445–448; https://www.researchgate.net/profile/Ruediger_Zarnekow/publication/49286918_IT-Governance_-_Begriff_Status_Quo_und_Bedeutung/links/0deec51f658550e1d3000000.pdf (abgerufen am 21.10.2019)

Mintzberg, Henry (2000): The Rise and Fall of Strategic Planning, Pearson Education, S. 333

Nestler, Diana; Fischer, Thomas (2021): IT-Dokumentation – Leitfaden für Erstellung, Prüfung und Beratung, Auflage 1, IDW Verlag

Nestler, Diana; Gaugenrieder-Schuster (2024: Chancen, Umsetzung und Prüfung von IT-Strategien, Wie Wirtschaftsprüfer Unternehmen unterstützen können, Auflage 1, IDW Verlag

Nolte, Norbert; Becker, Thomas (2008): IT-Compliance, BB-Special 2008, Nr. 5, S. 23–27

Rodewald, Jörg; Unger, Ulrike (2006): Corporate Compliance – Organisatorische Vorkehrungen zur Vermeidung von Haftungsfällen der Geschäftsleitung, BB 3/2006, S. 113–117

Schmidt-Versteyl, Sarah (2019): Cyber-Risks – neuer Brennpunkt Managerhaftung?, NJW 2019, S. 1637–1642

Schneider, Andreas; Friederich, Rouven (2018): Datenschutz in der Praxis: Umsetzung der EU-DSGVO für WP und StB, Praxistipps IT, Auflage 1, IDW Verlag

Siepermann, Markus (2019): Bring Your Own Device, https://wirtschaftslexikon.gabler.de/definition/bring-your-own-device-54498 (abgerufen am 13.03.2024)

Sollis, Dan (2010): Compliance for Compliance's Sake?, in: ISACA Journal, Risk Management and Assessment, Volume 1, S.1–3

techconsult.de (2019): Die 5 größten IT-Security Schwachstellen im Mittelstand, https://www.techconsult.de/security-bilanz-deutschland/die-5-groessten-it-security-schwachstellen-im-mittelstand (abgerufen am 13.03.2024)

Tritschler, Jonas; Lamm, Martin (2018): Jahresabschlussprüfung bei Outsourcing und Cloud-Computing, Praxistipps IT, Auflage 1, IDW Verlag

Wurzer, Alexander J (2009): Know-how-Schutz als Teil des Compliance Managements, in CCZ 2009, S. 49–56

Wybitul, Tim (2016): Welche Folgen hat die EU-Datenschutz-Grundverordnung für Compliance?, CCZ Corporate Compliance 2016, 194 ff.

6.6 Ausgewählte Standards und Regelwerke
IDW Verlautbarungen

- IDW PS 210, Zur Aufdeckung von Unregelmäßigkeiten im Rahmen der Abschlussprüfung, Stand: 12.12.2012, Quelle: WPg 22/2006, S. 1422 ff., FN-IDW 11/2006, S. 694 ff., WPg Supplement 4/2010, S. 1 ff., FN-IDW 10/2010, S. 423 ff., WPg Supplement 1/2013, S. 7, FN-IDW 1/2013, S. 11
- IDW PS 220, Beauftragung des Abschlussprüfers, Stand: 09.09.2009, Quelle: WPg 17/2001, S. 895 ff., FN-IDW 8/2001, S. 316 ff., WPg Supplement 4/2009, S. 1 ff., FN-IDW 11/2009, S. 533 ff.
- IDW PS 300 n.F., Prüfungsnachweise im Rahmen der Abschlussprüfung, Stand: 14.06.2016, Quelle: IDW Life 8/2016, S. 624 ff.
- ISA [DE] 315: International Standard on Auditing 315 (Revised 2019): Identifizierung und Beurteilung der Risiken wesentlicher falscher Darstellungen, Stand: 19.05.2022, Quelle: IDW Life 6/2022, S. 516 ff.; IDW Life 7/2023, S. 646
- IDW PS 340 n. F. (01.2022), Die Prüfung des Risikofrüherkennungssystems, Stand: 10.01.2022, Quelle: IDW Life 3/2022, S. 217 ff.

- IDW PS 450 n. F. (10.2021), Grundsätze ordnungsmäßiger Erstellung von Prüfungsberichten, Stand: 28.10.2021, Quelle: IDW Life 1/2022, S. 78 ff.
- IDW PS 850 n. F. (01.2022), Projektbegleitende Prüfung bei Einsatz von Informationstechnologie, Stand: 24.01.2022, Quelle: IDW Life 3/2022, S. 221 ff.
- IDW PS 860, IT-Prüfung außerhalb der Abschlussprüfung, Stand: 02.03.2018, Quelle: IDW Life 6/2018, S. 607 ff.
- IDW PS 880 n. F. (01.2022), Die Prüfung von Softwareprodukten, Stand: 24.01.2022, Quelle: IDW Life 3/2022, S. 233 ff.
- IDW PS 951 n.F. (03.2021), Die Prüfung des internen Kontrollsystems beim Dienstleistungsunternehmen, Stand: 26.03.2021, Quelle: IDW Life 6/2021, S. 509 ff.
- IDW PS 980 n. F. (09.2022), Grundsätze ordnungsmäßiger Prüfung von Compliance Management Systemen, Stand: 28.09.2022, Quelle: IDW Life 12/2022 S. 1147 ff.
- IDW PS 981, Grundsätze ordnungsmäßiger Prüfung von Risikomanagementsystemen, Stand: 03.03.2017, Quelle: IDW Life 4/2017, S. 380 ff.
- IDW RS FAIT 1, Grundsätze ordnungsmäßiger Buchführung bei Einsatz von Informationstechnologie, Stand: 24.09.2002; Quelle: WPg2172002, S.1157ff., FN-IDW 11/2002, S. 646 ff
- IDW RS FAIT 2, Grundsätze ordnungsmäßiger Buchführung bei Einsatz von Electronic Commerce, Stand: 29.09.2003, Quelle: WPg 22/2003, S. 1258 ff., FN-IDW 11/2003, S. 559 ff.
- IDW RS FAIT 3, Grundsätze ordnungsmäßiger Buchführung beim Einsatz elektronischer Archivierungsverfahren, Stand: 11.09.2015, Quelle: WPg 22/2006, S. 1465 ff., FN-IDW 11/2006, S. 768 ff., WPg Supplement 4/2015, S. 48, FN-IDW 10/2015, S. 538.
- IDW RS FAIT 4, Anforderungen an die Ordnungsmäßigkeit und Sicherheit IT-gestützter Konsolidierungsprozesse, Stand: 08.08.2012, Quelle: WPg Supplement 4/2012, S. 115 ff., FN-IDW 10/2012, S. 552 ff.
- IDW RS FAIT 5, Grundsätze ordnungsmäßiger Buchführung bei Auslagerung von rechnungslegungsrelevanten Prozessen und Funktionen einschließlich Cloud Computing, Stand: 04.11.2015, Quelle: IDW Life 1/2016, S. 35 ff.

BMF Schreiben

- GoB, Grundsätze ordnungsmäßiger Buchführung (GoB), ein unbestimmter Rechtsbegriff, der insbesondere durch Rechtsnormen und Rechtsprechung geprägt ist und von der Rechtsprechung und Verwaltung jeweils im Einzelnen auszulegen und anzuwenden ist (BFH-Urteil vom 12. Mai 1966, BStBl III S. 372; BVerfG-Beschluss vom 10. Oktober 1961, 2 BvL 1/59, BVerfGE 13 S. 153)
- GoBD, Grundsätze ordnungsmäßigen Führung und Aufbewahrung von Büchern, Aufzeichnungen und Unterlagen in elektronischer Form sowie zum Datenzugriff (GoBD) vom 28.11.2019

Datenschutzanforderungen

- BDSG, Nach der Novellierung des BDSG 2017 soll überdies mit dem am 28.06.2019 verabschiedeten zweiten Datenschutzanpassungs- und Umsetzungsgesetz (2. DSAnpUG-EU) bereichsspezifisch das Datenschutzrecht weiter an die DS-GVO angepasst werden
- DS-GVO, Verordnung (EU) 2016/679 (DS-GVO), in Kraft getreten am 25.05.2016, anwendbar seit dem 25.05.2018

BSI Standards

- BSI-Standard 200-2

Internationale Standards

- ISAE 3402, Assurance Reports on Controls at a Service Organization, IAASB, Juni 2011
- ISO/IEC37301, Compliance-Management Systeme
- ISO/IEC 20000, Standard IT Service Management
- ISO/IEC 22301, Business Continuity Management (BCM)
- ISO/IEC 27001, Information Security Management
- ISO/IEC 31000, Richtlinien und Prinzipien zur Implementierung des Risikomanagements
- ISO/IEC 38500, Corporate Governance of IT